CW00539417

Panorama hispanoha

Libro del profesor

Chris Fuller, Virginia Toro, María Isabel Isern Vivancos, Alicia Peña Calvo
Coordinación pedagógica: Manuel Frutos-Pérez

CAMBRIDGE
UNIVERSITY PRESS

University Printing House, Cambridge CB2 8BS, United Kingdom

Cambridge University Press is part of the University of Cambridge.

It furthers the University's mission by disseminating knowledge in the pursuit of education, learning and research at the highest international levels of excellence.

Information on this title: education.cambridge.org

First published 2016

Printed in the United Kingdom by Printondemand-worldwide, Peterborough

A catalogue record for this publication is available from the British Library

ISBN 978-1-107-57288-1 Paperback

Cambridge University Press has no responsibility for the persistence or accuracy of URLs for external or third-party internet websites referred to in this publication, and does not guarantee that any content on such websites is, or will remain, accurate or appropriate. Information regarding prices, travel timetables, and other factual information given in this work is correct at the time of first printing but Cambridge University Press does not guarantee the accuracy of such information thereafter.

This work has been developed independently from and is not endorsed by the International Baccalaureate (IB).

IB consultant: Carmen de Miguel

Additional material and CD-ROM worksheets written by Carmen de Miguel.

Dedicado a la memoria de Virginia Toro, estimada docente de la lengua española que participó como autora en este proyecto.

Índice	Página

Introducción

Enfoque de Panorama Hispanohablante

Panorama Hispanohablante ha sido concebido específicamente para los estudiantes que no hayan cursado lengua española con anterioridad. Este curso tiene como objetivo hacer que los estudiantes adquieran el idioma necesario para que se puedan desenvolver lingüísticamente en situaciones auténticas. También se les introduce a las distintas culturas de países hispanohablantes. Al final de los dos años de curso el estudiante debería haber adquirido las destrezas necesarias para presentarse al examen del Bachillerato Internacional, o para continuar su aprendizaje del idioma de manera más autónoma si así lo desea.

Panorama Hispanohablante tiene dos volúmenes, que corresponden a los dos años del curso de español *ab initio* del Bachillerato Internacional. Los dos volúmenes presentan textos y actividades adaptados al nivel de los estudiantes. Los libros se pueden utilizar en cualquier contexto educativo, y en todo tipo de colegio nacional o internacional.

El profesor que enseña el curso *ab initio* por primera vez encontrará todo el apoyo necesario para planificar su programa de enseñanza, con multitud de consejos para que pueda preparar a sus estudiantes para poder afrontar con éxito las diferentes pruebas del examen. Por otra parte, el profesor experimentado también encontrará en *Panorama Hispanohablante* recursos adicionales que complementarán su programa de enseñanza.

¿Cómo se refleja el espíritu del programa del Bachillerato Internacional en este curso?

El Bachillerato Internacional tiene como objetivo preparar los estudiantes para los estudios superiores, pero además tiene como meta formar ciudadanos globales informados, cultivados y solidarios, con un espíritu abierto e independiente.

Panorama Hispanohablante es un libro con un enfoque decididamente internacional. Ofrece textos auténticos, provenientes de una variedad de países hispanohablantes. Los textos se seleccionaron no solo por su adherencia al programa *ab initio* del Bachillerato Internacional, sino también por el interés que podrán despertar en los jóvenes. Además, las diferentes actividades les permitirán desarrollar un verdadero conocimiento intercultural.

Se han concebido las actividades para que permitan al estudiante adquirir progresivamente sus conocimientos y sus destrezas lingüísticas, y al mismo tiempo reflexionar y desarrollar su capacidad crítica (sobre todo por medio de enlaces con el programa de Teoría del Conocimiento), y su participación activa en el aprendizaje.

Se recomienda animar a los estudiantes desde el comienzo del curso a que trabajen independientemente en el aprendizaje del idioma. Pueden ampliar su vocabulario con la ayuda de un diccionario, aprendiendo no solo las palabras que aparezcan en los textos que estén estudiando, sino también otras palabras ligadas al mismo tema. Los estudiantes podrían incluir todas las palabras que aprendan en un archivo electrónico, o en un cuaderno de vocabulario; donde podrían clasificar el vocabulario por tema, algo que les ayudaría más adelante a la hora de repasar para el examen.

En *Panorama Hispanohablante* se abordan todos los aspectos gramaticales que forman parte del programa de español *ab initio* del Bachillerato Internacional, pero no son libros de gramática. Por eso, se aconseja acompañar a *Panorama Hispanohablante* con un libro de gramática de su elección, en el idioma de instrucción de su colegio, para explicar más detalladamente los diferentes aspectos gramaticales mencionados en las secciones de *Gramática en contexto*. Además, se recomienda proveer a los estudiantes con ejercicios de gramática adicionales a los que parecen en los libros y cuadernos de ejercicios. Esto les permitirá consolidar sus conocimientos con respeto a los aspectos gramaticales más complejos.

¿Cómo se organiza este curso?

El programa español *ab initio* se basa en tres campos de estudio: el idioma, los textos y tres áreas temáticas. Las tres áreas temáticas son: *El individuo y la sociedad*, *Trabajo y ocio*, y *El medio urbano y rural*.

Estas tres áreas temáticas cubren una variedad de temas y aspectos diferentes, que sirven de base para el aprendizaje del idioma, el estudio de diferentes tipos de textos y la exploración de la variedad de culturas hispanohablantes, mientras que los estudiantes desarrollan sus destrezas receptivas, productivas e interactivas. Cada unidad de *Panorama Hispanohablante* se enfoca en un tema particular y una serie de aspectos relacionados, que dan pie al desarrollo y práctica de varios elementos lingüísticos.

Panorama Hispanohablante incluye dos libros del alumno, dos libros del profesor, dos cuadernos de ejercicios, una serie de grabaciones de audio, y material adicional.

Las grabaciones de audio forman parte integral del curso en el libro 1. Aunque el examen del Bachillerato Internacional no contiene ejercicios de comprensión auditiva, estos son indispensables para un buen aprendizaje del idioma, y ayudarán a que los estudiantes adquieran una buena pronunciación.

Panorama Hispanohablante está organizado de la siguiente manera:

14 unidades en el libro 1

12 unidades en el libro 2

Cada unidad incluye:

- grabaciones (libro 1) y textos, sencillos y cortos en las primeras unidades, con textos auténticos más largos y complejos posteriormente, que permitirán al estudiante desarrollar sus destrezas lingüísticas y su comprensión intercultural

- muchas imágenes que ilustran puntos gramaticales, ayudan a descubrir la cultura de países hispanohablantes, u ofrecen un estímulo visual para las pruebas orales

- actividades de comprensión

- actividades orales

- actividades escritas

- ejercicios de gramática en contexto

- actividades preparatorias para los exámenes orales y escritos

- listas de vocabulario, consejos para la pronunciación e información cultural.

La última página de cada unidad se dedica al repaso.

Iconos empleados en el libro del alumno

🏁	Introducción
💬	Habla
🎧	Escucha
📖	Lee
💡	Comprensión
✏️	Escribe
🔍	Investiga
☁️	Imagina

¿Cómo utilizar este curso?

Para los estudiantes que nunca han estudiado español se recomienda utilizar el primer libro en el primer año, y el segundo en el segundo año de estudio; y seguir las unidades en el orden en el cual aparecen en el libro. Por otra parte, para los estudiantes que ya tienen algún conocimiento del idioma, el profesor podría seleccionar elementos del primer libro para que sus alumnos puedan repasar los aspectos del idioma que ya conozcan, y así diseñar el curso de manera más personalizada.

Los cuadernos de ejercicios tienen como objetivo reforzar los conocimientos adquiridos en clase, y proveen actividades que los estudiantes pueden completar en su tiempo libre. Por eso, se recomienda que cada estudiante tenga su propio cuaderno de ejercicios. Han sido diseñados de manera que los estudiantes puedan escribir en ellos las respuestas a los diferentes ejercicios.

¿Qué hay en el libro del profesor?

El libro del profesor contiene:

- las respuestas para cada ejercicio
- las transcripciones de las grabaciones (libro 1)
- recomendaciones prácticas - cómo utilizar los libros

- sugerencias para actividades complementarias
- consejos para los exámenes
- consejos para el trabajo escrito
- consejos para el oral individual.

Además se proveen al profesor materiales adicionales (CD-ROM):

- un glosario de todas las palabras principales que aparecen en el libro del alumno
- actividades adicionales para imprimir y utilizar en clase
- todas las grabaciones que acompañan las actividades de las secciones Escucha en el libro del alumno 1.

Deseamos que los estudiantes disfruten aprendiendo el idioma español y descubriendo la variedad cultural del mundo hispanohablante. Esperamos que *Panorama Hispanohablante* les ayude a tener éxito en sus estudios del Bachillerato Internacional, y que posteriormente continúen aprendiendo el idioma de manera independiente.

Panorama hispanohablante 1 es un curso de español *ab initio* para el Programa del Diploma del Bachillerato Internacional

Unidades de Panorama hispanohablante 1, libro del alumno

Unidad	Área temática	Tema	Aspectos	Gramática	Tipos de texto
1: Me presento	El individuo y la sociedad	Datos personales	• Edad • Fecha de nacimiento • Idiomas • Nacionalidad • Identificación • Saludos • Familia (introducción)	• Artículo determinado • Concordancia de adjetivos • Negativos simples • Presente de verbos comunes • Números cardinales • Fechas • Ortografía	Mapa Entrevista
2: La emigración	El individuo y la sociedad	Apariencia Carácter Relaciones	• Aspecto físico • Actitudes • Edad • Vestimenta • Familia (continuación) • Profesiones	• Presente regular (continuación) • Verbos *tener* y *ser* • Números cardinales (continuación) • Comparativos	Mapa Lista Notas Sitio web de una red social

Unidad	Área temática	Tema	Aspectos	Gramática	Tipos de texto
3: Así es mi día	El individuo y la sociedad	Rutinas diarias	• De lunes a viernes • En casa • El fin de semana • El calendario • La hora • Las comidas del día	• Hay • Presente: verbos e → ie, e → i, o → ue • Hora • Verbos reflexivos regulares e irregulares • Verbo personal hacer • Adverbios de tiempo	Diario Artículo Carta informal Correo electrónico
4: ¡Que aproveche!	El individuo y la sociedad	Comida y bebida Compras	• Cantidad • Comestibles • Comidas • Instrucciones para cocinar • Restaurantes • Salud y dieta	• Negativos • Adverbios de frecuencia • Adverbios de cantidad • Pronombres demostrativos	Póster Receta Lista Blog Correo electrónico
5: ¿Dónde vives?	El medio urbano y rural	El barrio La ciudad y sus servicios	• Ciudad • Pueblo • Direcciones • Edificios • Tipos de vivienda • Transporte público	• Preposiciones de lugar • Adjetivos descriptivos de lugar • Verbos irregulares + preposición de lugar: estar + en, ir + a + lugar, ir + en + medio de transporte	Folleto turístico Mapa Correo electrónico
6: Zonas climáticas	El medio urbano y rural	Tiempo meteorológico	• Clima • Condiciones meteorológicas • Estaciones • Impacto del clima en la vida cotidiana • Geografía física	• Verbo impersonal hacer • Pretérito indefinido • Adverbios de tiempo	Informe meteorológico Mapa Correo electrónico Artículo Blog
7: De viaje	Trabajo y ocio	Transporte Vacaciones	• Cuestiones medioambientales • Direcciones • Medios de transporte • Viajes • Actividades • Alojamiento	• Futuro inmediato (ir a) • Conjunciones • Imperativo • Pretérito indefinido (verbos irregulares) • Expresiones temporales	Folleto Itinerario Anuncio Correo electrónico Diario Artículo Tarjeta postal

Unidad	Área temática	Tema	Aspectos	Gramática	Tipos de texto
8: Mi tiempo libre	Trabajo y ocio	Deportes Entretenimiento	• Centros de deportes • Clubes y equipos • Tipos de deporte • Actividades recreativas • Artes • Televisión	• Pretérito indefinido (repaso) • Gustar + adverbios de cantidad • Adverbios de negación • Oración negativa	Póster Encuesta Correo electrónico Horario Entrevista Blog Artículo
9: ¿Qué es importante en la educación?	El individuo y la sociedad	Educación	• Asignaturas • Profesores • Ropa / vestimenta • Espacio escolar • Sistemas educativos	• Pretérito imperfecto • Adjetivos comparativos • Adjetivos superlativos • Condicional	Horario Página web Blog Carta formal Artículo Folleto
10: ¡Vamos a celebrar!	Trabajo y ocio	Entretenimiento	• Eventos culturales y especiales: festivales • Actividades recreativas • Festejos	• Adjetivos • Verbos modales • Verbos irregulares con cambio radical • Adjetivos comparativos (repaso) • Superlativo absoluto • Pretérito Imperfecto (repaso) • Verbos impersonales	Póster Horario Anuncio Folleto Correo electrónico Receta Sitio web de una red social Invitación
11: De compras	El individuo y la sociedad	Compras	• Centros comerciales • Compras en Internet • Costumbres y tradiciones: regateo, rebajas • Tiendas / negocios • Mercados • Transacciones • Productos	• Números ordinales • Formas impersonales • Diminutivos • Pronombres (objeto directo) • Pretérito imperfecto y pretérito indefinido	Aviso Entrevista Debate Encuesta Correo electrónico Artículo Presentación
12: Salud y bienestar	El individuo y la sociedad	Salud física Comida y bebida	• Cuerpo • Enfermedad • Doctor / médico • Remedios / medicamentos • Accidentes • Salud y dieta: vegetarianismo	• Pretérito perfecto • Verbo doler • Verbos modales (continuación)	Artículo Informe Entrevista Carta Cuestionario Lista Aviso Correo electrónico

Unidad	Área temática	Tema	Aspectos	Gramática	Tipos de texto
13: Mi estilo de vida	El individuo y la sociedad	Salud física	• Estilo de vida • Dieta • Estado físico • Adicción	• Imperativo (repaso) • Pretérito imperfecto y pretérito indefinido (repaso) • Condicional (repaso) • Expresar recomendaciones y consejos	Blog Folleto Sitio web de una red social Artículo
14: Las relaciones personales	El individuo y la sociedad	Relaciones Tecnología	• Amigos • Comunidad • Familia • Internet y redes sociales • Relaciones entre internautas	• Formas impersonales (repaso) • Expresar y contrastar opiniones • Expresar acuerdo y desacuerdo	Correo electrónico Artículo Folleto Carta Sitio web de una red social Página web

Áreas temáticas y temas que forman parte del curso de español *ab initio* del Programa del Diploma del Bachillerato Internacional y que son abarcados en unidades de *Panorama hispanohablante 1*

El individuo y la sociedad		Trabajo y ocio		El medio urbano y rural	
Apariencia, carácter y relaciones	2, 14	Deportes	8	El barrio	5
Compras, comida y bebida	4, 11, 12	Entretenimiento	8, 10	La ciudad y sus servicios	5
Datos personales	1	Tecnología	14	Tiempo meteorológico	6
Educación	9	Transporte	7		
Rutinas diarias	3	Vacaciones	7		
Salud física	12, 13				

Puntos gramaticales que forman parte del curso de español *ab initio* del Programa del Diploma del Bachillerato Internacional y que son abarcados en unidades de *Panorama hispanohablante 1*

	Unidades de *Panorama hispanohablante 1*
Adjetivos	1, 5, 9, 10
Adverbios	3, 4, 6, 8
Artículo determinado	1
Comparativos	2
Condicional	9, 13
Conjunciones	7
Demostrativos	4
Diminutivos	11
Formas impersonales	11, 14
Futuro inmediato (*ir a*)	7
Gustar + adverbios de cantidad	8
Hay	3
Imperativo	*7, 13*
Negativos	*1, 4, 8*
Números cardinales	*1, 2*
Números ordinales	*11*
Preposiciones de lugar	5
Presente	*1, 2, 3*
Pretérito imperfecto	*9, 10, 11, 13*
Pretérito indefinido	*6, 7, 8, 11, 13*
Pretérito perfecto	*12*
Pronombres (objeto directo)	*11*
Superlativo absoluto	10
Verbo *doler*	*12*
Verbo *hacer*	*3, 6*
Verbos impersonales	*10*
Verbos irregulares	*3, 5, 10*
Verbos modales	*10, 12*
Verbos reflexivos	*3*
Verbos *tener* y *ser*	*2*

1   Me presento

Área temática	El individuo y la sociedad
Tema	Datos personales
Aspectos	Edad Fecha de nacimiento Idiomas Nacionalidad Identificación Saludos Familia (introducción)
Gramática	Artículo determinado Concordancia de adjetivos Negativos simples Presente de verbos comunes Números cardinales Fechas Ortografía
Tipos de texto	Mapa Entrevista
Rincón IB	**Teoría del Conocimiento** • Discusión sobre el significado del género de las palabras en español. ¿Qué diferencias y semejanzas hay con otros idiomas? • Discusión sobre el uso de saludos y despedidas en español comparados con los idiomas de los estudiantes. ¿Hay una correspondencia exacta entre ellos? **Trabajo escrito** • Investigación sobre el uso de los apellidos en el mundo hispanohablante y comparación con otros sistemas. • Investigación sobre la importancia de la familia en el mundo hispanohablante comparada con otros modelos de familia. **Oral individual** • Presentarse y presentar a su familia con una foto como estímulo. • Conversación general sobre datos personales y familia. **Producción escrita** • Escribir una descipción personal. • Escribir las preguntas de una **entrevista** a una persona hispana famosa.

La primera unidad del libro está basada en el tema de los datos personales, para desarrollar la capacidad de los estudiantes de comenzar a interactuar utilizando la lengua española. Introduce aspectos tales como la edad, fecha de nacimiento, idiomas, nacionalidad, saludos y familia, y en cuestiones gramaticales cubre artículos, adjetivos y su concordancia, el presente de verbos comunes y números.

1   Introducción   Página 7

Este ejercicio tan básico es una oportunidad para introducir a los estudiantes el concepto del masculino y femenino, en caso de que no exista en el idioma propio. También lo puede utilizar como una plataforma para discutir los conocimientos previos de los estudiantes.

Respuesta

Bienvenido o bienvenida.

2   Lee   Página 7

El objetivo del ejercicio es ver si los estudiantes reconocen la palabra español e introducir la idea de que en el idioma español hay consonantes que no necesariamente existen en otros idiomas. Además, dependiendo del idioma de cada estudiante, el ejercicio crea una oportunidad para discutir cognados.

Los asistentes al encuentro internacional de estudiantes y profesores de español se presentan

1 Escucha y lee
Página 8

El objetivo del ejercicio es familiarizar a los estudiantes con saludos y despedidas comunes del idioma español. Apoye a sus estudiantes gesticulando saludo y despedida para que puedan acceder al ejercicio e identificar el vocabulario con más facilidad. Puede introducir vocabulario adicional, como por ejemplo *buenas noches* y/o *hasta la vista*. También puede discutir con los estudiantes diferencias regionales, como por ejemplo el hecho que en países como Perú no es habitualmente utilizada la palabra *adiós* pues se percibe como un tanto brusca y terminal (no desea volver a ver a esa persona), así que *chao* (que viene del *ciao* italiano) es más común que en España, donde la despedida más habitual es *adiós*.

🎧 Audio

Hola, me llamo Christophe. Soy francés, vivo en la capital de Francia, en París. Hablo francés y español. ¡Adiós!

¡Buenos días! Me llamo Romy y vivo en Stuttgart, en Alemania, soy alemana. Hablo alemán, francés, inglés y español. ¡Hasta luego!

Hola, ¿qué tal? Me llamo Michael y soy estadounidense. Vivo en el sur de los Estados Unidos, en California. Hablo inglés y español. ¡Chao!

Hola, buenas tardes. Me llamo Jian y soy china. Vivo en el norte de Beijing, en China. Hablo español, mandarín y un poco de italiano. ¡Hasta pronto!

Respuesta

Saludos: hola, buenos días, buenas tardes.

Despedidas: adiós, hasta luego, chao, hasta pronto.

2 Lee
Página 8

El ejercicio tiene el objetivo de hacer que los estudiantes se centren en palabras claves para identificar países, nacionalidades e idiomas. Dirija la atención de los estudiantes al ejemplo y haga que a través de él identifiquen el significado de las categorías, así como el patrón seguido. Por ejemplo: letra mayúscula para países, minúscula para nacionalidad e idiomas, que frecuentemente son una repetición de la nacionalidad.

Respuesta

Nombre	País	Nacionalidad	Idiomas
Christophe	Francia	francés	francés y español
Romy	Alemania	alemana	alemán, francés, inglés y español
Michael	Estados Unidos	estadounidense	inglés y español
Jian	China	china	mandarín, italiano y español

Puntos cardinales

Comparta con sus estudiantes que en español generalmente se utiliza *sur* como punto cardinal, aunque en países latinoamericanos también es común decir *sud*. Cuando combinamos dos puntos cardinales tanto el uso de *sur* como *sud* es aceptable como prefijo: *sureste* o *sudeste*. No hay regulación alguna en cuanto a su uso, y depende de lo que el hablante encuentre de más fácil pronunciación, siguiendo en líneas generales la misma tendencia: *sur* en España, y *sud* en la mayoría de países latinoamericanos.

3 Escribe
Página 8

Este ejercicio proporciona a los estudiantes un modelo de conversación que luego podrán reutilizar para su práctica oral. Aunque a primera vista el ejercicio puede parecer un tanto difícil, a través del vocabulario básico de presentaciones y saludos ya aprendidos, y los encabezados de la tabla del ejercicio anterior, su dificultad es bastante menor de lo inicialmente percibido. Si lo cree necesario, puede referir a sus estudiantes al ejercicio 2 y sonsacarles el significado del verbo *vivir*.

Respuesta

Hola, ¿cómo te llamas?

Hola, buenos días. Me llamo Ludmila, ¿y tú?

Me llamo Paco, encantado.

Encantada. ¿Cuál es tu nacionalidad?

Soy chileno, ¿y tú?

Yo soy rumana, vivo en Bucarest, en el sudeste de Rumania. ¿Y tú? ¿Dónde vives?

Vivo en Iquique, en el norte de Chile. ¿Qué idiomas hablas?

Hablo rumano, español y ruso. ¿Y tú?

Solo hablo español. ¡Adiós!

¡Adiós! ¡Hasta pronto!

4   Habla   [Página 8]

El ejercicio brinda a los estudiantes la oportunidad de practicar de modo oral el vocabulario aprendido hasta el momento, de manera que pueda supervisar la pronunciación de los estudiantes. Antes de que los estudiantes comiencen sus conversaciones, se sugiere que utilice una de las dos conversaciones del ejercicio 3 y la demuestre para toda la clase, cambiando la información relevante a información personal. Seguidamente, puede hacer lo mismo con dos o tres estudiantes competentes para que sirva de modelo al resto del grupo y comprendan lo que deben hacer.

Gramática en contexto

Las nacionalidades

Esta tabla tiene como objetivo subrayar la importancia del masculino y femenino en el idioma español, cuya relevancia y dificultad dependerá de la existencia del género en el idioma nativo de los estudiantes. Se sugiere que haga que los estudiantes observen con detalle los cambios en la tabla y deduzcan las reglas de la formación del femenino.

Dependiendo del idioma nativo de los estudiantes, quizás sea necesario subrayar el hecho de que en español las nacionalidades no requieren mayúscula.

5   Escucha   [Página 9]

Dependiendo del perfil de sus estudiantes puede que sea necesario que les diga que la nacionalidad no es necesariamente la misma que el país donde viven los jóvenes. Puede animar a los estudiantes más hábiles a anotar datos adicionales tales como los puntos cardinales, nombres de ciudades y/o cognados con su lengua nativa o con el idioma del colegio.

🎧 Audio

1. Hola. Me llamo Ethan, vivo en Inglaterra, en Bath, pero soy escocés. Hablo inglés y español.

2. Buenos días, me llamo Monika y soy canadiense. Vivo en Canadá, en la capital. También hablo inglés y español.

3. Hola, mi nombre es Gerard y soy francés aunque vivo en el norte de España, en Bilbao. Hablo francés, español y un poco de alemán.

4. Buenos días, me llamo Nuccio y vivo en los Estados Unidos aunque soy de Catania, en el sur de Italia. Soy italiano y hablo español, inglés e italiano.

Respuesta

¿Cómo se llama?	¿Cúal es su nacionalidad?	¿Dónde vive?	¿Qué idiomas habla?
Ethan	escocés	Bath, Inglaterra	inglés y español
Monika	canadiense	Canadá (en la capital)	inglés y español
Gerard	francés	Bilbao, España (norte)	francés, español, alemán (un poco)
Nuccio	italiano (de Catania, en el sur)	Estados Unidos	español, inglés e italiano

📖 Cuaderno de ejercicios 1/1   [Página 3]

El objetivo del ejercicio es repasar las nacionalidades. Recuerde a los estudiantes que deberán prestar atención al género que se representa en cada caso, y utilizar las terminaciones masculinas o femeninas. Quizás también sea oportuno que les recuerde que en español no deberán utilizar mayúsculas para referirse a las nacionalidades.

Respuesta

1. Vivo en España. Soy español.
2. Vivo en China. Soy chino.
3. Vivo en Paquistán. Soy paquistaní.
4. Vivo en México. Soy mexicano.
5. Vivo en Francia. Soy francés.

6   Habla   [Página 9]

En esta ocasión los estudiantes practican las conversaciones utilizando las identidades ficticias de los asistentes al encuentro, de manera que deberán practicar vocabulario un poco más variado de lo que utilizaron al hablar de sí mismos. Se sugiere que agrupe a los estudiantes en grupos de cuatro para que así tengan la oportunidad de interactuar con varios compañeros. Alternativamente, puede asignar una identidad a cada estudiante y hacer que se levanten y circulen por la clase presentándose e intercambiando información con otros. En este caso, si lo desea, puede añadir otras identidades para hacer el ejercicio más variado.

Si le parece oportuno, puede plantear la cuestión del uso de *e* en lugar de *y* cuando la siguiente palabra empieza con *i-* o *hi-* (excepto palabras que empiezan con *hie-*), utilizando la información contenida en los idiomas hablados por Kaitlin y Pablo.

7 Lee

Página 9

El ejercicio brinda a los estudiantes la oportunidad de practicar el presente de los verbos presentados, teniendo que cambiar los verbos que habrán utilizado en el ejercicio anterior a la tercera persona del singular.

Respuesta

<u>Se llama</u> Kaitlin, <u>es</u> escocesa y <u>vive</u> en Edimburgo. <u>Habla</u> inglés y español.

Se llama Sadaf, es paquistaní y vive en Faisalabad. Habla urdu, inglés y español.

Se llama Albert, es alemán y vive en Brandemburgo. Habla español, inglés y alemán.

Se llama Pablo, es mexicano y vive en Veracruz. Habla español e inglés.

Gramática en contexto

Verbos en presente

Cómo explicar la tabla de los verbos dependerá en gran parte del idioma de los estudiantes y de sus conocimientos previos de otras lenguas. Se sugiere que cuestione a sus estudiantes en referencia a la información de la tabla para deducir a través de su capacidad de observación y conocimientos previos algunos de los elementos claves de la gramática española, tales como las terminaciones -ar, -er e –ir de los infinitivos, el hecho que hay verbos que mantienen la raíz del infinitivo en su conjugación (regulares), mientras otros cambian completamente (irregulares), y el hecho que algunos verbos requieren un pronombre adicional (reflexivos).

Si los estudiantes no tienen experiencia previa de otra lengua latina y los verbos en su lengua materna son muy diferentes, se sugiere que no profundice y solo subraye la necesidad de utilizar la parte del verbo correcta en concordancia con el pronombre, puesto que el objetivo es que los alumnos practiquen el presente de manera oral. Más adelante tendrán la oportunidad de aprender sobre el funcionamiento de los verbos categoría por categoría.

8 Habla

Página 9

El ejercicio tiene como objetivo brindar a los estudiantes práctica oral adicional mientras que también practican las conjugaciones de los verbos que han visto en la sección de gramática en contexto. En primer lugar deben entrevistar a un compañero, para lo que puede indicarles que utilicen las preguntas que encabezan la tabla del ejercicio 5 considerando las terminaciones adecuadas de los verbos. Deberá llamar la atención de los estudiantes sobre los posesivos (por ejemplo ¿cuál es <u>su</u> nacionalidad?) y proporcionarles el posesivo *tu* para que formulen las preguntas correctamente.

Los estudiantes deberán tomar nota de las respuestas dadas por sus compañeros y después transferirlas a la tercera persona para relatar la información al resto de la clase.

Ejemplo:

¿Cómo te llamas?

Me llamo Pedro.

¿Dónde vives?

Vivo en Londres.

¿Cuál es tu nacionalidad?

No soy inglés, soy italiano.

¿Qué idiomas hablas?

Hablo inglés, italiano y español.

Se llama Pedro. Vive en Londres. No es inglés, es italiano, y habla inglés, italiano y español.

9 Escribe

Página 9

Este ejercicio tiene el mismo objetivo que el ejercicio anterior, y brinda la oportunidad de practicar personas plurales de los verbos: primera y segunda personas del plural (deberá proporcionar a los estudiantes el posesivo *vuestra*).

¿Cómo os llamáis?

Nos llamamos Valeria y Lorea.

¿Dónde vivís?

Vivimos en Popayán, en Colombia.

¿Cuál es vuestra nacionalidad?

Somos colombianas.

¿Qué idiomas habláis?

Hablamos inglés y español

📄 Actividad adicional
Unidad 1, página 9

Esta actividad adicional se puede utilizar para introducir el concepto de los apellidos paternos y maternos en el mundo hispanohablante.

1 ¿Cuál es tu nombre completo?

2 ¿Cuántos apellidos tienes?

3 ¿Tienen todas las personas en tu familia el mismo apellido?

4 ¿Cuántos apellidos tienen los hispanohablantes?

5 ¿Por qué?

¡Aquí se habla español!

1 Escucha `Página 10`

La introducción del abecedario es una buena oportunidad para explicar a los alumnos que el español es un idioma fonético en el que cada letra equivale en general a un solo fonema, de manera que una vez que se aprende el abecedario se pueden pronunciar palabras desconocidas con relativa facilidad.

Tradicionalmente el abecedario español tenía 29 letras, incluyendo la *ch* y la *ll*, pero hoy en día el abecedario español solo cuenta con 27 letras puesto que la Real Academia Española ha resuelto que *ch* y *ll* pasan a ser dígrafos (grupo de dos letras representando un solo sonido) en lugar de grafemas (unidad mínima de la escritura de una lengua).

 Audio

A B C D E F G H I J K L M N Ñ O P Q R S T U V W X Y Z

2 Escucha `Página 10`

El objetivo del ejercicio es llamar la atención sobre las letras del abecedario español que pueden ser más problemáticas dado que la correlación del nombre de la letra y su sonido no es tan clara ni evidente como el resto. También es una oportunidad para que los estudiantes se den cuenta de que haya letras cuyo sonido es diferente según precedan a una vocal fuerte (*a, o, u*) o a una vocal débil (*e, i*). Una vez completado el ejercicio, usted puede guiar a los estudiantes a hacer las comparaciones pertinentes con otros idiomas que conozcan. En muchos casos (por ejemplo en inglés) se dan las mismas excepciones con la *c* y la *g* pero es posible que los estudiantes nunca se hayan parado a reflexionar sobre ellas.

3 Habla `Página 10`

El objetivo del ejercicio es la práctica del abecedario español en el contexto de los países y las ciudades de habla hispana. Si lo desea puede indicar a los estudiantes que el idioma oficial de Belice es el inglés pero la mayoría de sus habitantes hablan español, y que Puerto Rico es un estado libre asociado de los Estados Unidos con inglés y español como idiomas oficiales.

Esta actividad también se puede hacer en pequeños grupos, a modo de competición en la que ganará el primer grupo que consiga deletrear lugares del mapa empezando por cada letra del abecedario.

Respuesta

Argentina, Belice, Bolivia, Chile, Colombia, Costa Rica, Cuba, Dagua, Ecuador, España, Formosa, Guatemala, Guinea Ecuatorial, Honduras, Ipís, Jerez de la Frontera, Kiyú, Lima, México, Nicaragua, Ñuñoa, Orocovis, Panamá, Paraguay, Perú, Puerto Rico, Quito, República Dominicana, Sapucaí, El Salvador, Tegucigalpa, Uruguay, Venezuela, Warnes, Xalapa, Yaviza, Zaraza.

Los números

4 Lee `Página 11`

El objetivo del ejercicio es de proveer a los estudiantes la oportunidad de manipular números en su forma escrita en el contexto de la unidad. Los estudiantes deberán sumar el número de asistentes de manera que practicarán una gama significativa de cifras.

Respuesta

	Número
Total asistentes	noventa y cinco
Profesores de español	veintidós
Estudiantes de español	setenta y tres
Hablan español como lengua materna	ocho
Hablan inglés como lengua materna	cincuenta y seis
Europeos	cuarenta y dos

5 Lee `Página 11`

El objetivo del ejercicio es que los estudiantes practiquen el reconocimiento de los números al mismo tiempo que se familiarizan con la forma más popular de decir los números de teléfono en español. Habitualmente, los números de teléfono se dicen de dos en dos dígitos. Dónde haya tres dígitos, normalmente se dice el primer dígito solo seguido por el par.

El ejercicio también destaca el sesenta y setenta pues su parecido resulta en errores comunes.

Se sugiere que usted lea los números del folleto informativo al mismo tiempo que los estudiantes leen en voz baja los números de las letras A-E para que así escuchen la pronunciación y entonación de una persona que domina el idioma.

Respuesta

A   Información autobuses: tres, dieciséis, cinco, **sesenta** y dos, sesenta y uno, sesenta y uno.

B   Información turística: tres, diecisiete, tres, veinte, setenta, **sesenta.**

C   Emergencias: uno, veinti**trés.**

D   Información restaurantes: tres, quince, **siete,** veintitrés, cuarenta y siete, ochenta y tres.

E   Información hoteles: tres, dieciocho, cuatro, ochenta y siete, cero, cero, **noventa** y tres.

6 Habla `Página 11`

El objetivo del ejercicio es que los estudiantes practiquen la pronunciación y comprensión auditiva de los números. Se sugiere que ponga a los estudiantes en parejas y tomen turnos para decir el número de teléfono de uno de los asistentes para que su compañero escuche e identifique al propietario del número. Alternativamente, puede asignar identidades a los estudiantes y estos pueden completar el ejercicio en grupos o levantarse y circular por clase preguntando a otros por su número hasta que hayan completado los cinco números diferentes.

En el encuentro hay actividades para todas las edades

1　Lee　[Página 12]

El objetivo del ejercicio es que los estudiantes se familiaricen con la estructura utilizada para expresar la edad al mismo tiempo que continúan practicando los números.

Respuesta

Tom 23

Virginie 28

Salvador 63

Sophia 26

Michael 58

María 20

2　Escribe　[Página 12]

Este ejercicio tiene el mismo objetivo que el ejercicio anterior. El anterior se centraba en la destreza receptiva de comprensión de lectura, y éste se centra en la destreza productiva de la escritura ya que los estudiantes deben escribir las frases. Anímeles a escribir los números en letras y no dígitos para consolidar su aprendizaje.

Me llamo Silva, tengo treinta y siete años.

Me llamo Blanka, tengo cuarenta y nueve años.

Me llamo Alec, tengo cuarenta y tres años.

Me llamo Alana, tengo treinta y un años.

Me llamo Neassa, tengo diecinueve años.

Gramática en contexto

Tener

El verbo *tener* es uno de los verbos irregulares de uso más frecuente. Dependiendo del idioma nativo, puede que tenga que explicar los usos idiomáticos del verbo *tener* donde en otras lenguas se utiliza el verbo *ser* para el mismo propósito.

Si no lo ha mencionado ya, quizás es un buen momento para discutir con sus estudiantes el uso de los pronombres personales y su omisión frecuente o habitual en el habla y escritura, ya que las terminaciones de los verbos en español transmiten

claramente el mensaje de quién realiza la acción del verbo.

El voseo, aunque prácticamente inexistente en España, se utiliza extensivamente en muchas partes de Latinoamérica donde *vos* sustituye a *tú*.

Usted y *ustedes,* a menudo abreviado como *Ud./Uds.* se utiliza en España y otros países de habla hispana en lugar de *tú/vosotros(as)* al referirse a una persona de más edad o a la que se debe mostrar respeto. Además, en varios países hispanohablantes y partes de las regiones de Andalucía y las Islas Canarias en España, *Ud./Uds.* sustituye a menudo a *tú/vosotros(as)* independientemente de la necesidad de mostrar respeto.

El uso de *usted* y *ustedes* es uno de los aspectos más dinámicos de la lengua española y su uso está en constante evolución.

3　Habla　[Página 12]

El ejercicio tiene el objetivo gramatical de practicar la conjugación del verbo *tener* mientras se consolida la estructura para expresar la edad y se practican los números.

Respuesta

A　Tiene tres años.

B　Tiene dieciocho años.

C　Tienen treinta y seis años.

D　Tiene cuarenta y cinco años.

E　Tienen cincuenta y cinco años.

F　Tiene setenta años.

Los meses del año

4　Lee　[Página 13]

El objetivo del ejercicio es la introducción y práctica de los meses del año en el contexto del cumpleaños.

A pesar de que este vocabulario sea nuevo, dado el ejemplo, las ilustraciones y el hecho que los meses están numerados, los alumnos deberían comprender con facilidad su significado y lo que se requiere que hagan.

Es muy probable que en los meses del año se encuentren un número elevado de cognados con las lenguas maternas de los estudiantes. En cualquier caso, deberá asegurarse que los estudiantes observen que en español los meses no empiezan con mayúscula.

Respuesta

1　25/02

2　3/04

3　18/06

4　27/11

Cuaderno de ejercicios 1/2 — Página 3

El ejercicio tiene el propósito de practicar las fechas, particularmente porque la estructura de estas es menos flexible que en otros idiomas y/o sigue un orden de palabras diferente, de manera que cuanto más se practiquen menos probable será que los estudiantes utilicen las fechas de forma incorrecta.

Respuesta

1   elveintidósdefebrero

2   eltrecedemarzo

3   elquincedeabril

4   eltresdejunio

5   elunodeseptiembre

6   eltrecedemayo

7   eldocedeabril

8   elveintiseisdeoctubre

A   eldocedeagosto

B   eldosdeabril

C   eldieciochodenoviembre

D   eltreintayunodeenero

E   elveintedediciembre

F   elcatorcedeenero

G   elcincodefebrero

H   eldieciochodenoviembre

5   Escribe — Página 13

El objetivo del ejercicio es que los estudiantes practiquen el uso de fechas y en particular de cumpleaños. Es importante reiterar que en español no se precisan mayúsculas para los meses del año, y de hecho su uso representa un error de ortografía.

Respuesta

1   Mi cumpleaños es el cuatro de enero.

2   Mi cumpleaños es el quince de mayo.

3   Mi cumpleaños es el diecinueve de julio.

4   Mi cumpleaños es el tres de agosto.

5   Mi cumpleaños es el veinticinco de octubre.

6   Mi cumpleaños es el treinta y uno de diciembre.

6   Escucha — Página 13

El ejercicio crea una oportunidad para que los estudiantes practiquen la comprensión auditiva de números y meses del año en el contexto de edades y cumpleaños, así pues consolidando su aprendizaje y práctica junto con los dos ejercicios anteriores.

Audio

1   Tengo 28 años. Mi cumpleaños es el 4 de septiembre.

2   Tengo 56 años. Mi cumpleaños es el 15 de enero.

3   Tengo 19 años. Mi cumpleaños es el 26 de mayo.

4   Tengo 34 años. Mi cumpleaños es el 30 de julio.

5   Tengo 49 años. Mi cumpleaños es el 13 de marzo.

Respuesta

	Edad	Cumpleaños
1	28	4/09
2	56	15/01
3	19	26/05
4	34	30/07
5	49	13/03

7   Habla — Página 13

El objetivo de la actividad es que los estudiantes practiquen su pronunciación de los meses del año y los números, así como la estructura para comunicar fechas. También practicarán su destreza auditiva al escuchar y tomar notas de las fechas de cumpleaños de otros alumnos.

Si lo desea puede concluir la lección pidiendo a sus estudiantes que se pongan en fila por orden de su cumpleaños, donde la primera persona es la que cumple años más temprano: típicamente enero o febrero, y la última la que los cumple a finales de año. Los estudiantes no deben utilizar el idioma propio para completar la actividad.

📄 Actividad adicional
Unidad 1, página 13

Esta actividad adicional aporta un repaso adicional del uso de las nacionalidades y los números que los estudiantes han aprendido durante esta unidad.

1   ¿Cuántos estudiantes hay en tu clase de español?

2   ¿Cuántas nacionalidades están representadas en tu clase?

3   ¿Cuáles son?

4   ¿Cuántos idiomas diferentes habláis entre todos?

5   ¿Cuáles son?

6   ¿Cuándo es el cumpleaños de tu mejor amigo/a?

7   ¿Cuántas clases de español tenéis a la semana?

Los asistentes al encuentro se describen…

1 Lee Página 14

El objetivo de la actividad es reiterar la concordancia de los adjetivos. Puede animar a los estudiantes a que añadan una columna adicional para escribir el significado de los adjetivos en su lengua materna o en el idioma del colegio. También sería conveniente mencionar que aunque *bonito* existe tanto en el masculino como en el femenino, es más habitual describir a personas como *guapo* y *guapa*.

Respuesta

Soy…		Somos…	
Masculino singular	Femenino singular	Masculino plural	Femenino plural
alto	alta	altos	altas
bajo	baja	bajos	bajas
atractivo	atractiva	atractivos	atractivas
guapo	guapa	guapos	guapas
bonito	bonita	bonitos	bonitas
atlético	atlética	atléticos	atléticas
sofisticado	sofisticada	sofisticados	sofisticadas
callado	callada	callados	calladas
simpático	simpática	simpáticos	simpáticas

2 Lee Página 14

El ejercicio crea una oportunidad para que los estudiantes no solo practiquen su comprensión de los adjetivos pero también se familiaricen con el uso de los adverbios de cantidad. Tenga en cuenta que la respuesta al ejercicio permite hasta cierto punto una interpretación individual. Dónde un estudiante difiera en su respuesta del resto, puede pedirle que justifique la respuesta en el idioma del colegio.

Respuesta

1 verdadero
2 verdadero
3 falso
4 verdadero
5 falso
6 verdadero

3 Investiga Página 14

El objetivo del ejercicio es crear una oportunidad temprana para el uso del diccionario bilingüe que los estudiantes deberán dominar entre el español y su idioma propio.

En la presentación del vocabulario descriptivo hasta el momento se han evitado adjetivos con connotación negativa que puedan incomodar a los estudiantes cuando más tarde deban describirse a sí mismos. Si lo cree oportuno, puede hacer que los estudiantes busquen los antónimos del ejercicio 1 que deberían crear más oportunidades para usar frases negativas y la estructura *ni… ni…*

4 Lee Página 15

Una vez más este ejercicio brinda la oportunidad de practicar utilizando el diccionario, aunque en algunos casos los estudiantes puedan reconocer algunos de los adjetivos si estos fueran cognados en otros idiomas que conozcan. Tenga en cuenta que la opinión de los estudiantes en relación a la connotación positiva o negativa de los adjetivos puede variar y debería permitir que los estudiantes justifiquen su opinión en el idioma del colegio si esta fuera diferente de la del resto del grupo.

Respuesta

ambicioso: positivo

callado: negativo

formal: positivo

hablador: positivo/negativo

inteligente: positivo

perezoso: negativo

responsable: positivo

serio: positivo/negativo

trabajador: positivo

Gramática en contexto

Concordancia de adjetivos

Es importante que haga que sus estudiantes se fijen en la tabla y la comparen con la tabla del ejercicio 1 donde todos los adjetivos seguían el mismo patrón para formar su forma femenina y plural.

Se sugiere que haga que los estudiantes observen esta tabla y traten de deducir las reglas que se aplican a la concordancia de adjetivos de acuerdo con su terminación en la forma masculina.

5 Lee
Página 15

El objetivo del ejercicio es consolidar vocabulario visto en la unidad de una manera relevante a los jóvenes de hoy. La concordancia de adjetivos debería ayudarles a completar el ejercicio con éxito, aunque para ello deberán utilizar también el sentido común: si Sandra es venezolana es de suponer que habla más que *un poco* de español. Tan solo en el caso de los cumpleaños, la respuesta correcta puede ser ambas.

Respuesta

Nombre: O'Neil Watson

Edad: sesenta y ocho años

Cumpleaños: veintidós de abril / quince de enero

Nacionalidad: estadounidense

Idiomas: inglés y un poco de español

Aspecto físico: bastante guapo, ni alto ni bajo

Personalidad: muy responsable, bastante ambicioso y un poco perezoso

Nombre: Sandra Morales

Edad: treinta y cuatro años

Cumpleaños: quince de enero / veintidós de abril

Nacionalidad: venezolana

Idiomas: inglés, alemán y español

Aspecto físico: bastante alta y muy atractiva

Personalidad: bastante atlética y muy simpática

6 Escribe
Página 15

El ejercicio tiene el objetivo de consolidar lo que los estudiantes han aprendido hasta este momento, incluyendo el hecho de que van a tener que considerar las terminaciones de los verbos a utilizar para escribir las preguntas, puesto que en la mayoría de los casos, la información se presenta en primera persona. Indique a los estudiantes que deberían preparar una pregunta para cada una de las secciones que han completado en la tarjeta de identidad del ejercicio previo. También puede mencionar que el aspecto físico y la personalidad pueden ambos responder a la misma pregunta (¿cómo eres?) o puede dejar que los estudiantes elaboren preguntas separadas.

Respuesta

¿Cómo te llamas?

¿Cuántos años tienes?

¿Cuándo es tu cumpleaños?

¿Cuál es tu nacionalidad?

¿Qué idiomas hablas?

¿Cómo eres?

¿Cómo es tu aspecto físico?

¿Cómo es tu personalidad?

7 Habla
Página 15

Una vez que los estudiantes hayan practicado la entrevista pretendiendo ser O'Neil y Sandra, puede extender la actividad haciendo que tomen identidades ficticias de famosos y continúen con las entrevistas intentando adivinar las identidades. Puede también hacer una sesión de citas rápidas dónde los estudiantes solo tienen dos minutos para entrevistar a un compañero antes de entrevistar al siguiente. Para aprovechar esta actividad al máximo, es importante que los estudiantes tomen notas de la información obtenida de otros, practicando así no solo sus habilidades orales pero también auditivas.

Los asistentes al encuentro internacional de español como lengua extranjera hablan de sus familias

1 Lee
Página 16

El objetivo de la actividad es cerciorarse de que los estudiantes comprendan el vocabulario para que puedan aplicarlo en sucesivos ejercicios.

Respuesta

1   Sí, una hermana menor.

2   Sí, un hermano gemelo.

3   Sí, un hermanastro y una hermanastra menores.

4   Sí, dos hermanas mayores.

5   No, es hijo único.

2 Escribe
Página 16

El ejercicio brinda a los estudiantes la oportunidad de demostrar su comprensión del vocabulario presentado en el ejercicio anterior escribiendo frases similares de acuerdo con las ilustraciones.

Respuesta

1   Tengo dos hermanas mayores.

2   Tengo un hermano mayor.

3   Tengo tres hermanas menores.

4   Tengo una hermana mayor.

5   Tengo dos hermanos y una hermana menores.

6   Tengo un hermano gemelo.

3 Habla
Página 16

El objetivo del ejercicio es mayoritariamente la repetición oral del vocabulario clave para que este sea consolidado. Si lo desea puede extender la actividad haciendo que los estudiantes añadan preguntas al sondeo como la edad de los hermanos y/o su cumpleaños.

4　Comprensión　`Página 16`

El objetivo del ejercicio es hacer que los estudiantes razonen el vocabulario de parentescos y figuren su equivalente en otros idiomas que conozcan para poder completar la actividad.

1　Montse es la **madre** de Julia.

2　Floren es **la hermana** de Isabel.

3　Miguel es **el hermanastro** de Quique.

4　José es **el abuelo** de Martín.

5　Miguel, Alicia y Quique son **los cuñados** de Cristian.

6　Isabel es **la tía** de Rubén.

Respuesta

TÍO	ESPOSO	madre	hermano	padre	HIJO	PRIMO	SOBRINO	ABUELO
PRIMO	sobrino	hijo	madre	TÍO	ABUELO	esposo	HERMANO	PADRE
hermano	abuelo	PADRE	ESPOSO	SOBRINO	PRIMO	MADRE	tío	hijo
HIJO	TÍO	ABUELO	SOBRINO	madre	ESPOSO	HERMANO	padre	primo
padre	MADRE	HERMANO	primo	ABUELO	tío	HIJO	ESPOSO	sobrino
sobrino	primo	ESPOSO	HIJO	hermano	PADRE	ABUELO	MADRE	TÍO
esposo	hijo	TÍO	padre	PRIMO	hermano	SOBRINO	abuelo	MADRE
MADRE	PADRE	primo	ABUELO	ESPOSO	sobrino	tío	HIJO	HERMANO
ABUELO	hermano	SOBRINO	TÍO	hijo	madre	padre	PRIMO	ESPOSO

Vocabulario

Se espera que con la ilustración y el contexto de familia, los estudiantes serán capaces de deducir el significado del recuadro de vocabulario, o al menos, del grupo de palabras en su conjunto si no pueden deducir el significado de las palabras individuales. Dependiendo del idioma nativo de cada estudiante, varias palabras pueden ser cognados pero probablemente los estudiantes necesitarán ayuda o buscar en el diccionario lo que significa *estado civil*.

📖 Cuaderno de ejercicios 1/3　`Página 4`

El objetivo del ejercicio es primordialmente consolidar el vocabulario sobre miembros de la familia. La tarea es un ejercicio de tipo Sudoku en el que los estudiantes tienen 9 elementos de vocabulario que deberán escribir en cada línea, en cada columna y en cada sector de nueve casillas sin que se repita ninguna palabra en estas secciones.

En función de la habilidad de sus estudiantes, puede proporcionar dos o tres palabras adicionales en el lugar apropiado para que puedan completar el ejercicio.

5   Escucha   [Página 17]

El objetivo del ejercicio es que los alumnos practiquen la comprensión auditiva del vocabulario relacionado con la edad y relaciones familiares. Deberá darles a los alumnos suficiente tiempo para que procesen la información y deduzcan la respuesta con la ayuda del árbol genealógico, aunque en cada frase se da más de una información que ayuda a identificar a la persona que habla, y no es necesario que entiendan todo para poder completar el ejercicio correctamente.

🎧 Audio

1   Tengo 28 años, estoy casado y tengo un hijo y una hija.

2   Mi madre se llama Eleonor y tiene cincuenta y nueve años.

3   Tengo un hermano que tiene 32 años y mi abuela se llama Josefa.

4   Tengo treinta y dos años y mi madrastra se llama Isabel.

5   Estoy soltera pero tengo hermanos y cuñados.

Respuesta

1   Miguel

2   Cristian

3   Sandra

4   Quique

5   Alicia

6   Lee   [Página 17]

El objetivo de este corto y simple ejercicio es dar a los estudiantes una idea de cómo pueden abordar el siguiente ejercicio, en el que tendrán la oportunidad de poner en práctica lo aprendido en ejercicios anteriores.

Respuesta

Habla la chica sentada en medio, en la foto A.

7   Habla   [Página 17]

En este ejercicio los estudiantes deben demostrar su destreza productiva para describir una de las familias pretendiendo ser uno de sus miembros. Dé unos minutos a los estudiantes para que estos preparen lo que van a decir con antelación. También puede utilizar el ejercicio para practicar la comprensión auditiva, haciendo que el resto de la clase, o en grupos, identifique a la persona que supuestamente habla en cada caso. Recuerde a los estudiantes que disponen de un modelo a seguir en el párrafo del ejercicio número 6.

Repaso

El encuentro internacional de español como lengua extranjera llega a su fin

1   Lee   [Página 18]

Este es un ejercicio de repaso que consolida la mayoría de preguntas e información que los estudiantes han aprendido en esta unidad. Los estudiantes deberían ser capaces de completar la tarea sin dificultad, pero si fuera necesario podría recordarles que se fijen en los verbos, puesto que las respuestas son oraciones completas con este propósito.

Respuesta

1 **B**, 2 **G**, 3 **D**, 4 **I**, 5 **E**, 6 **F**, 7 **A**, 8 **H**, 9 **C**

2   Escribe   [Página 18]

Aquí se requiere que los estudiantes extraigan la información clave de la conversación del ejercicio anterior para rellenar el formulario que introduce esta página. En la conversación no se hace referencia al aspecto físico y la personalidad de Raúl por lo que los estudiantes deberán inventar estos datos.

Respuesta

Nombre: Raúl

Edad: 27 años

Cumpleaños: el treinta y uno de agosto

Nacionalidad: venezolano

Vive en: Caracas

Estudiante o profesor: profesor

Idiomas: inglés, español y portugués

Personalidad (respuesta posible): simpático y trabajador

Descripción (respuesta posible): pelo y ojos negros, no muy alto, atractivo

Familia: un hermano gemelo y dos hermanas mayores

📖 Cuaderno de ejercicios 1/4   [Página 4]

Este ejercicio pone a prueba la capacidad de comprensión de los estudiantes y consolida los conocimientos adquiridos en esta unidad. Debería recomendar a los estudiantes que no intenten abordar el ejercicio en el estricto orden de los espacios a completar, sino completando aquellos que sean evidentes en primer lugar, y por eliminación. También sería oportuno recordarles que apliquen sus conocimientos gramaticales para descartar algunas de las posibilidades.

Respuesta

¡Hola!

Buenos días. [1] **Me llamo** Tara y [2] **vivo** en California, así pues soy [3] **estadounidense**. Soy estudiante de español y también hablo [4] **inglés** y un poco de [5] **alemán**. Tengo [6] **treinta y dos** años y mi cumpleaños es en febrero, es el [7] **veinticuatro** de [8] **febrero**. Soy [9] **bastante** alta y guapa. No tengo hermanos ni [10] **hermanas**, soy hija [11] **única** pero [12] **tengo** dieciséis primos y un [13] **hijo**. Mi hijo [14] **se llama** Nixon.

¡Hasta pronto!

Tara xx

3 Habla

Página 18

El objetivo del ejercicio es que los estudiantes consoliden su aprendizaje hasta este momento de un modo oral. En realidad, el ejercicio incluye destrezas productivas y receptivas al mismo tiempo, puesto que, aparte de practicar las preguntas, deberán comprender las respuestas de sus compañeros para tomar notas, pero también producir sus propias respuestas. Anime a los estudiantes a que utilicen los adverbios de cantidad que han visto para dar más detalles sobre su aspecto físico y personalidad, y también que intenten utilizar conectores para responder en frases más largas. Si lo desea, puede hacer que entrevisten a más de un compañero.

4 Escribe

Página 18

En este caso el ejercicio se centra en las destrezas productivas y la habilidad de los estudiantes a la hora de aplicar la gramática que han aprendido hasta el momento. Los estudiantes tienen que relatar la información sobre un compañero, obtenida mediante la entrevista, escribiendo un párrafo. Recuerde a los estudiantes que pongan atención a la conjugación de los verbos, puesto que deberán transferir la información de la primera persona a la tercera.

Respuesta posible

Se llama Raúl y tiene 27 años. Su cumpleaños es el treinta y uno de agosto, y es venezolano. Vive en la capital de Venezuela, en Caracas y es profesor de español, pero habla también inglés y portugués. Es bastante simpático y muy trabajador. Tiene el pelo y los ojos negros aunque no es muy alto, pero es atractivo. Tiene un hermano gemelo y dos hermanas mayores.

📖 Cuaderno de ejercicios 1/5   Página 4

Este ejercicio brinda la oportunidad a los estudiantes de producir su propio párrafo que contendrá elementos de todo lo que han aprendido hasta el momento. Puede animar a los estudiantes más hábiles a que extiendan el párrafo hablando de otro miembro de su familia además de ellos mismos.

2   La emigración

Área temática	El individuo y la sociedad
Tema	Apariencia Carácter Relaciones
Aspectos	Aspecto físico Actitudes Edad Vestimenta Familia (continuación) Profesiones
Gramática	Presente regular (continuación) Verbos *tener* y *ser* Números cardinales (continuación) Comparativos
Tipo de texto	Mapa Lista Notas Sitio web de una red social
Rincón IB	**Teoría del Conocimiento** • ¿Tienen diferentes culturas diferentes conceptos de "familia" y su valor? • Investiga como se traducen los verbos "ser" y "estar" a otras lenguas que conozcas. ¿Hay siempre dos verbos distintos? ¿Qué implicaciones tiene para el aprendizaje del español? **Trabajo escrito** • Investigación sobre la importancia de la inmigración hispana y su influencia en otras culturas. **Oral individual** • Describir fotos relacionadas con emigrantes hispanos y comparar con la emigración en el país de los estudiantes. • Conversación sobre los niños cuyos padres han emigrado. Relacionar con personas que conocen. **Producción escrita** • Escribir las preguntas de una **entrevista** a un emigrante hispano en tu ciudad. • Describir las cualidades de una persona que admires en tu familia para una entrada en tu **red social**.

Durante esta unidad los estudiantes seguirán a una familia y un grupo de amigos en Tijuana, una ciudad mexicana en la frontera con los Estados Unidos, para aprender cómo describir la personalidad, el físico, y para reflexionar sobre sus prioridades y sus ambiciones.

Para empezar

Sería útil hablar con los estudiantes sobre tácticas para decodificar cualquier texto escrito. Estas pueden incluir buscar cognados con otros idiomas que conozcan los estudiantes, utilizar los conocimientos aprendidos durante la primera unidad, y buscar datos y palabras en el texto que proporcionen información indicativa del tema y significado del texto.

1   Introducción   Página 19

Este ejercicio tiene como objetivo mostrar claramente dónde está México, e introducir la geografía de la región, ya que está unidad tendrá lugar en la ciudad de Tijuana, al noroeste del país. Indique a los estudiantes que la geografía del país determina que en muchos casos los habitantes mexicanos de las ciudades cercanas a la frontera estadounidense creen que tienen más en común con sus vecinos al otro lado de la frontera que con sus compatriotas en la capital, a más de mil kilómetros de su ciudad. Anime a los estudiantes a reflexionar sobre las similitudes entre las palabras para los países en español y otros idiomas que conozcan.

Respuesta

1

Países hispanohablantes: México, Guatemala, Honduras, Nicaragua, El Salvador, Costa Rica, Panamá, Ecuador, Colombia, Venezuela, Cuba, República Dominicana

2

A   Está en Ecuador.

B   Está en Honduras.

C   Está en Costa Rica.

D   Está en Colombia.

E   Está en Venezuela.

2   Habla
Página 19

Los estudiantes deben preguntar ¿En qué país está...? y practicar como describir exactamente dónde están las ciudades. Puede emparejar a los estudiantes más capaces con los estudiantes que tengan menos confianza para que se puedan proveer asistencia mutua.

Una vez que hayan respondido a las preguntas se puede extender el ejercicio animando a los estudiantes a preguntar dónde están otras ciudades que aparecen en el mapa.

1   Tijuana está en el noroeste de México.

2   La Habana está en el noroeste de Cuba.

3   San Antonio está en el sur de los Estados Unidos.

4   San Diego está en el suroeste de los Estados Unidos.

5   La ciudad de Guatemala está en el sur de Guatemala.

Javier se describe

1   Lee
Página 20

Este texto presenta a los estudiantes un modelo básico de párrafo.

Recuerde a los estudiantes las tácticas que pueden utilizar para decodificar el texto, como reflexionar sobre el contexto y pensar en el tipo de contenido que probablemente aparecerá, e identificar cognados con otros idiomas que conozcan.

2   Comprensión
Página 20

Este ejercicio presenta los verbos en la tercera persona del singular. Anime a los estudiantes a reflexionar sobre la transformación de la primera persona, presentada en el texto, y la tercera persona.

Respuesta

Nombre: Se llama Javier.

Nacionalidad: Es mexicano.

Localización: Vive en Tijuana, es una ciudad pequeña en México.

Edad: Tiene diecinueve años.

Cumpleaños: Es el veintinueve de octubre.

Trabajo: No tiene trabajo.

3   Escribe
Página 20

Este ejercicio continúa practicando cómo utilizar los verbos básicos para describirse. El texto ofrece otro modelo de cómo utilizar los verbos en la primera persona. Indique a los estudiantes que presten atención al texto para luego poder incorporar esa información en sus propias descripciones más adelante en esta unidad.

El énfasis principal es cómo conjugar los verbos *ser* y *tener*, dos verbos claves para el desarrollo lingüístico de los estudiantes.

Respuesta

Nombre: Se llama Manolo.

Nacionalidad: Es mexicano.

Localización: Vive en Tijuana.

Edad: Tiene 18 años.

Cumpleaños: Es el 15 de marzo.

Trabajo: Es estudiante, no tiene trabajo.

4   Escribe
Página 20

El objetivo de este ejercicio es consolidar la descripción básica y puntualizar el cambio de género en *mexicano / mexicana*. Indique a los estudiantes que se pueden inventar las respuestas.

Tras completar las frases puede poner en común con la clase las respuestas que hayan escrito los estudiantes, comentando cómo se podrían mejorar, y dando ejemplos sobre cómo aconsejar: *escribe frases completas* o *incluye más detalles*.

Respuesta posible

Nombre: Se llama Margarita.

Nacionalidad: Es mexicana.

Localización: Vive en Tijuana.

Edad: Tiene 18 años.

Cumpleaños: Es el 7 de enero.

Trabajo: Es estudiante.

La vida en Tijuana, México

📖 Cuaderno de ejercicios 2/1 — Página 5

Este ejercicio provee una oportunidad para repasar el presente del verbo *estar* que ya apareció en la unidad 1. Enfatice a los estudiantes que uno de los principales usos de *estar* es para indicar la posición de objetos, lugares o personas. Puede que algunos estudiantes necesiten ayuda formulando sus frases dado su falta de vocabulario. Anímelos a describir dónde están ciertos objetos, o indicar dónde está una persona.

5 Lee — Página 21

Este ejercicio ayuda a los estudiantes a practicar los números, y también a mejorar su conocimiento de la geografía de la región.

Explique a los estudiantes que en los países hispanohablantes se utiliza el sistema métrico decimal.

Además, anime a los estudiantes a reflexionar sobre el efecto que las grandes distancias deben tener sobre la percepción de los habitantes de esos lugares, en cuanto a quién son sus vecinos, quién son sus compatriotas, con quién tienen más en común, etc.

Respuesta

1 Los Ángeles
2 San Diego
3 Chihuahua
4 San Francisco
5 San Diego

6 Escribe — Página 21

Este ejercicio provee una continuación de la práctica de los números y un refuerzo del conocimiento de la geografía de la región.

Respuesta

1 ¿A qué distancia está San Francisco de Chihuahua? San Francisco está a mil trescientos sesenta y un kilómetros de Chihuahua.

2 ¿A qué distancia está San Diego de Tijuana? San Diego está a treinta y ocho kilómetros de Tijuana.

3 ¿A qué distancia está Tijuana de Ciudad de México? Tijuana está a dos mil setecientos cincuenta y ocho kilómetros de Ciudad de México.

4 ¿A qué distancia está Los Ángeles de San Francisco? Los Ángeles está a trescientos ochenta y un kilómetros de San Francisco.

5 ¿A qué distancia está Ciudad de México de Chihuahua? Ciudad de México está a mil cuatrocientos treinta y cuatro kilómetros de Chihuahua.

6 ¿A qué distancia está San Francisco de Las Vegas? San Francisco está a quinientos sesenta y cuatro kilómetros de Las Vegas.

7 ¿A qué distancia está Chihuahua de Las Vegas? Chihuahua está a novecientos y ocho kilómetros de Las Vegas.

8 ¿A qué distancia está San Diego de San Francisco? San Diego está a ochocientos y nueve kilómetros de San Francisco.

9 ¿A qué distancia está Tijuana de Los Ángeles? Tijuana está a doscientos veintiocho kilómetros de Los Ángeles.

10 ¿A qué distancia está Los Ángeles de Chihuahua? Los Ángeles está a novecientos ochenta kilómetros de Chihuahua.

7 Habla — Página 21

Este ejercicio brinda la oportunidad de practicar los números de manera oral, consolidando la formación de los mimos y mejorando su fluidez. Puede extender la actividad indicando a los estudiantes que se pregunten sobre distancias entre ciudades del país donde residen.

Mi familia

Aunque no hay ejercicios en esta página, los estímulos visuales y textuales proporcionan otra oportunidad para hablar con los estudiantes sobre cómo deducir palabras y estructuras nuevas:

* uso de imágenes para empezar a formar una opinión sobre el texto
* cognados relacionados con los idiomas que conocen
* vocabulario que ya han aprendido.

1 Lee — Página 23

Esta página continúa con la presentación de los miembros de la familia. Además es una oportunidad para indicar a los estudiantes que, en muchos casos, las familias que viven cerca de la frontera se encuentran divididas entre los dos países.

También aparecen nombres de animales de compañía en el texto. Guíe a los estudiantes sobre cómo utilizar un diccionario para encontrar el significado de las palabras que desconozcan.

Pregunte a los estudiantes que le expliquen el orden de las palabras en español. Guíeles a deducir que los adjetivos normalmente siguen a los sustantivos.

2 Escribe — Página 23

Este ejercicio ayuda a los estudiantes a asimilar la información y las diferentes estructuras, al tener que utilizar los detalles de la página anterior desde el punto de vista de Javier.

Respuesta

Mi madre se llama Bea. Tiene treinta y ocho años y vive en Tijuana.

Mi padre se llama Daniel. Tiene cuarenta y cinco años y vive en Tijuana.

Mi hermano se llama Rafa. Tiene quince años y vive en Tijuana.

Mi hermana se llama Emiliana. Tiene quince años y vive en Tijuana.

Mi abuelo se llama Santi. Tiene setenta y cinco años y vive en Tijuana.

3   Lee   Página 23

Esta actividad condiciona a los estudiantes a analizar el vocabulario del texto para deducir qué palabras se refieren a los animales. Indique a los estudiantes que utilicen un diccionario para confirmar sus ideas.

Respuesta

dos perros, cinco peces, tres gatos, una tortuga, un caballo y las serpientes

4   Escucha y escribe   Página 23

Muchos estudiantes olvidan utilizar las palabras provistas, así es importante recordarles que están allí para ayudarles. No obstante, en el caso de estudiantes con más capacidad puede animarles a cubrir estas palabras para que se tengan que esforzar más.

🎧 Audio

Luis: ¿Qué tal tu familia, primo?

Javier: Pues, mi padre es muy serio, y a veces un [1] poco severo.

Luis: ¿Tú [2] hablas mucho con él?

Javier: Él [3] habla mucho, pero cuando nosotros hablamos en casa, la [4] familia, nunca nos escucha.

Luis: Pero tu padre es siempre [5] muy divertido.

Javier: ¡Qué va! Mi madre [6] es muy simpática, y [7] hablo mucho con ella. Pero mi padre es [8] como mi abuelo, un poco tímido y nervioso. Y un poco aburrido.

Luis: Pero primo, tú no [9] eres ni nervioso ni tímido, tienes mucha confianza. Eres más como mi padre, tu tío Quique. Es muy hablador [10] también, siempre está muy alegre.

5   Lee y escribe   Página 23

Los sinónimos y antónimos son cruciales para el desarrollo del vocabulario de los estudiantes. Además, el uso efectivo del diccionario es una habilidad clave para los estudiantes. Dialogue con la clase antes de que empiecen a buscar palabras en diccionario para decidir qué deberán buscar.

Es un ejercicio útil para llevar a cabo en parejas, para que los estudiantes dialoguen sobre las palabras que encuentren y tomen decisiones conjuntas.

Respuesta

1   Es serio

2   Es aburrido

3   Es tímido

4   Es simpática

6   Comprensión   Página 23

La categorización es una práctica importante para los estudiantes porque ofrece otra manera de practicar el vocabulario nuevo.

Indique a los estudiantes las terminaciones de los adjetivos y discuta con ellos como cambian de género.

Señale también que es posible que diferentes personas consideren diferentes características positivas o negativas, por ejemplo *hablador*.

Respuesta

Positivas	Negativas
serio	severo
divertido	nervioso
simpática	aburrido
tímido	hablador
hablador	
contento	

7   Escribe   Página 23

Este ejercicio requiere un poco de creatividad por parte de los estudiantes. Es importante enfatizar que no hay una respuesta correcta, pero lo importante es el uso de estructuras apropiadas. Los estudiantes pueden utilizar los ejercicios previos como modelos.

8 Habla

Página 23

Puede diferenciar este ejercicio animando a los estudiantes más capaces a hablar independientemente, mientras que los demás utilicen el libro y su cuaderno.

Una vez que los estudiantes hayan trabajado en parejas puedan presentarse a la clase: *me llamo…, tengo… hermanos, vivo en…*, etc.

Anime al resto de la clase a que sugieran cómo se podrían mejorar las presentaciones de cada estudiante.

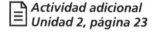
*Actividad adicional
Unidad 2, página 23*

Esta actividad adicional aporta un repaso adicional del vocabulario de relaciones familiares.

Respuesta

1   El hijo de mi padre es mi **hermano**.

2   La madre de mi madre es mi **abuela**.

3   El hijo de mi tío es mi **primo**.

4   La hermana de mi padre es mi **tía**.

5   El abuelo de mi hermano es mi **abuelo**.

6   La hija de mi padre es mi **hermana**.

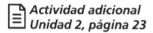
*Actividad adicional
Unidad 2, página 23*

Esta actividad adicional repasa el uso de los verbos *ser* y *estar* en descripciones.

Respuesta

Mi hermana se llama Patricia. **Es** morena y tiene los ojos verdes. **Es** muy guapa. **Es** muy alta pero **está** un poco delgada. **Estamos** en el mismo colegio, pero Patricia **está** en otra clase. Nos llevamos bien porque los dos **somos** muy simpáticos. Vivimos en una casa que **está** cerca de la frontera estadounidense, a las afueras de Tijuana. **Es** una casa muy grande pero **está** un poco lejos del colegio.

*Actividad adicional
Unidad 2, página 23*

Esta actividad adicional requiere que los estudiantes presten atención a las frases y escubran errores comunes relativos a las descripciones y el uso de los verbos *ser*, *estar* y *tener*.

Respuesta

1   **Me** llamo Francisco y **vivo** en México. Mi ciudad **es** Tijuana y **está** muy cerca de la frontera con los Estados Unidos.

2   Mi padre **tiene** 48 años pero mi madre **es** más joven que él, ella **tiene** 45.

3   Yo tengo **muchas** mascotas: un perro **marrón**, dos gatas **blancas** y **un** caballo **negro**.

Mi familia y la ropa

1 Investiga

Página 24

El objetivo de este ejercicio se centra en continuar desarrollando la capacidad de los estudiantes para ampliar su vocabulario. Puede dividir la clase en pequeños grupos que primero decidan los cinco estilos que van a buscar. La investigación se realizará más fácilmente buscando los términos en Internet, pero también se puede realizar con un diccionario.

📖 Cuaderno de ejercicios 2/2   Página 5

Este ejercicio tiene como objetivo practicar el orden de las palabras en las frases, en particular el uso del sustantivo seguido del adjetivo.

Respuesta

1   Me gusta llevar unos pantalones verdes.

2   Llevo una falda azul.

3   ¿Llevas unas gafas de sol blancas?

4   Lleváis unas camisetas rojas.

5   No me gusta llevar zapatos morados.

6   Él lleva una camisa de color naranja.

7   ¿Ella lleva un vestido negro?

8   Nosotros llevamos unas zapatillas de deporte rosas.

9   Me gusta llevar pantalones cortos.

10 Normalmente llevas una camiseta grande y gris.

2 Lee

Página 24

Se va a aprender los colores en la próxima página. No obstante, aquí se debe conjeturar sobre lo que significan las palabras desconocidas.

Respuesta

1 **C**, 2 **A**, 3 **D**, 4 **B**

📖 Cuaderno de ejercicios 2/3   Página 6

Este ejercicio practica el uso de las concordancias y la conjugación del presente.

Respuesta

1 Lleva unos pantalones negros

2 Llevamos una camiseta azul

3 Llevan una camisa verde

4 Lleváis un sombrero morado

5 Llevas un vestido blanco

6 Lleva unas gafas de sol rosas

7 Lleva un jersey gris

8 Llevan unos zapatos marrones

3   Escribe   Página 25

Este ejercicio tampoco tiene una respuesta correcta, pero facilita la creatividad y el uso de la imaginación. Los estudiantes deben intentar incluir tantos detalles como sea posible, utilizando las estructuras y el vocabulario que han aprendido hasta ahora.

Tras escribir su propia descripción puede hacer que los estudiantes trabajen en parejas, leyendo la descripción que haya escrito su compañero y dando consejos sobre cómo mejorarla. A continuación pueden reescribir de nuevo sus descripciones incorporando las mejoras sugeridas por su compañero.

Este ejercicio también se puede utilizar como base de una práctica oral en parejas o grupos, en la que los estudiantes describen a alguien conocido y sus compañeros tienen que adivinar a quién describen.

4   Escucha   Página 25

Este ejercicio practica los colores y también enfatiza el orden de las palabras (sustantivo + adjetivo) en español, introduciendo el concepto de cómo dar opiniones sobre la ropa.

⌒ Audio

1 Prefiero llevar unos pantalones azules porque son más cómodos que llevar unos vaqueros azules.

2 Llevo una camiseta blanca porque es menos incómoda que llevar una camisa blanca.

3 No llevo mucho mis zapatillas de deporte rojas, son tan pequeñas como mis zapatos negros.

4 Tengo una falda negra que es mucho más guay que mi vestido rosa.

5 No quiero llevar mi jersey verde, es más grande que mi jersey marrón.

Respuesta

	Artículo 1 (con color)	Artículo 2 (con color)	Más / menos / tan... como	Opinión
1	pantalones azules	vaqueros azules	más	cómodos
2	camiseta blanca	camisa blanca	menos	incómoda
3	zapatillas de deporte rojas	zapatos negros	tan... como	pequeñas
4	falda negra	vestido rosa	más	guay
5	jersey verde	jersey marrón	más	grande

5 Escribe Página 25

Este ejercicio crea una oportunidad de reflexionar sobre cómo dar opiniones. Los estudiantes tienen que buscar las palabras que ya conocen dentro de las secuencias para luego separar las frases poco a poco. Las frases sirven como modelos a los estudiantes para dar sus propias opiniones.

Respuesta

1

A Ella no lleva una camisa roja porque la camisa es muy fea.

B No llevo vestidos porque son caros.

C Yo nunca llevo vaqueros porque no son atractivos.

D Ellas llevan muchas faldas guapas.

E Llevamos gafas de sol porque están de moda.

2

A fea

B caros

C atractivos

D guapas

E de moda

6 Escribe Página 25

Este ejercicio continúa desarrollando la capacidad descriptiva de los estudiantes e introduce elementos para describir la posición del objeto a describir.

Antes de que escriban las frases puede sugerir a los estudiantes que en parejas o grupos pequeños busquen en un diccionario o por Internet más adjetivos para describir la ropa.

📖 Cuaderno de ejercicios 2/4 Página 6

Este ejercicio consolida el vocabulario de ropa, colores, posición y comparaciones, ayudando a los estudiantes a visualizar la posición de los elementos en una frase descriptiva y comparativa.

ropa	color	posición	verbo	comparación	ropa	color	posición
falda	rojo	a la derecha	ser	más… que	camiseta	rosa	a la derecha
camisa	verde	en el centro		menos… que	zapatillas	morado	en el centro
pantalones	azul	a la izquierda		tan… como	vaqueros	gris	a la izquierda
zapatos	blanco				gafas	naranja	
	negro					marrón	

Describo a mi familia

1 Lee y comprensión Página 26

Este ejercicio ayuda a los estudiantes a interpretar las descripciones físicas para aplicarlas a las fotos, y elaborar la descripción que falta. Puede sugerir a los estudiantes que pongan en común sus descripciones con la clase para recibir sugerencias sobre cómo se podría mejorar la descripción, y qué detalles se podrían añadir.

Respuesta

1

A Hola, me llamo **Daniel**. Tengo el pelo negro y rapado, es muy corto. Tengo los ojos marrones. Soy de media altura. Estoy delgado.

B Buenos días, soy **Bea**. Tengo el pelo largo y en esta foto tengo una sonrisa grande. Soy baja y estoy un poco gorda.

C Hola, me llamo **Quique**. Tengo el pelo gris y soy muy alto, un metro ochenta y tres. Estoy bastante delgado.

Respuesta posible

2

Hola, me llamo Javier. Tengo el pelo negro y bastante corto. Tengo los ojos marrones y en esta foto tengo una sonrisa grande. Estoy muy delgado.

2 Comprensión | Página 27

Este ejercicio presenta un texto más largo para desarrollar la capacidad de comprensión de los estudiantes. Es importante recordarles que no hace falta entender cada palabra, sino que deben buscar las palabras claves para poder averiguar si la frase es verdadera o falsa.

1 **FALSO** *(Manolo se lleva muy bien con su familia.)*

2 **VERDADERO**

3 **FALSO** (mi padre no es serio)

4 **FALSO** (mi padre es muy hablador)

5 **FALSO** (mi madre es menos habladora que mi padre)

6 **FALSO** (mi madre me gusta mucho)

7 **FALSO** (mi madre es baja)

8 **FALSO** (Inma tiene catorce años)

9 **VERDADERO**

3 Escribe | Página 27

En este ejercicio los estudiantes aplican los conocimientos descriptivos que han estado desarrollando para describir su propia familia.

Indique a los estudiantes que pueden combinar las palabras e ideas que pongan en la tabla de varias maneras para componer sus frases. Además, sería conveniente animarles a buscar vocabulario adicional que puedan utilizar para ampliar y mejorar sus frases. Si la clase utiliza un blog regularmente, podría sugerir a los estudiantes que envíen sus composiciones al blog y comenten sobre las descripciones que hayan publicado sus compañeros.

4 Imagina y habla | Página 27

Para hacer esta tarea los estudiantes tendrán que preparar sus descripciones de forma escrita antes de hablar con sus compañeros. Los estudiantes tienen que elegir a uno de los personajes mexicanos que aparecieron al comienzo de la unidad y asumir su identidad. Así que necesitarán unos minutos de reflexión y preparación durante los cuales pueden repasar la información y estructuras vistas previamente en la unidad. También pueden inventarse información para completar la descripción del personaje que hayan elegido.

La actividad se puede realizar en grupos de tres. Una persona actúa como monitor mientras que los otros dos hablan, y luego cambian de papel.

El monitor otorga puntos cada vez que se mencionen elementos que aparecen en la lista. Por ejemplo, si una frase incluye *también* (1 punto) y *bastante* (2 puntos) el estudiante obtendrá 3 puntos.

Al dar puntos a sus compañeros los estudiantes tendrán la oportunidad de reflexionar sobre la calidad de sus respuestas, y así mejorar las suyas.

Puede expandir la actividad añadiendo categorías adicionales a la lista de puntos. También puede establecer una competición para decidir qué estudiante o grupo obtiene el mayor número de puntos.

Los factores importantes en mi vida

1 Lee | Página 28

Esta actividad anima a los estudiantes a reflexionar sobre los factores que más les importan en su vida. Deben decidir cuáles de los factores son más importantes para ellos y ordenarlos en forma de un diamante: primero el factor más importante, luego dos más que importen mucho, luego tres más, dos que no son tan importantes y por último el factor que les parezca lo menos importante.

2 Habla | Página 28

Los estudiantes deben hablar con un compañero para acordar sus prioridades. Deben utilizar las frases básicas para indicar si están de acuerdo o no con su compañero, y para desarrollar un diálogo más detallado. Anime a los estudiantes a deducir el significado de las frases por el contexto.

3 Escucha | Página 28

Esta actividad practica oralmente las descripciones de esta unidad, como la edad y los miembros de la familia, así como el vocabulario que se acaba de aprender.

Audio

Soy Javier y tengo diecinueve años. Para mí la familia es muy, muy importante, pero la fama no es importante. En el futuro quiero vivir en México con mi familia.

Soy Luis, tengo diecisiete años y soy el primo de Javier. En mi vida la salud es muy, muy importante, pero el dinero no es muy importante. Vivo en los Estados Unidos y me gusta mucho.

Me llamo Margarita y tengo veinte años. Soy amiga de Luis. En el futuro quiero ser famosa, pero para mí el trabajo no es muy importante. En el futuro quiero vivir en Latinoamérica.

Me llamo Manolo, tengo dieciocho años y soy amigo de Luis. Quiero un trabajo interesante, pero en mi opinión el dinero no es importante. En el futuro quiero vivir en los Estados Unidos porque allí hay mucho trabajo.

Me llamo Alejandra, tengo quince años y soy la hermana menor de Manolo. Mis amigos son muy, muy importantes en mi vida, pero para mí la educación no es muy importante. En el futuro voy a vivir con mis amigos en Latinoamérica.

Me llamo Daniela, tengo diecinueve años y soy amiga de Luis. Creo que la seguridad es muy, muy importante, pero el amor no es importante. Quiero vivir en los Estados Unidos en el futuro.

Respuesta

Nombre	Edad	Factor que es muy importante	Factor que no es importante	Futuro en México o los Estados Unidos
Javier	19	familia	fama	México
Luis	17	salud	dinero	Estados Unidos
Margarita	20	fama	trabajo	Estados Unidos
Manolo	18	trabajo	dinero	Estados Unidos
Alejandra	15	amigos	educación	Latinoamérica
Daniela	19	seguridad	amor	Estados Unidos

Mi futuro, ¿en México o en los Estados Unidos?

1   Lee   Página 29

Esta descripción provee información e ideas para modelar cómo hacer la tarea en la próxima página. El texto desarrolla la idea de deseos para el futuro, y del equilibrio entre querer vivir en México o buscar una vida mejor al otro lado de la frontera.

Aconseje a los estudiantes que primero se dediquen a buscar detalles en el texto, en vez de tratar de entender todo el texto, y conforme vayan decidiendo si las frases son verdaderas o falsas, el significado del texto será mucho más fácil de entender.

Respuesta

	Verdadero	Falso	No se menciona
Ejemplo: A David le encanta la vida en México. *(No le gusta vivir en México.)*		X	
1 David tiene 22 años.	X		
2 Es muy inteligente.	X		
3 En el futuro quiere vivir en México. (En el futuro quiere vivir en Los Estados Unidos.)		X	
4 Se lleva muy bien con su tía.			X
5 En la opinión de David no hay mucho trabajo en México.	X		
6 En la opinión de Claudia la vida es muy fácil en México. (En la opinión de Claudia la vida es bastante difícil en México.)		X	
7 Para Claudia la familia no es muy importante. (Para Claudia la familia es esencial.)		X	
8 A Claudia le gusta mucho la vida en México.	X		

2 Escribe Página 29

Esta actividad obliga a los estudiantes a analizar la descripción de Claudia en más detalle para asegurarse de que han comprendido todo el texto.

Respuesta

Factores a favor de vivir en México	Factores a favor de vivir en los Estados Unidos
La familia. La vida es muy interesante.	Hay mucho más dinero. Hay más oportunidades. No hay mucha violencia. Hay más seguridad. Hay más trabajo.

Repaso

Mi futuro, ¡me encanta la vida!

1 Escribe Página 30

Los estudiantes deben escribir utilizando la primera persona del singular para empatizar con la vida cotidiana en México. Sus descripciones deben incluir tanto detalle y variedad como sea posible. Anímeles a que repasen todas las estructuras y vocabulario que han visto en la unidad, para que puedan incorporarlo a sus descripciones.

Al tener que describir a otra persona, pero desde la primera persona, la tarea permite a los estudiantes ser más creativos, y les da pie a reflexionar sobre la cultura mexicana y los problemas que afligen a su población.

El ejercicio provee un ejemplo completo para que los estudiantes lo puedan utilizar como modelo, y para que puedan observar como todas las estructuras vistas en la unidad se pueden combinar para producir el texto.

2 Habla Página 30

Este es un ejercicio colaborativo que se puede realizar en parejas. Los estudiantes relatan sus descripciones y dan consejos a su compañeros sobre cómo se podrían mejorar.

Indique a los estudiantes la importancia de dar consejos prácticos y precisos. Por ejemplo, en vez de decir *está bien* o *escribe más*, sería más útil decir *describe más a tu padre* o *añade la edad de tu madre*. También debe recordarles que la tarea no se trata de criticar el trabajo de su compañero sino de ayudar a mejorarlo.

Si es posible podría sugerir a los estudiantes que también graben sus descripciones, prestando atención específica a su pronunciación, para luego poder escucharse a sí mismos y reflexionar sobre cómo podrían mejorar su dicción.

3   Así es mi día

Área temática	El individuo y la sociedad
Tema	Rutinas diarias
Aspectos	De lunes a viernes En casa El fin de semana El calendario La hora Las comidas del día
Gramática	Hay Presente: verbos e>ie, e>i, o>ue Hora Verbos reflexivos regulares e irregulares Verbo personal *hacer* Adverbios de tiempo
Tipo de texto	Diario Artículo Carta informal Correo electrónico
Rincón IB	**Teoría del Conocimiento** • ¿Cómo afecta la cultura a la rutina diaria? • ¿Qué efecto tiene el desarrollo tecnológico en el trabajo doméstico y la división de tareas en la casa? **Trabajo escrito** • Investigación sobre las diferentes rutinas en la ciudad y en el campo. • ¿Son los horarios de los jóvenes diferentes a los de los mayores? **Oral individual** • Explicar la rutina diaria de una persona a partir de una historieta con viñetas. • Conversación general sobre lo que haces normalmente los fines de semana. **Producción escrita** • Imagina que estás viviendo con una familia de acogida en un país hispano. Escribe una **carta** a un/a amigo/a contándole lo que haces cada día.

Esta unidad está dedicada a las rutinas diarias, y los estudiantes trabajarán en una serie de aspectos relacionados con ese tema tales como la hora, el calendario, las comidas del día, los días de la semana y los fines de semana. La gramática que complementa el tema para proveer a los estudiantes con la capacidad de entender, expresar y relatar rutinas se centra en verbos reflexivos, adverbios de tiempo, la hora y el verbo *hacer*.

1   Introducción   [Página 31]

La imagen es un estímulo visual para introducir el tema de la unidad: la rutina diaria. Es importante animar a los estudiantes a que reflexionen sobre sus rutinas y el vocabulario que se esperan encontrar, y que consideren si ya conocen algunas palabras relacionadas con la rutina diaria en español.

2   Comprensión   [Página 31]

Esta actividad se puede realizar en parejas o pequeños grupos. Pida a los estudiantes que traten de encontrar el vocabulario que desconocen con un diccionario o en Internet, y que luego, ayudándose de los modelos de frase que aparecen en la imagen, traten de escribir la mayor cantidad de detalles sobre su propia rutina.

Respuesta posible

Por la mañana me despierto, me levanto, me ducho, desayuno y me visto.

Por la tarde como, vuelvo a casa, meriendo y hago los deberes.

Por la noche ceno, me lavo los dientes, me acuesto y duermo.

El calendario

1 Escribe
Página 32

Antes de realizar este ejercicio, presente y practique oralmente los meses del año que ya se introdujeron en la unidad 1 del libro. En esta unidad se profundiza más en su uso. Puede usar una canción, rap o poesía que enumere los meses del año, que son fáciles de encontrar en Internet. Indique a los estudiantes que si escriben primero los números del 1 al 12, pueden identificar rápidamente los meses del año. Puede extender la actividad sugiriendo a los estudiantes que hagan su propia canción o rap con los meses del año.

Respuesta

11 noviembre
6   junio
3   marzo
12 diciembre
2   febrero
10 octubre
1   enero
5   mayo
7   julio
4   abril
8   agosto
9   septiembre

2 Lee
Página 32

El objetivo de esta actividad es proveer a los estudiantes de una forma sencilla de revisar los meses del año hablando del número de días que tiene cada mes.

Cuaderno de ejercicios 3/1
Página 7

Este ejercicio refuerza la memorización del vocabulario de meses con práctica escrita.

Respuesta

28 días	30 días	31 días
febrero	abril	enero
	junio	marzo
	septiembre	mayo
	noviembre	julio
		agosto
		octubre
		diciembre

3 Escribe
Página 33

Este ejercicio introduce los días de la semana y modela su ortografía. Anime a los estudiantes a hacerlo sin la ayuda de un diccionario, indicándoles que todos los días aparecen en las frases del ejercicio. Hágales notar que en español los días de la semana se escriben con minúscula y que dos de ellos llevan tilde: *miércoles* y *sábado*.

Respuesta

1 Hoy es martes, entonces mañana es miércoles.
2 Hoy es domingo, entonces mañana es lunes.
3 Hoy es sábado, entonces mañana es domingo.
4 Hoy es jueves, entonces mañana es viernes.
5 Hoy es viernes, entonces mañana es sábado.
6 Hoy es miércoles, entonces mañana es jueves.
7 Hoy es lunes, entonces mañana es martes.

Cuaderno de ejercicios 3/2
Página 7

Este ejercicio refuerza la ortografía de los días de la semana.

Respuesta

JESVEU → jueves
GIMONDO → domingo
RECIMÉSOL → miércoles
BASODÁ → sábado
SETRAM → martes
SULNE → lunes
SIERNEV → viernes

4 Lee
Página 33

El objetivo de este ejercicio es introducir las dos maneras más comunes de preguntar la fecha en español. Indique a los estudiantes que presten atención a las dos formas de preguntar la fecha, que utilizan dos verbos diferentes: *ser* y *estar*.

5 Escribe Página 33

En este ejercicio los estudiantes tienen que combinar lo que han aprendido hasta ahora: días de la semana y meses del año, formando frases completas para expresar la fecha.

Respuesta

1 Hoy es viernes 2 de marzo.

2 Hoy es miércoles 15 de agosto.

3 Hoy es miércoles 14 de febrero.

4 Hoy es viernes 20 de abril.

5 Hoy es lunes 1 de enero.

6 Hoy es viernes 7 de septiembre.

7 Hoy es martes 9 de octubre.

📖 Cuaderno de ejercicios 3/3 Página 7

Este ejercicio refuerza las estructuras para expresar la fecha con *ser* y *estar* y repasa la secuenciación de los meses del año.

Respuesta

1 Estamos en mayo, el próximo mes es **junio**.

2 Estamos en diciembre, el próximo mes es **enero**.

3 Estamos en julio, el próximo mes es **agosto**.

4 Estamos en septiembre, el próximo mes es **octubre**.

5 Estamos en febrero, el próximo mes es **marzo**.

6 Estamos en agosto, el próximo mes es **septiembre**.

7 Estamos en enero, el próximo mes es **febrero**.

8 Estamos en octubre, el próximo mes es **noviembre**.

9 Estamos en abril, el próximo mes es **mayo**.

10 Estamos en noviembre, el próximo mes es **diciembre**.

11 Estamos en marzo, el próximo mes es **abril**.

12 Estamos en junio, el próximo mes es **julio**.

📖 Cuaderno de ejercicios 3/4 Página 7

El objetivo de este ejercicio es reforzar el uso de *ser* y *estar* al formular fechas. Indique a los estudiantes que presten atención a los verbos para poder deducir las preguntas que tienen que escribir. Recuérdeles también que en español se utilizan dos signos de interrogación: ¿?

Respuesta

1	¿Qué día es hoy?	Hoy es jueves.
2	¿Qué fecha es hoy?	Hoy es 18 de julio.
3	¿A qué fecha estamos hoy?	Hoy estamos a 19 de junio.
4	¿En qué mes estamos?	Estamos en noviembre.

Más fechas

1 Escucha Página 34

Es conveniente que los estudiantes oigan todas las fechas inicialmente sin pausas. La segunda vez puede realizar pausas después de cada fecha para darles tiempo a anotar la respuesta.

🎧 Audio

1 Hoy es el 16 de mayo.

2 Hoy es el 28 de octubre.

3 Hoy es el 1 de julio. / Hoy es el primero de julio.

4 Hoy es el 19 de junio.

5 Hoy es el 15 de diciembre.

6 Hoy es el 17 de enero.

7 Hoy es el 31 de marzo.

Respuesta

1 **C**, 2 **F**, 3 **E**, 4 **D**, 5 **G**, 6 **A**, 7 **B**

2 Escribe Página 34

Este ejercicio sirve como repaso de los cumpleaños que ya se introdujeron en la unidad 1. Pida a los estudiantes que repitan los nombres de los cinco personajes para familiarizarse con el sonido. Una vez que los estudiantes hayan escrito sus respuestas se puede practicar oralmente en parejas: un estudiante pregunta y el otro contesta.

Respuesta

1 El cumpleaños de Ignacio es el tres de octubre.

2 El cumpleaños de Sofía es el seis de agosto.

3 El cumpleaños de Raúl es el uno de enero.

4 El cumpleaños de Juan es el quince de febrero.

5 El cumpleaños de Cecilia es el cuatro de diciembre.

6 El cumpleaños de Esteban es el siete de marzo.

3 Habla y escribe Página 34

Esta es una actividad en la que los estudiantes practican con preguntas y respuestas con sus compañeros. Preguntan a diez compañeros de clase y organizan después las respuestas por orden cronológico. De esta forma, la organización de meses y días les permite realizar una actividad cognitiva más compleja que ayuda a la memorización. Podría incluso pedirles que elaboraran un gráfico para ver en qué mes hay más cumpleaños en la clase.

4   Investiga Página 34

Lea con todos los estudiantes los nombres de las tradiciones. Puede proyectar o preparar un mapa de los países de habla hispana para acompañar esta actividad y para establecer conexiones con otras áreas del currículo como la geografía y la historia. La actividad también brinda la oportunidad para que los estudiantes pongan en común con la clase su tradición favorita.

Respuesta

Tradiciones		¿Cuándo se celebra....?	¿Dónde se celebra?
1	El Día de los Muertos	2 de noviembre	En todo México
2	Las Fallas	19 de marzo	En Valencia, España
3	Inti Raymi	24 de junio	En Cusco, Perú
4	El Desfile de Silleteros	7 de agosto	En Medellín, Colombia
5	Día Nacional del Tango	11 de diciembre	En Buenos Aires, Argentina
6			

Actividad cultural complementaria

Divida la clase en grupos. Asigne a cada grupo una de las tradiciones mencionadas en la actividad o pídales que elijan la tradición que quieran para investigar cuál es el origen de cada tradición y en qué consiste la celebración. Los estudiantes pueden preparar una presentación para la clase.

Cuaderno de ejercicios 3/5 Página 8

El objetivo de este ejercicio es familiarizar a los estudiantes con vocabulario que se utiliza a menudo para describir fechas.

Respuesta

1   No **hay** 15 meses en un año.

2   Cien **años** son un **siglo**.

3   ¿En qué **fecha** celebramos el Año Nuevo?

4   Hoy es jueves, entonces **mañana** es viernes.

5   ¿Qué **día** es **hoy**?

6   En una **semana** hay 7 días.

¿Sabías que...?

Lea el texto sobre los Calendarios Mayas con los estudiantes. Puede preparar algunas imágenes adicionales para mostrar a la clase. Como actividad cultural complementaria puede animar a los estudiantes a que traten de descifrar el sistema de los números del 1 al 13 que se encuentran en combinación con 20 glifos en el calendario Tzolk'in. Esta actividad es un reto que los estudiantes suelen disfrutar mucho. Los números se ven muy claros en el círculo concéntrico interior de color naranja que aparece en el libro del estudiante.

¿Qué hora es?

1   Lee y escucha Página 35

Este ejercicio introduce la hora por medio de estímulos auditivos y visuales. Pida a los estudiantes que escuchen y miren simultáneamente la hora en cada reloj. La hora aparece escrita debajo de cada reloj para que el estudiante pueda leerla y revisarla.

Indique a los estudiantes que se fijen en el uso de es y son para expresar la hora y trate de que deduzcan por sí mismos cuándo se utiliza cada uno.

🎧 Audio

A   Son las cinco.

B   Son las nueve y cinco.

C   Son las cinco y cuarto.

D   Son las ocho y veinte.

E   Son las diez y media.

F   Es la una.

G   Es la una menos veinte.

H   Son las cuatro menos cuarto.

I   Es mediodía.

J   Es medianoche.

2   Escucha Página 36

Este ejercicio continúa practicando las horas. Pida a los estudiantes que se fijen en el ejemplo y que copien el reloj en blanco seis veces. Tras escuchar por primera vez y tratar de acertar las 6 horas puede sugerir a los estudiantes que consulten con su compañero y comparen sus respuestas, para luego escuchar las 6 horas de nuevo y corregir las que no hubieran acertado la primera vez.

🎧 Audio

1   Son las tres y veinte.

2   Es la una menos diez.

3   Son las cuatro menos cuarto.

4   Son las doce menos veinte.

5   Son las siete y cuarto.

6   Son las seis y cinco.

7   Es mediodía.

3   Escucha y escribe   [Página 36]

El objetivo de este ejercicio es continuar desarrollando la capacidad auditiva de los estudiantes, a la vez que puntualizar el uso de los verbos *ser* y *estar* y las preposiciones *de* y *por* al expresar la hora.

Puede seguir el siguiente procedimiento para ayudar a los estudiantes a desarrollar técnicas de comprensión auditiva eficaces:

1   Pídales que escuchen la conversación sin leer.

2   Pídales que lean la conversación en el libro y que intenten completar las palabras que faltan.

3   Pídales que escuchen la conversación de nuevo y comprueben sus respuestas.

4   Aclare dudas y preguntas.

🎧 Audio

Conversación 1

Marta: Hola Felipe, ¿qué hora es?

Felipe: Son las cuatro y media de la tarde.

Marta: ¿Las cuatro y media? Hoy yo tengo clase de español a las cinco.

Felipe: Mi clase de español es a las once y media de la mañana.

Marta: Yo no tengo clases por las mañanas, solo por las tardes.

Felipe: ¡Qué bien!

Marta: ¡Adiós! Hasta mañana por la tarde.

Conversación 2

María: Mi padre trabaja los sábados a las diez de la mañana, pero no el sábado por la tarde.

Pedro: ¿Sí? ¿Y a qué hora come?

María: Come pronto, a la una o una y media de la tarde.

Pedro: Yo también como a la una los sábados.

Respuesta

1 son, 2 de, 3 es, 4 de, 5 por, 6 por, 7 por, 8 de, 9 por, 10 de

4   Lee y escribe   [Página 36]

Este ejercicio les brinda a los estudiantes la oportunidad de manipular cantidades temporales utilizando la forma impersonal *hay*.

Respuesta

1   Hay 60 minutos en una hora.

2   Hay 24 horas en un día.

3   Hay 60 segundos en un minuto.

4   Hay 7 días en una semana.

5   Hay 12 meses en un año.

6   Hay 31 días en enero.

📖 Cuaderno de ejercicios 3/6   [Página 8]

Este ejercicio afianza la práctica de las horas.

Respuesta

1   Son las dos de la tarde.

2   Es la una y diez de la mañana.

3   Son las ocho y cuarto de la tarde.

4   Es mediodía.

5   Son las cuatro menos cuarto de la mañana.

6   Son las diez y media de la noche.

7   Son las siete menos veinte de la mañana.

8   Es medianoche.

Así es mi día

1   Escucha y lee   [Página 37]

Utilizando la foto del libro presente a Pablo, un chico español de 14 años, y diga a los estudiantes que van a aprender cómo es un día normal en la vida de Pablo. Explíqueles que el objetivo de este ejercicio es aprender a hablar de la rutina diaria. Ahora que ya saben las horas y las partes del día, pueden concentrarse en las actividades cotidianas.

Realice una primera audición para presentar los verbos asociados con la rutina diaria. Pida que sigan las imágenes y el texto en el libro del estudiante. Compruebe que los estudiantes entienden el significado del vocabulario, y puede leer con ellos las frases si lo considera conveniente. Esto les ayudará a practicar la pronunciación y entonación de las frases, además de su memorización.

🎧 Audio

Por la mañana

1 Son las siete y media. Me despierto. Miro la hora y me levanto.

2 Son las ocho menos cuarto. Me lavo la cara.

3 Son las ocho. Desayuno.

4 Son las ocho y cuarto. Voy al colegio en autobús.

5 A las ocho y media empiezan las clases. Los lunes tengo inglés y matemáticas.

Por la tarde

6 A las dos y media vuelvo a casa.

7 A las tres como en casa.

8 A las cuatro veo la tele o uso Internet para hablar con mis amigos.

9 A las seis y media meriendo.

10 Son las siete. Hago los deberes.

Por la noche

11 A las nueve es la hora de cenar. Ceno en casa con mi familia.

12 A las diez menos cuarto leo en la cama.

13 Son las diez y media. Me acuesto. ¡Buenas noches!

2 Escribe   Página 37

La manipulación de estructuras en este ejercicio es mínima ya que contestan como si ellos fueran Pablo. Se practican las preguntas en segunda persona y respuesta en primera persona utilizando los datos del libro.

Al acabar el ejercicio, comente con los estudiantes qué problemas han tenido al realizar este ejercicio y compruebe si comprenden y usan bien las formas de primera y segunda persona de los verbos pronominales. Mire con ellos el paradigma verbal de los verbos pronominales dando ejemplos si lo considera necesario.

Respuesta

1 Me levanto a las siete y media.

2 Desayuno a las ocho.

3 Voy al colegio a las ocho y cuarto.

4 Las clases empiezan a las ocho y media.

5 Por la tarde vuelvo a casa.

6 Como a las tres de la tarde.

7 Hago los deberes a las siete de la tarde.

8 Ceno con mi familia.

9 Después de cenar leo en la cama.

10 Me acuesto a las diez y media.

3 Habla   Página 37

En parejas, pida a los estudiantes que entrevisten a sus compañeros. Esta vez los estudiantes personalizan el ejercicio practicando de nuevo los verbos de actividades cotidianas, pero ahora responden según su propia experiencia.

Puede extender la actividad con un juego cinestésico: cada estudiante por turnos tiene que decir una acción y una hora siguiendo el modelo *se levanta a las siete de la mañana* o *va al colegio en autobús a las ocho*. Los estudiantes que hagan lo que el estudiante ha dicho se ponen de pie. Gana el juego el estudiante que consiga que un mayor número de personas se pongan de pie.

📖 Cuaderno de ejercicios 3/7   Página 8

Este ejercicio desarrolla los conocimientos de los diferentes tipos de verbos, para que los estudiantes se den cuenta de las diferentes reglas que tendrán que aplicar.

Respuesta

Verbo	Reflexivo	No reflexivo	Regular	Irregular	Irregular e → ie	Irregular e → i	Irregular o → ue
1 lavarse	✔		✔				
2 despertarse	✔				✔		
3 levantarse	✔		✔				
4 cepillarse	✔		✔				
5 bañarse	✔		✔				
6 ducharse	✔		✔				
7 secarse	✔		✔				
8 vestirse	✔					✔	

Verbo	Reflexivo	No reflexivo	Regular	Irregular	Irregular e → ie	Irregular e → i	Irregular o → ue
9 ponerse la ropa	✔			✔			
10 afeitarse	✔		✔				
11 desayunar		✔	✔				
12 irse de	✔			✔			
13 llegar		✔	✔				
14 divertirse	✔				✔		
15 salir de		✔		✔			
16 volver	✔			✔			✔
17 relajarse	✔		✔				
18 sentarse	✔				✔		
19 acostarse	✔						✔
20 dormirse	✔						✔

📖 Cuaderno de ejercicios 3/8   Página 9

Este ejercicio consolida la conjugación del presente de verbos reflexivos irregulares.

	despertarse (e → ie)	vestirse (e → i)	acostarse (o → ue)
yo	me despierto	me visto	me acuesto
tú	te despiertas	te vistes	te acuestas
él/ella/usted	se despierta	se viste	se acuesta
nosotros(as)	nos despertamos	nos vestimos	nos acostamos
vosotros(as)/vos	os despertáis	os vestís	os acostáis
ellos(as)/ustedes	se despiertan	se visten	se acuestan

Gabriela, una chica mexicana de 15 años, escribe en la revista del colegio sobre su rutina diaria

1 Lee y escribe   Página 38

Los estudiantes leen el artículo sobre la rutina diaria de una chica mexicana de 15 años. Puede hacer una actividad preparatoria a la lectura basándose en lo que han aprendido hasta ahora. Presénteles preguntas como:

¿A qué hora creéis que se levanta Gabriela?

¿Con quién desayuna?

¿A qué hora empiezan las clases en el colegio de Gabriela?

Pida a los estudiantes que lean el artículo para extraer la información necesaria para elaborar una línea del tiempo de un día normal en la vida de Gabriela.

Después puede indicar a los estudiantes que marquen o copien en su cuaderno los verbos o actividades cotidianas que aparecen en el texto. Puede invitarles a escribirlos en sus cuadernos haciendo una tabla con la forma encontrada en el texto (primera persona), y añadiendo la segunda y tercera personas del singular y el infinitivo. De esta manera ayudará a reforzar las formas de los verbos.

2 Habla   Página 38

Explique a los estudiantes que es muy posible que la información que tengan en sus líneas del tiempo pueda variar en cantidad o precisión, por ello van a realizar este ejercicio para comprobar sus respuestas con las de un compañero. Pídales que no muestren sus líneas del tiempo a sus compañeros. Recuerde a los estudiantes que tendrán que convertir los verbos de la primera persona a la tercera persona para describir la rutina de Gabriela.

3 Comprensión   [Página 39]

Los estudiantes completan este ejercicio y después puede corregirlo con toda la clase. Es un ejercicio de comprensión y de consolidación. Llame la atención de los estudiantes sobre las irregularidades de ciertos verbos en el texto.

Respuesta

1 Se ducha y se viste, limpia su habitación y prepara el desayuno para sus hermanos.

2 Sale de casa a las siete.

3 Antes de comer hace los deberes.

4 Va a clase de inglés.

5 Se lava los dientes y cepilla el pelo.

Cuaderno de ejercicios 3/9   [Página 9]

Este ejercicio tiene como objetivo afianzar el uso de los pronombres reflexivos.

Respuesta

1 ¿**Te** levantas muy temprano?

2 Javier no **se** ducha todos los días.

3 ¿A qué hora **os** acostáis durante la semana?

5 Tú y yo **nos** lavamos la cara con agua tibia.

6 Los niños **se** acuestan muy tarde.

7 Yo **me** cepillo los dientes 2 veces al día.

8 La gente **se** prepara para salir.

4 Habla   [Página 39]

1 En parejas los estudiantes van a comparar primero la rutina de Pablo y Gabriela. Puede establecer una dinámica de competición si lo considera oportuno dando un límite de tiempo.

Respuesta

- Antes de desayunar Pablo se lava la cara y Gabriela se ducha.

- Las clases de Pablo empiezan a las ocho y media, y las de Gabriela empiezan a las siete y media.

- Pablo come en casa a las tres de la tarde y Gabriela también come en casa a las dos y media.

- Gabriela hace los deberes antes de comer y Pablo hace los deberes por la tarde a las siete.

- Después de comer Pablo ve la televisión o usa Internet para hablar con sus amigos, Gabriela ayuda a su madre, lee o ve la televisión.

- Pablo cena a las nueve y Gabriela cena a las ocho.

- Pablo lee en la cama antes de dormir, Gabriela no lee antes de dormir.

- Pablo se acuesta a las diez y media y Gabriela se acuesta a las nueve.

2 Continuando en parejas los estudiantes ahora comparan la rutina de Pablo y Gabriela con la suya propia. Indique a los miembros de cada pareja que se vayan turnando para expresar una comparación cada uno. Recomiende a aquellos estudiantes que tengan más dificultad con el ejercicio que escriban primero sus ideas para luego exponerlas verbalmente.

5 Lee   [Página 39]

Este texto prosigue con el desarrollo del tema de las rutinas diarias y las comparaciones de rutinas de diferentes personas.

6 Comprensión   [Página 39]

1 La primera parte de este ejercicio tiene como objetivo comprobar que los estudiantes han comprendido el texto correctamente, diferenciando entre las dos rutinas que se describen conjuntamente en el texto.

Respuesta

A Arantxa

B Arantxa

C Arantxa

D Gabriela

2 Anime a los estudiantes a que hagan tantas comparaciones como les sea posible entre su rutina y la de Arantxa o la de Gabriela.

7 Escribe y habla   [Página 39]

Esta actividad se presta a una dinámica más activa en la clase. Los estudiantes deben cambiar de pareja y entrevistar a uno de sus compañeros de clase para después escribir una comparación de la rutina de ambos. Puede sugerirles que graben la entrevista si tienen equipamiento disponible, y que el escrito se publique en el blog de la clase. Por último los estudiantes presentan a la clase la rutina de su compañero entrevistado. También se podría hacer un vídeo grabando la presentación. Anime a la clase a que haga preguntas sobre la presentación.

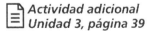 *Actividad adicional*
Unidad 3, página 39

Esta actividad adicional requiere que los estudiantes utilicen los conocimientos que han adquirido sobre cómo describir rutinas para componer una rutina genérica de un estudiante de su colegio.

Pablo y Gabriela han preparado este artículo sobre los horarios de comidas en España y en Latinoamérica

1 Comprensión

Página 40

Comience poniendo en común con la clase la ilustración de los dos relojes que señalan las comidas en España y Latinoamérica. Antes de empezar a leer, pida a los estudiantes que dibujen un reloj que señale las comidas que ellos suelen tomar durante el día.

Divida la clase en grupos de tres y pida a cada uno de los miembros de cada grupo que lea una de las tres partes del texto (el desayuno, el almuerzo o comida, la cena). Después cada estudiante deberá contar lo que ha leído a los otros dos compañeros.

Este ejercicio tiene como objetivo asegurarse de que los estudiantes han comprendido el significado de las diferentes partes del texto, y las diferencias entre los horarios de las comidas en España y Latinoamérica.

Respuesta

		F	V
1	En España y en Latinoamérica la gente no desayuna a la misma hora.		✔
2	El almuerzo o la comida es la comida más fuerte en Latinoamérica.	✔	
3	Los españoles no desayunan en casa.	✔	
4	Para los latinoamericanos y los españoles "la comida" es la cena.	✔	
5	La comida del mediodía es la menos importante en España.	✔	
6	Los niños no comen nada después del colegio.	✔	
7	Las tres comidas se toman más tarde en España que en América Latina y Europa.		✔

Respuestas correctas

2   El almuerzo no es una comida fuerte en Latinoamérica.

3   Los españoles desayunan en casa.

4   En algunos países de Latinoamérica llaman a la cena "la comida".

5   Es la principal comida del día.

6   En ambas culturas los niños suelen tomar una merienda por la tarde, después del colegio.

2 Escribe

Página 40

La carta de Luis invita a una respuesta. Luis presenta de una forma personalizada la información del texto. Llame la atención de sus estudiantes sobre los usos del verbo *soler* y sus irregularidades. Anime a los estudiantes a que cuenten a Luis sus horarios de las comidas y cualquier peculiaridad en sus casas. Si tiene un grupo en el que hay distintas culturas, puede presentar esta actividad de manera que escriban a otros compañeros de la clase con quienes no comparten lengua ni cultura nativa.

Teoría del conocimiento

Debata con la clase en el idioma común del colegio. Es una buena oportunidad para que los estudiantes reflejen sobre la importancia de las culturas, y cómo determinan nuestro modo de vida. Durante el debate indique vocabulario relativo a la rutina diaria que ya han aprendido durante la unidad.

📄 *Actividad adicional*
Unidad 3, página 40

Esta actividad ayudará a los estudiantes a consolidar el uso del vocabulario y estructuras relativas a los horarios habituales para las comidas.

📄 *Actividad adicional*
Unidad 3, página 40

Esta actividad será de particular utilidad para aquellos estudiantes que tengan dificultad en entender el segundo texto de la página 40.

Respuesta

1   Verdadero. Luis escribe que va a vivir conmigo pronto.

2   Verdadero. Luis escribe que suele desayunar en casa con toda la familia.

3   Falso. Luis escribe que su hermana no va al colegio.

4   Falso. Luis escribe que los estudiantes suelen volver a casa para el almuerzo, pero a veces suelen comer en el colegio.

Jóvenes en Acción en México pide voluntarios para ayudar a personas mayores que viven solas. ¿Estás preparado?

1   Lee y escribe | Página 41 |

Exponga en clase el logotipo y el nombre de la asociación con sus estudiantes y explore con ellos lo que les sugiere. Palabras como *ayuda* y *voluntarios* son importantes en esta parte de la unidad. Puede preguntarles si ellos ayudan en casa, si son voluntarios para hacer algo en casa, en clase o en la sociedad.

Después puede pasar a mirar las imágenes y acciones en el cuestionario para presentar el vocabulario que necesitan en esta parte. Lea en alto pregunta por pregunta para que escriban sus respuestas.

Para ayudarles a memorizar el vocabulario podría hacer dos o tres equipos, y hacer un juego de mímica en el que un miembro de un equipo actúa una de las acciones y los otros equipos tienen que adivinar la acción. Este juego también se podría hacer con tarjetas y en parejas.

¿Sabías que...?

Aquí se explica que en español hay dos símbolos interrogativos (¿?). Puede indicar a los estudiantes que también hay dos símbolos exclamativos (¡!). Es una buena oportunidad para comentar con la clase cómo se pueden escribir estos símbolos con sus ordenadores, teléfonos móviles y tabletas.

2   Habla | Página 41 |

Este ejercicio les da a los estudiantes la oportunidad de practicar oralmente en parejas el vocabulario que acaban de aprender.

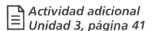
Actividad adicional
Unidad 3, página 41

Esta actividad proporciona práctica adicional escrita para consolidar el vocabulario de las tareas domésticas y también brinda la oportunidad de combinarlo con las estructuras descriptivas de las rutinas diarias.

Repaso

Todos ayudamos...

1   Escucha y lee | Página 42 |

Pida a los estudiantes escuchen y lean lo que los cuatro jóvenes dicen sobre su ayuda en casa. Llame la atención sobre el uso de los días de la semana, las acciones y el uso de *soler* y *hacer*. Los textos son breves pero resumen y consolidan gran parte de lo estudiado en la unidad.

Como actividad complementaria puede pedir a los estudiantes que escriban un párrafo similar, que han de entregarle a usted. Lea en voz alta y sin decir a quién pertenece la clase tiene que adivinar quién es.

🎧 Audio

Laura
Todos ayudamos en casa. Yo ayudo por la mañana y por la noche. Arreglo mi dormitorio antes de salir para el colegio. Lavo los platos después de la cena tres veces por semana. Mi padre barre el suelo y mi hermano saca la basura. Los domingos ayudo en el jardín.

Francisco
Todos los domingos preparo el desayuno para mi familia y los sábados lavo la ropa en la lavadora, suelo pasar la aspiradora y quitar el polvo.

Alicia
Por la mañana suelo limpiar el baño y antes de salir para el colegio yo saco al perro y mi hermana hace el almuerzo que llevamos al colegio. Mis padres suelen hacer la compra los viernes o los sábados.

Eduardo
Mi madre y yo preparamos la cena los lunes, miércoles y viernes. Todos hacemos la cama por la mañana. Mi hermana y mi madre hacen la compra. Mi padre y yo hacemos el almuerzo los domingos.

2   Comprensión | Página 42 |

Este es otro ejercicio de comprensión que ayuda a consolidar los conocimientos de la unidad. Los estudiantes han de decidir quién es el voluntario más apropiado, lo que les ayudará a comprender el texto de manera más profunda.

Respuesta

1 **C** Alicia, porque saca al perro.

2 **B** Francisco, porque lava la ropa en la lavadora.

3 **A** Laura, porque ayuda en el jardín.

4 **D** Eduardo, porque prepara la cena en casa.

Cuaderno de ejercicios 3/10 `Página 9`

Este ejercicio consolida el significado de los textos para asegurarse de que los estudiantes han comprendido las diferentes partes.

Respuesta

		F	V
1	Laura arregla su dormitorio por la mañana.		✔
2	Laura lava los platos antes de salir para el colegio.	✔	
3	El hermano de Laura saca la basura.		✔
4	Francisco hace el desayuno para su familia los domingos.		✔
5	Francisco no pasa la aspiradora los sábados.	✔	
6	Francisco lava la ropa los lunes y los jueves.	✔	
7	Alicia limpia el baño por la noche.	✔	
8	La hermana de Alicia prepara el almuerzo para llevar al colegio.		✔
9	Los padres de Alicia hacen las compras.		✔
10	Eduardo y su madre preparan la cena dos veces a la semana.	✔	
11	Eduardo le ayuda a su padre a hacer el almuerzo los domingos.		✔
12	En la familia de Eduardo todos ayudan.		✔

Cuaderno de ejercicios 3/11 `Página 9`

El objetivo de este ejercicio es repasar el uso del verbo *soler* para preparar a los estudiantes para el ejercicio productivo final de esta unidad.

Respuesta

1	Ustedes / levantarse / 10:30 / domingos	Ustedes suelen levantarse a las 10:30 los domingos.
2	Mis hermanos / sacar la basura y lavar la ropa / noche.	Mis hermanos suelen sacar la basura y lavar la ropa por la noche.
3	Yo / no / comer mucho / mañana	Yo no suelo comer mucho por la mañana.
4	¿Tú / visitar / a tus abuelos?	¿Tú sueles visitar a tus abuelos?
5	En mi familia / todos / ayudar en casa	En mi familia todos solemos ayudar en casa.
6	Vosotros / hacer las compras / sábados	Vosotros soléis hacer las compras los sábados.
7	Clara / pasar la aspiradora / tarde	Clara suele pasar la aspiradora por la tarde.

3 Habla `Página 42`

Los estudiantes primero tienen que escribir individualmente 3 tareas que ellos hacen normalmente en casa. Indíqueles que deben utilizar el verbo *soler*. Después, en grupos de 3 estudiantes, ponen en común sus tareas y elaboran una lista para su grupo con las tareas de los 3. El ejercicio practica el uso de *soler* y la acumulación de tareas para que puedan escribir el ejercicio siguiente.

4 Escribe `Página 42`

El objetivo de este ejercicio es darles a los estudiantes la oportunidad de poner en práctica todo lo que han aprendido en esta unidad. Recuérdeles que repasen el uso del verbo *soler*, los verbos reflexivos y el vocabulario de las tareas de casa.

Podría organizar un concurso en clase, seleccionando a 5 estudiantes que sean los representantes de *Jóvenes en Acción*. El resto de la clase les envía sus correos electrónicos y los cinco estudiantes tienen que elegir 4 personas a las que ofrecerían el puesto de voluntario. El grupo de cinco presenta en clase los 4 correos ganadores dando razones por las que han ganado.

4 ¡Que aproveche!

Área temática	El individuo y la sociedad
Tema	Comida y bebida Compras
Aspectos	Cantidad Comestibles Comidas Instrucciones para cocinar Restaurantes Salud y dieta
Gramática	Negativos Adverbios de frecuencia Adverbios de cantidad Demostrativos
Tipos de texto	Póster Receta Lista Blog Correo electrónico
Rincón IB	**Teoría del Conocimiento** • ¿Es la comida una actividad social o fisiológica? • ¿Son las nuevas dietas un producto del consumismo de la sociedad moderna? • Ética y alimentación. ¿Cómo se relacionan? • ¿Qué papel juega la comida en las culturas del mundo hispanohablante? **Trabajo escrito** • Investigación sobre el papel que juega la comida rápida en los hábitos alimenticios de los jóvenes. • Dieta y salud. Trastornos alimenticios en los jóvenes y la influencia de los medios de comunicación. **Oral individual** • Describir una foto de una familia/grupo de amigos compartiendo una comida durante 1-2 minutos y contestar a preguntas sobre la imagen. • Conversación general sobre los hábitos alimenticios y las preferencias de comidas y bebidas. **Producción escrita** • Escribe una **reseña** para la revista del colegio de un restaurante que te impresionó en tu ciudad. Explica por qué te gustó y qué platos recomiendas probar. (Escribe como mínimo 100 palabras.) • Prepara el texto de una **presentación** a la clase sobre el tema: ¿Comida tradicional o comida rápida? Debes presentar el tema, ofrecer razones a favor y en contra de estos tipos de comida y expresar tu opinión al respecto. (Escribe como mínimo 100 palabras.)

Esta unidad trata del área temática el individuo y la sociedad, y cubre el vocabulario de tipos de comida, alimentos y grupos de alimentos, cantidades y envases, menús en restaurantes y la vida sana. Los estudiantes van a aprender a hablar sobre sus gustos y opiniones en relación a la alimentación en el contexto de un concurso de cocina para jóvenes.

1   Introducción   [Página 43]

En el idioma del colegio, debata con los estudiantes de qué se trata el póster. Se espera que algunos de los estudiantes puedan deducir que se trata de un concurso de cocina para jóvenes. Usted puede entonces invitar a los estudiantes a compartir sus conocimientos sobre la comida española y latinoamericana, y qué platos conocen y comen habitualmente que son originarios de países de habla hispana.

2   Investiga   [Página 43]

Los estudiantes buscan en el diccionario los 9 ingredientes visibles en el póster. Una vez hecho esto, usted puede fomentar una conversación básica sobre estos alimentos preguntando a sus alumnos si ellos comen estos alimentos, con qué frecuencia y opiniones básicas, dependiendo de la habilidad y conocimientos previos de los estudiantes.

Los concursantes hablan sobre sus preferencias gastronómicas

1   Comprensión   [Página 44]

El objetivo del ejercicio es comprobar si los estudiantes pueden emparejar el vocabulario con el uso de cognados y otros conocimientos previos sobre nacionalidades cubiertos en este libro.

2   Escucha   [Página 44]

Este ejercicio sirve como método de comprobación de la comprensión, o puede utilizarlo para que los estudiantes emparejen el vocabulario basándose en la relación de la fonética con la ortografía de los grupos y tipos de comida. En cualquier caso, el ejercicio de comprensión auditiva va a ayudar a los estudiantes a identificar la correcta pronunciación del vocabulario.

🎧 Audio

1. La comida mediterránea
2. La comida rápida
3. La comida india
4. La comida china
5. La carne
6. El pescado
7. El marisco
8. Los productos lácteos
9. La fruta
10. Los frutos secos
11. La verdura
12. Los dulces

📖 Cuaderno de ejercicios 4/1   [Página 10]

El objetivo del ejercicio es hacer un pequeño resumen del vocabulario que ha aparecido hasta el momento, añadiendo vocabulario adicional que los estudiantes podrán luego utilizar para las destrezas productivas.

Lácteos	Carne	Pescado	Fruta	Verdura	Bebidas
leche	salchichas	atún	naranja	berenjena	café
queso	bistec	salmón	tomates	lechuga	vino tinto
mantequilla	costillas de cordero	trucha	melocotón	espinacas	zumo de manzana
yogur	hamburguesas	bacalao	melón	coliflor	agua

3 Lee y completa | Página 44

El objetivo del ejercicio es que los estudiantes deduzcan las opiniones positivas y negativas de los jóvenes no solo a través del reconocimiento del vocabulario aprendido en esta página, pero también a través de conectores, como por ejemplo *también*, *además* o *aunque*, y por el contexto y vocabulario aprendido previamente.

Si usted lo juzga apropiado, puede ser un buen momento para hacer que los estudiantes traten de deducir el uso de *le gusta/no le gusta* en la tabla, cuando en los textos siempre aparece el pronombre *me*.

Respuesta

	Le gusta	No le gusta
Miguel	la comida rápida	la comida dulce
Luisa	la fruta las verduras	la carne el yogur la leche los tomates
Lucas	el curry la carne el pescado	los dulces el marisco
Leticia	la carne el pescado la comida china	la leche el queso

Actividad adicional
Unidad 4, página 44

Esta actividad adicional profundiza en la comprensión de los textos de la página 44 requiriendo a los estudiantes que justifiquen sus respuestas.

Respuesta

1 Verdadero. Miguel dice que come en hamburgueserías con mucha frecuencia.
2 Falso. Luisa dice que es alérgica a los tomates.
3 Falso. Lucas dice que no le gusta el marisco.
4 Falso. Leticia dice que le gustan mucho la carne y el pescado.

4 Lee | Página 45

Es posible que las frases resaltadas sean cognados en el idioma de algunos estudiantes, en cuyo caso podrán hacer el ejercicio sin dificultad. En caso contrario, deberán deducir su significado a través de la explicación de lo que los jóvenes comen y no comen, puesto que es vocabulario que muy probablemente sea relevante y necesario para un número elevado de sus estudiantes.

Respuesta posible

Soy vegana: no come ningún producto de procedencia animal.

Soy alérgica: condición médica en la que se sufre una reacción nociva que puede ser letal al entrar en contacto o ingerir ciertos productos.

Soy vegetariano: no come carne ni pescado.

Soy intolerante: cuando ciertos alimentos no sientan bien o causan efectos secundarios nocivos.

5 Lee | Página 45

El objetivo del ejercicio es clarificar el significado de los adjetivos relacionados con la comida poniéndolos en contexto. Será necesario recordar a los estudiantes las reglas de la concordancia de adjetivos pues necesitarán utilizar su forma femenina y/o plural, y no solo la forma masculina singular. Si lo desea, puede extender la actividad con tipos de comida o alimentos adicionales para crear más oportunidad para que los estudiantes practiquen la concordancia de los adjetivos.

Respuesta

1 Me gusta mucho el chocolate negro. Es delicioso, pero es un poco **amargo**.
2 Me encantan las galletas pues están muy ricas y son **dulces**, aunque también son **poco saludables**.
3 Odio las verduras pues aunque son **sanas** son muy sosas.
4 Prefiero la comida rápida pero es grasienta y no es **sana**.
5 En el cine como palomitas de maíz **dulces** porque son deliciosas.
6 La cocina mexicana es sabrosa pero no me gusta pues es bastante **picante**.

6 Lee | Página 45

Los estudiantes deberían poder identificar los adjetivos, incluso si no saben su significado, utilizando sus conocimientos gramaticales. Recuérdeles que los adjetivos siguen al sustantivo y/o pueden seguir a la formas verbales *es/está* o *son/están*, pero en cualquier caso concuerdan con el sustantivo al que describen.

Dependiendo del idioma del colegio, puede que alguno de los adjetivos sea un cognado, pero de todas formas puede animar a sus estudiantes a deducir el significado del resto a través del contexto de la frase, o con otros ejemplos, en lugar de permitirles el uso del diccionario.

Respuesta

negro, ricas, sosas, grasienta, deliciosas, sabrosa, mexicana

7 Escucha `Página 45`

El objetivo del ejercicio es que los estudiantes practiquen su comprensión auditiva del vocabulario aprendido sobre tipos de comida y descripción.

🎧 Audio

Me llamo Silvia, me encanta la comida india porque me gusta lo picante. No me gusta la comida china porque me parece un poco sosa y prefiero la comida salada que la comida dulce, así que prefiero patatas fritas que pasteles. Pienso que el pescado es delicioso y me gusta muchísimo el marisco porque es sabroso, aunque en mi opinión la carne es un poco sosa. Me encantan los productos lácteos pues están muy ricos pero no me gusta nada el café pues es amargo y poco saludable. ¡Ah! También me gusta la verdura ya que es muy sana y como mucha fruta porque es sabrosa.

Respuesta

Comida india. Le encanta porque es picante.

Comida china. No le gusta porque piensa que es sosa.

Prefiere la comida salada que la dulce.

El pescado es delicioso.

El marisco es sabroso.

La carne es sosa.

Los lácteos están muy ricos.

El café no le gusta porque es amargo y poco saludable.

Le gusta la verdura porque es sana.

La fruta es sabrosa.

8 Escribe y habla `Página 45`

El objetivo del ejercicio es que los estudiantes practiquen la pronunciación del vocabulario clave de estas dos páginas. Elija usted una frase primero, y haga que sus estudiantes la adivinen para así tener la oportunidad de corregir errores de pronunciación y concordancia antes de que los estudiantes lleven a cabo la tarea en parejas. La tarea consiste en que un estudiante escriba una frase completa y después su compañero le otorga ✔ o ✗ por cada uno de los elementos de la tabla, y así sucesivamente hasta que haya logrado cuatro ✔✔✔✔.

9 Escribe `Página 45`

Los estudiantes escriben sobre sus preferencias alimenticias. Recuérdeles la importancia de la concordancia y la necesidad de utilizar conectores para enriquecer su párrafo. Si todavía no ha salido el tema espontáneamente, sería un buen momento para recordar a sus estudiantes que pueden utilizar nacionalidades conocidas para hablar de otras comidas aquí no mencionadas, como por ejemplo: *la comida inglesa* o *la comida marroquí*.

Si lo desea, puede convertir la tarea en un ejercicio oral y de compresión auditiva en el que los estudiantes comparten lo que han escrito con el resto de la clase, y los demás estudiantes deben escribir los tipos de comida mencionados, opiniones y razones.

📖 Cuaderno de ejercicios 4/2 `Página 10`

En este ejercicio los estudiantes practican las opiniones simples que han aprendido y las justifican con adjetivos para lo cual van a tener que prestar atención a su concordancia.

Respuesta posible

1   Me encanta la comida china porque es deliciosa.

2   No me gustan nada las hamburguesas con patatas fritas porque no son sanas.

3   Prefiero el café porque es sabroso.

4   No me gustan las verduras porque son sosas.

5   Me gustan los productos lácteos porque son muy ricos.

Los jóvenes cocineros hablan sobre su opinión de la dieta equilibrada

1 Comprensión `Página 46`

El objetivo del ejercicio es que los estudiantes practiquen su comprensión de los adverbios de frecuencia y a su vez practiquen el uso de los adverbios de cantidad junto al vocabulario de comida introducido es estas páginas. Las respuestas se pueden discutir en el idioma común del colegio o en español según lo crea oportuno dado el perfil y la habilidad de sus estudiantes. Quizás sea necesario que les recuerde el vocabulario referente a las comidas que ya vieron en la unidad 3. También puede extender la tarea pidiendo a los alumnos que ellos escriban unas frases parecidas respecto a su propia dieta, que entonces pueden compartir con sus compañeros en voz alta, mientras estos toman notas de lo que oyen, así pues, practicando todas las habilidades (leer, escribir, hablar y escuchar) en un solo ejercicio.

Respuesta posible

1   No. No lleva una dieta sana porque no bebe (suficiente) agua.

2   No. Los huevos fritos se recomiendan con frecuencia pero no a diario.

3   No. Se recomienda comer el pan integral y fruta a diario. Los frutos secos se deben comer con frecuencia pero no a diario.

4   No. Las galletas y cruasanes deberían comerse excepcionalmente, no a diario.

5   No. No come suficiente verdura y come demasiados frutos secos.

6   No. Se recomienda comer el pan integral.

2 Lee
Página 47

Los estudiantes deberán utilizar el vocabulario de las diferentes secciones de la pirámide de alimentación equilibrada para identificar los posibles significados de las palabras resaltadas, emparejando las palabras con las fotos y así extendiendo su vocabulario sobre la comida.

Respuesta

1 pollo

2 ensalada

3 queso

4 aceite de oliva

5 mantequilla

6 leche semidesnatada

7 el atún

8 yogures

3 Comprensión
Página 47

El objetivo del ejercicio es que los estudiantes presten atención al uso de los adverbios de frecuencia, así como los adjetivos para describir los alimentos y tipos de comida que ya han visto en esta unidad. Será necesario que reconozcan sinónimos y antónimos de los adverbios para poder llevar a cabo el ejercicio correctamente.

Respuesta

1 Verdadero.

2 Falso. Al cocinero no le gusta cocinar con mantequilla.

3 Falso. Cocina pollo con frecuencia.

4 Falso. A veces cocina carne roja.

5 Falso. El cocinero dice que utiliza pescado fresco.

6 Falso. Le gusta cocinar con productos lácteos.

7 Verdadero.

8 Verdadero.

4 Escucha
Página 47

Los estudiantes deben identificar las comidas mencionadas así como los adverbios de frecuencia y cantidad. Este ejercicio les proporciona modelos viables para más adelante poder hablar sobre sus propias costumbres y dieta.

Audio

1 Creo que como una dieta sana. Como fruta a diario y me gustan las verduras. Generalmente bebo mucha agua y como verduras a diario. A veces como dulces pero raramente más de una vez a la semana.

2 Me gusta mucho la carne y siempre almuerzo carne con ensalada al mediodía, aunque de vez en cuando como pescado o huevos en lugar de carne.

3 Soy vegano, así que nunca como carne, ni pescado, ni huevos, ni queso. Me encantan los pasteles y la bollería, así que siempre desayuno cruasanes o galletas.

4 Me gusta mucho el pollo y normalmente como pollo dos veces a la semana. A veces como pasta y siempre tomo leche desnatada, aunque excepcionalmente como chocolate o galletas.

Respuesta

1 fruta y verduras a diario, mucha agua, dulces una vez a la semana

2 carne con ensalada siempre, pescado o huevos de vez en cuando

3 carne, pescado, huevos y queso nunca, pasteles y bollería siempre

4 pollo dos veces a la semana, a veces pasta, leche desnatada siempre, chocolate o galletas excepcionalmente.

5 Habla
Página 47

Este ejercicio crea una oportunidad para que los estudiantes hablen sobre la dieta sana sin hablar todavía sobre sí mismos, así pues evitando una repetición del ejercicio siguiente. Los estudiantes comparan las respuestas obtenidas con la pirámide y deciden si cada joven come una dieta sana para lo que deberán utilizar los adverbios de frecuencia y de cantidad en la justificación de sus respuestas.

Respuesta posible

1 Come una dieta equilibrada porque come los alimentos en las proporciones recomendadas.

2 No come suficiente pescado o huevos, pero come demasiada carne.

3 Come demasiada bollería y dulces pero le faltan proteínas.

4 Lleva una dieta equilibrada, come en las proporciones recomendadas.

6 Escribe
Página 47

Aquí los estudiantes deberán practicar lo aprendido hasta el momento escribiendo sobre su propia dieta. Si lo desea, puede proporcionar copias de la transcripción del ejercicio 4 a algunos de los estudiantes para que les sirva de modelo a seguir.

Los concursantes hacen sus compras para los platos que van a cocinar

1 Lee
Página 48

Este ejercicio expone a los estudiantes al vocabulario de productos alimenticios. Su objetivo es que utilicen la información contenida en el etiquetaje de los productos para poder emparejarlos con las frases, de este modo familiarizándose con los envases más comunes y con vocabulario de cantidad. Donde el producto no tiene etiquetaje, se asume que los estudiantes podrán completarlo por eliminación o utilizando conocimientos previos adquiridos en esta unidad.

Respuesta

A   una bolsa de patatas fritas

B   un paquete de arroz

C   una botella de vino tinto

D   un brick de zumo de naranja

E   unas lonchas de jamón serrano

F   una caja de cereales

G   una docena de huevos

H   una lata de aceitunas

I   una barra de pan

J   un tarro de mayonesa

K   500 gramos de carne picada

L   medio kilo de tomates

M   un bote de Cola Cao

N   un litro de leche

2 Escribe
Página 48

Los estudiantes deben reciclar el vocabulario relacionado con cantidades y envases para escribir su propia lista de la compra. Se sugiere que una vez que hayan escrito las listas, los estudiantes las compartan oralmente con el resto de la clase que deberá escuchar e identificar los elementos.

3 Habla
Página 48

El ejercicio permite a los estudiantes practicar el vocabulario sobre artículos de alimentación aprendidos hasta el momento. Al mismo tiempo, a usted le permite observar y corregir la pronunciación. Podría darles a los estudiantes dos o tres minutos para memorizar el vocabulario y hacer que hagan la actividad con sus libros cerrados, así pues completamente de memoria.

📖 Cuaderno de ejercicios 4/3
Página 11

El objetivo del ejercicio no es otro sino continuar construyendo una buena base de vocabulario en relación a comestibles, en este caso practicando las cantidades y envases.

Respuesta

B Lista **C**, C Lista **A**, D Lista **B**

Lista **D**

unas salchichas

un kilo de espaguetis

un limón

un trozo de queso

una lechuga

una barra de pan

un litro de leche

un manojo de cebollas tiernas

dos plátanos

una manzana

una granada

una botella de aceite de oliva

4 Investiga
Página 48

El objetivo de la tarea es exponer a los estudiantes a recursos originales en el idioma español, donde los estudiantes deberán leer para identificar vocabulario clave y/o ya visto en el libro. Es recomendable que debata con los estudiantes en el idioma común del colegio qué tipo de vocabulario es probable que vean, y la estructura en la que generalmente se escriben las recetas, por ejemplo: el hecho de que los verbos probablemente estén en la forma imperativa. También puede preguntar a sus estudiantes cómo creen que aparecerán los ingredientes en el texto de la receta, intentando conducirles a los artículos determinados o indeterminados.

Respuesta posible

600 gramos de arroz
400 gramos de carne de pollo
250 gramos de gambas
200 gramos de mejillones
1 sepia pequeña
1 pimiento rojo
1/2 cebolla
1 cucharada de pimentón dulce
1/3 cucharada de azafrán
1 diente de ajo
sal
aceite de oliva

5 Lee y escribe
Página 49

El objetivo del ejercicio es que los estudiantes descubran por sí mismos el patrón común que siguen una gran cantidad de tiendas, cuyos nombres se originan directamente del producto que venden.

Respuesta

1 La frutería vende **fruta**.

2 La pastelería vende **pasteles**.

3 La verdulería vende **verduras**.

4 La pescadería vende **pescado**.

5 La carnicería vende **carne**.

6 La panadería vende **pan**.

6 Escucha
Página 49

Los estudiantes escuchan el audio y corrigen los errores. En cada frase la cantidad o el producto son erróneos. El ejercicio expone a los estudiantes a su primera experiencia de una conversación en una tienda de comestibles en preparación para los ejercicios siguientes donde los estudiantes deberán identificar vocabulario en más detalle y preparar sus propias conversaciones. Si lo desea puede pedir a los estudiantes que también identifiquen el precio de la compra.

Además, dónde haya diferencias significantes con el país donde residan los estudiantes, puede también debatir con sus estudiantes el elemento cultural de las cantidades y envases, ya que por ejemplo, en algunos idiomas no existe una traducción literal de *las docenas*.

🎧 Audio

Bienvenido a las Palomas. ¿Qué le pongo?

Un kilo de tomates, por favor.

¿Le gustan estos?

No, prefiero aquellos.

Muy bien, un kilo de tomates, ¿algo más?

¿Tiene huevos?

Sí, tenemos esos, son orgánicos.

Media docena, por favor y dos litros de leche.

¿Algo más?

Una caja de cereales y tres latas de atún. ¡Ah! Y un bote grande de Cola Cao.

Por supuesto, aquí tiene. ¿Es todo?

Sí, es todo. ¿Cuánto es?

Son 14 euros 25.

Aquí tiene, gracias.

Adiós.

Respuesta

1 **Un** kilo de tomates.

2 **Media** docena de huevos.

3 Dos litros de **leche**.

4 Una caja de **cereales**.

5 **Tres** latas de atún.

6 Un bote **grande** de Cola Cao.

7 Habla
Página 49

El objetivo del ejercicio es que los estudiantes practiquen una conversación guiada respecto a compras en una tienda de comestibles. La conversación incluye pronombres demostrativos a los que usted podrá aludir para explicar su significado teniendo en cuenta que es posible que en los idiomas que conozcan los estudiantes no haya tres (*este, ese, aquel*) si no tan solo dos. Puede que lo crea oportuno recordar a los estudiantes que deberán considerar el uso del singular y plural pertinentemente.

Respuesta

Hola, buenos días ¿Qué le pongo?

Una botella de leche y **una caja de cereales**.

Aquí tiene: **Una botella de leche** y **una caja de cereales**. ¿Algo más?

¿Tienen **naranjas**?

Sí, tenemos estas, esas y aquellas ¿Cuáles prefiere?

Prefiero estas.

¿Cuántas quiere?

Tres, por favor.

¿Algo más?

Dos barras de pan y **medio kilo de manzanas**.

¿Eso es todo?

¿Tiene **latas de atún**?

No, lo siento. Hoy no tenemos.

Sí, eso es todo. ¿Cuánto es?

Son ocho con treinta.

Aquí tiene, gracias.

Gracias, adiós.

8 Escribe y habla

Página 49

Los estudiantes crean sus propias conversaciones con unos parámetros mínimos exigidos para que deban escribir conversaciones más bien largas que incluyan gran parte del vocabulario explotado en estas páginas. Cuando los estudiantes compartan sus conversaciones con el resto de la clase o en pequeños grupos, deberán anotar los productos que se compran en cada conversación. Se sugiere que haga que los escriban en una tabla.

Comprador	Lácteos	Fruta	Verdura	Tarro	Bolsa	Lonchas	Brick	Lata
Nombre del estudiante								

Los concursantes hablan sobre los platos típicos de sus países

1 Lee

Página 50

El objetivo del ejercicio es que los estudiantes identifiquen la foto a la que se refieren las recetas sin leer palabra por palabra todo el texto, sino tan solo escaneándolo para encontrar vocabulario clave que les pueda ayudar a llegar a una conclusión acertada. Antes de hacer que los estudiantes lean las recetas, podría hacer que hagan una lista de los ingredientes que pueden identificar en las fotos y discutan qué tipo de plato creen que es, de manera que estén más preparados para emparejar las fotos con las recetas.

Respuesta

Receta 1: Gazpacho

Receta 2: Ceviche

Receta 3: Gallo Pinto

2 Lee y escribe

Página 50

Los estudiantes eligen una receta y explotan el vocabulario contenido con más detalle con el objetivo de extender su base de vocabulario en el tema de la comida. Como dos de los platos son de origen latinoamericano, será más fácil para los estudiantes encontrar el vocabulario en Internet, puesto que algunos de los términos puede que no aparezcan en sus diccionarios.

Respuesta

Gazpacho
Tomates, pepino, pimiento, ajo, cebolla, pan, agua, sal, aceite y vinagre.

Ceviche
Pescado, sal, pimienta, culantro, ají, zumo de limón, cebolla, lechuga, choclo y camote o plátano verde.

Gallo Pinto
Margarina, ajo, chile, cebolla, caldo de frijol, frijoles, comino, arroz, culantro, huevos y/o plátano.

3 Investiga

Página 50

Este ejercicio tiene un objetivo primordialmente cultural. Los estudiantes identifican el origen del plato y su consumo habitual. Puede también pedir a sus estudiantes que consideren lo que el plato elegido dice sobre su región de origen y cómo se compara con la gastronomía de su país u otros países. Dependiendo de la habilidad y el progreso de sus estudiantes, puede elegir que compartan la información que hayan obtenido en el idioma común del colegio. Alternativamente, los estudiantes pueden escribir unas líneas en español; en cuyo caso deberán reutilizar vocabulario que habrán hallado en el Internet durante su investigación y muy posiblemente solo podrán escribir frases relativamente simples.

Si lo desea, puede añadir otros platos latinoamericanos o españoles a la lista de platos a investigar.

4 Escucha

Página 51

Los estudiantes escuchan el audio y deberán concentrarse mayoritariamente en las terminaciones de los verbos para poder identificar si la frase se refiere a la concursante o a la madre. También van a escuchar en contexto algunas de las nuevas opiniones un tanto más complejas introducidas en esta página. Si lo considera necesario puede repasar la conjugación del verbo *hacer* que ya se vio en la unidad anterior.

🎧 Audio

En verano hago gazpacho con mucha frecuencia porque me agrada y es sano. Cuando cocina mi madre, ella siempre hace mucha comida frita y picante, pero por suerte hago yo la mayoría de las comidas. Mi madre es vegetariana y le escandaliza comer carne o productos de procedencia animal, por eso no hago nunca paella, porque lleva pescado. Para desayunar hago el plato típico de mi tierra: gallo pinto. ¡Está buenísimo!

Respuesta

1 ella, 2 su madre, 3 ella, 4 su madre, 5 ella

5 Lee
Página 51

El objetivo de este ejercicio es exponer a los estudiantes a comidas posiblemente no existentes y/o menos habituales en su país, añadiendo un toque más cultural al mismo tiempo que la extravagancia de los platos va a hacer posible el uso de algunas de las nuevas opiniones introducidas en esta página.

Los estudiantes tienen que leer lo que dicen los 3 jóvenes y tomar notas del plato o platos a los que se refieren y las opiniones al respecto.

El ejercicio prepara a los estudiantes y sirve de modelo para que puedan luego expresar sus propias opiniones en el siguiente ejercicio.

Respuesta

1   **A**   Hormigas culonas

2   **C**   Una tapa de caracoles

3   **B D** Cobaya asada y caldo de iguana

6 Comprensión
Página 51

En el ejercicio anterior los estudiantes debieron centrarse en el vocabulario clave para identificar el plato mientras que ahora los estudiantes deben centrarse en las opiniones positivas y negativas que mencionan los jóvenes.

Respuesta

1   No piensa que los insectos sean comida.

2   Le gustan los caracoles un poco picantes (que cocina su madre).

3   Le gusta la comida latinoamericana porque le gustan los platos poco usuales.

7 Habla
Página 51

Los estudiantes tienen la oportunidad de practicar en este ejercicio las opiniones presentadas en la sección de vocabulario y que ya se han explotado en el ejercicio anterior.

Respuesta posible

No me gustaría probar las hormigas culonas porque me dan asco. Estoy de acuerdo con el chico, porque a mi modo de ver, también creo que los insectos no son comida.

Me gustaría probar los caracoles porque opino que es importante probar cosas nuevas. Me disgusta que la gente no pruebe los platos típicos, a mí me atrae probar platos nuevos.

8 Escribe
Página 51

Este ejercicio da a los estudiantes la oportunidad de poner en un contexto familiar el vocabulario y estructuras vistas hasta el momento para escribir sobre un plato que ellos conozcan.

Respuesta posible

Mi plato favorito es la esqueixada porque es un plato muy sano y me gusta mucho el pescado.

Ingredientes

bacalao salado

un pimiento rojo

un pimiento verde

una cebolla

dos tomates

aceitunas negras

una lata de atún

sal

aceite de oliva

vinagre

pimienta negra

Receta

Desalar el bacalao en agua durante 24 horas. Cambiar el agua al menos 3 veces durante las 24 horas.

Secar y desmigar el bacalao. Cortar la cebolla, los pimientos y el tomate, añadir las aceitunas, y servir en una fuente. Añadir el bacalao y el atún, y mezclarlos. Aliñar con la sal, pimienta, aceite de oliva y vinagre.

Servir muy frío.

Actividad adicional
Unidad 4, página 51

Esta actividad adicional profundiza en la comprensión de los textos.

Respuesta

1   los insectos

2   los caracoles

3   los bichos raros, mamíferos, reptiles e insectos

Los concursantes hacen una comida de despedida en un restaurante local

1 Lee
Página 52

El ejercicio es una actividad de preparación y una oportunidad para revisar vocabulario. Puede pedir a los estudiantes que busquen palabras en Internet o en su diccionario, así como guiarlos hacia palabras desconocidas pero con raíz ya vista.

2 Comprensión

Página 52

Los estudiantes deberán elegir los platos más adecuados para los comensales de acuerdo con sus preferencias. Las frases 1-6 contienen vocabulario visto previamente en esta unidad lo que supone una buena oportunidad para consolidarlo. Para llevar a cabo el ejercicio los estudiantes deberán tener suficiente comprensión del vocabulario contenido en el menú.

Respuesta

	Primer plato	Segundo plato	Postre
1	Ensalada	Picantones al horno	Sorbete de mandarina
2	Fideuá de marisco	Pez espada	Tartas variadas
3	Lasaña de carne	Entrecot de ternera	Tartas variadas
4	Ensalada	Pez espada	Yogur
5	Fideuá de marisco	Picantones al horno	Tartas variadas
6	Pisto con huevo frito	Chuletillas de cordero	Arroz con leche

📖 Cuaderno de ejercicios 4/4   Página 11

Aquí los estudiantes practican vocabulario relacionado con platos en el menú de un restaurante. Es recomendable que anime a sus estudiantes a incluir detalles de los platos, como por ejemplo: *al horno*, *con guarnición*, *con patatas fritas*, etc., en lugar de respuestas breves. También se recomienda que anime a los estudiantes a ser creativos y manipular el lenguaje visto para crear nuevos platos, en lugar de ceñirse a la repetición de los platos que ya han visto en esta unidad.

3 Lee

Página 52

El objetivo del ejercicio es introducir el vocabulario referente a bebidas pues hasta el momento los estudiantes tan solo han visto una cantidad limitada de este vocabulario y van a necesitarlo para poder trabajar con conversaciones en el contexto de ir a un restaurante.

Respuesta

Refrescos:
cola

zumos de fruta

agua mineral

Bebidas alcohólicas:
cerveza

vino tinto

vino blanco

sangría

Bebidas calientes:
té

café

chocolate caliente

📄 *Actividad adicional*
Unidad 4, página 52

Esta actividad adicional proporciona más práctica para los estudiantes categorizando el vocabulario relativo a comidas.

Respuesta

Primeros platos:
Caldo de marisco

Espárragos con mayonesa

Lentejas con chorizo

Macarrones con tomate

Menstra de verduras

Sopa de pollo

Segundos platos:
Atún en salsa

Chuleta con patatas

Cordero asado

Tortilla de patatas con ensalada

Postres:
Arroz con leche

Dulce de membrillo y queso

Flan con nata

Helado de vainilla

Tarta de la casa

4 Escucha
Página 53

El ejercicio brinda la oportunidad a los estudiantes de poner en práctica su habilidad de relacionar la ortografía de los platos del menú y las bebidas del ejercicio anterior con su fonología. Los estudiantes deben identificar qué platos y bebidas eligen los comensales. Con este audio se empiezan a familiarizar con vocabulario relevante y necesario para pedir en un restaurante.

Audio

1 Para mí, para beber una copa de vino blanco y para comer la fideuá de mariscos y las costillitas de cordero. No quiero postre, gracias.

2 Para mí, la ensalada y el pez espada. De postre sorbete de mandarina y para beber un zumo de manzana, por favor.

3 Yo no quiero primer plato, solo quiero los picantones al horno y un yogur. Para beber un café con leche, gracias.

Respuesta

	1	2	3
Primero	Fideuá de mariscos	Ensalada	–
Segundo	Costillas de cordero	Pez espada	Picantones al horno
Postre	–	Sorbete de mandarina	Yogur
Bebida	Vino blanco	Zumo de manzana	Café con leche

5 Lee y escribe
Página 53

Este ejercicio es parecido al ejercicio anterior pero recicla vocabulario previamente visto en esta unidad en lugar de tan solo utilizar el vocabulario del menú. Además, el ejercicio no solo se centra en las habilidades receptivas de los estudiantes pero en este caso se les requiere que produzcan unas frases similares empezando a utilizar el vocabulario necesario en el contexto de restaurantes.

Respuesta

1 **D**, 2 **A**, 3 **B**, 4 **C**

De primero quiero ensalada y después el pescado con verduras. Me apetece un vino blanco y de postre quiero arroz con leche.

6 Lee
Página 53

El objetivo del ejercicio es que los estudiantes se familiaricen con una conversación común en un restaurante. Ahora el vocabulario que tienen que identificar es menos evidente pues el contexto es más amplio. Si no lo ha hecho todavía, puede utilizar esta oportunidad para explotar vocabulario adicional como aquel relacionado con preferencias de cocción de la carne: al punto, poco hecha o bien hecha, y también en referencia a bebidas: con hielo o sin hielo. La conversación luego servirá como modelo para que los estudiantes creen sus propias conversaciones.

Respuesta

	Primer plato	Segundo plato	Postre	Bebida
Señora	Lasaña	Entrecot	Arroz con leche	Zumo de manzana
Caballero	Ensalada	Chuletillas de cordero	Sorbete de mandarina	Cerveza

7   Habla   Página 53

En parejas o grupos pequeños, los estudiantes preparan
sus propias conversaciones utilizando el patrón incluido
en el ejercicio anterior. Debería animarles a que utilicen
otro vocabulario y otros platos además de los incluidos
en el menú. Como recomendado en actividades
previas, si hace que sus estudiantes lean o actúen sus
conversaciones ante el resto de la clase, la oportunidad
puede ser utilizada como ejercicio de comprensión
auditiva para el resto.

8   Escribe   Página 53

Este ejercicio de producción escrita consolida el
vocabulario y estructuras que los estudiantes han
practicado en esta página. Además la práctica de
escribir diálogos les ayudará también a desarrollar su
autoconfianza a la hora de practicar oralmente.

Repaso

Preparación para el examen oral

El objetivo de este ejercicio es que los estudiantes
se familiaricen con el formato del examen oral. Los
parámetros de este ejercicio son menos restringidos,
dándoles a los estudiantes más libertad para usar y
manipular el lenguaje aprendido en esta unidad.

Después de la breve presentación, usted deberá iniciar
la conversación con el estudiante de quien se espera no
solo respuestas más o menos preparadas pero también
un elemento de espontaneidad que demuestre su
comprensión de las preguntas efectuadas. Si lo desea,
puede hacer que los estudiantes practiquen en parejas
o pequeños grupos antes de llevar a cabo el ejercicio
más formalmente.

5　¿Dónde vives?

Área temática	El medio urbano y rural
Tema	El barrio La ciudad y sus servicios
Aspectos	Ciudad Pueblo Direcciones Edificios Tipos de vivienda Transporte público
Gramática	Preposiciones de lugar Adjetivos descriptivos de lugar Verbos irregulares + preposición de lugar: *estar + en, ir + a* + lugar, *ir + en* + medio de transporte
Tipos de texto	Folleto turístico Mapa Correo electrónico
Rincón IB	**Teoría del Conocimiento** • ¿En qué medida el lugar donde uno vive influye en la identidad personal? • ¿Qué relación hay entre el tipo y tamaño de ciudad y las relaciones humanas? **Trabajo escrito** • Investigación sobre los movimientos migratorios del campo a la ciudad y viceversa. • ¿Transporte público o transporte privado? **Oral individual** • Describir fotos representando diferentes entornos urbanos y rurales en el mundo hispano. (Describir las imágenes durante 1-2 minutos y contestar a preguntas sobre ellas.) • Conversación general sobre el lugar donde vives y dónde te gustaría vivir y por qué. **Producción escrita** • Escribe una entrada en tu **blog** personal describiendo tu lugar favorito en tu pueblo o ciudad. Explica por qué te gusta y cuándo vas allí. (Escribe como mínimo 100 palabras.) • Diseña un **folleto** para turistas de habla hispana que quieren visitar tu ciudad. Incluye información sobre lugares para visitar y transporte. (Escribe como mínimo 100 palabras.)

Esta unidad cubre el área temática del medio urbano y rural, y los aspectos relativos a diferentes entornos, viviendas, edificios y medios de transporte. Los aspectos gramaticales de la unidad se centran en preposiciones, adjetivos y verbos que están directamente relacionados con el área temática, y que constituyen una serie de estructuras que junto con las ya vistas en unidades anteriores permitirán a los estudiantes abordar los temas tratados.

1 Introducción

Página 55

Anime a los estudiantes a conversar en español lo más posible. Palabras como *campo*, *ciudad*, y tal vez *contraste*, puede que se mencionen. No se trata de describir la foto, sino de evocar las asociaciones con los dos entornos.

2 Escribe

Página 55

Pida a los estudiantes que, con la ayuda de un diccionario o Internet, encuentren palabras relacionadas con los 2 entornos reflejados en las fotos introductorias.

Respuesta posible

Foto 1: el campo
Palabras: el árbol, la montaña, la naturaleza, la hierba, la casa.

Foto 2: la ciudad
Palabras: el edificio, el apartamento, la contaminación, el tráfico, la calle.

Vamos a preparar un intercambio con estudiantes de un país hispanohablante

1 Escucha

Página 56

Los estudiantes escuchan a 6 jóvenes contestando a la pregunta ¿dónde vives? El ejercicio tiene como objetivo introducir estructuras y vocabulario básico relativo al lugar de residencia, con una variedad de entornos. Debata en clase cada foto y su descripción auditiva, animando a los estudiantes a que adivinen el significado de las palabras que oyen con ayuda de las fotografías.

🎧 Audio

A   Soy Rafael. Soy español, pero vivo en el campo, en Cuba, a las afueras de La Habana.

B   Me llamo Arantxa y vivo en Bilbao, una ciudad importante en el norte de España.

C   Vivo en Barichara, un pueblo de Colombia, y mi nombre es Fernando.

D   Soy Laura y vivo en las montañas, en Colombia, con mi esposo y mis hijos.

E   Me llamo Marleny y vivo en la Isla Santa Cruz, una de las Islas Galápagos, en Ecuador.

F   Soy Carlos. Vivo en la costa, en México, al lado de la playa, en Puerto Escondido.

2 Escucha

Página 56

Los estudiantes vuelven a escuchar a los 6 jóvenes contestando a la pregunta ¿dónde vives? La frase utilizada para el ejemplo de este ejercicio es una frase negativa. Es una buena idea darles a los estudiantes una breve explicación sobre la negación en español. Se les puede decir que la negación va antes del verbo. Con ello comienzan a familiarizarse con enunciados y preguntas negativas.

🎧 Audio

A   Soy Rafael. Soy español, pero vivo en el campo, en Cuba, a las afueras de La Habana.

B   Me llamo Arantxa y vivo en Bilbao, una ciudad importante en el norte de España.

C   Vivo en Barichara, un pueblo de Colombia, y mi nombre es Fernando.

D   Soy Laura y vivo en las montañas, en Colombia, con mi esposo y mis hijos.

E   Me llamo Marleny y vivo en la Isla Santa Cruz, una de las Islas Galápagos, en Ecuador.

F   Soy Carlos. Vivo en la costa, en México, al lado de la playa, en Puerto Escondido.

Actividad complementaria: Parte A

Haga que los estudiantes escuchen de nuevo la grabación.

Establezca con los estudiantes una conversación básica a través de preguntas simples como estas:

¿Cuántos hombres y cuántas mujeres hablan? 3 chicos y 3 chicas

¿Recuerdas algunos de sus nombres? Rafael, Arantxa, Fernando, Laura, Marleny, Carlos

¿Recuerdas qué países se mencionan? Cuba, España, Colombia, Ecuador, México

¿De qué hablan? Hablan del tipo de lugar donde viven: campo, ciudad, pueblo, montaña, isla, playa, costa

Actividad complementaria: Parte B

Si es necesario deje que los estudiantes escuchen la grabación por tercera vez.

No se espera que los estudiantes den los nombres de todos los lugares mencionados en la grabación, sino los diferentes tipos de lugares donde viven: ciudad, pueblo, campo, montañas, playa, costa, isla.

¿En qué tipo de lugar / dónde vive Irene? Arantxa vive en la ciudad (Bilbao, España).

¿Quién vive en un pueblo? Fernando vive en un pueblo, en Colombia.

¿En qué tipo de lugar vive Rafael en Cuba? Rafael vive en el campo.

¿Dónde vive Laura? Laura vive en las montañas (en Colombia, con su familia).

¿Carlos vive en México, recuerdas dónde? Carlos vive al lado de la playa / en la costa / en Puerto Escondido.

Respuesta

		V	F
1	Rafael no vive en Cuba.		✔
2	Bilbao está en el sur de España.		✔
3	Barichara es un pueblo de Venezuela.		✔
4	Laura vive en las montañas en Colombia con su familia.	✔	
5	La Isla Santa Cruz es una de las Islas Galápagos.	✔	
6	Carlos vive en la costa, en Puerto Escondido.	✔	

3 Escribe [Página 56]

Pida a los alumnos que primero escriban sus tres lugares favoritos, y que luego escriban una frase con cada lugar. Puede pedirles que acompañen la frase con una foto y, si el grupo tiene un blog, pueden presentar sus lugares favoritos de esta forma. Una colección de fotos personales y de frases podría además utilizarse para crear un juego de asociación para toda la clase.

4 Lee [Página 57]

El objetivo de este ejercicio es extender la capacidad de los estudiantes de entender descripciones de lugares. Anímeles a que traten de deducir el significado de las palabras que desconozcan mediante el contexto de los lugares, ya que son los mismos vistos anteriormente. Luego puede pedir a los estudiantes que en parejas busquen el significado de las palabras en un diccionario para asegurarse de que las dedujeron acertadamente.

5 Comprensión [Página 57]

Pídales a los estudiantes que copien la tabla en sus cuadernos con suficiente espacio para completar la información que falta basándose en los textos del foro. Puede extender la actividad indicando a los estudiantes que completen una tabla similar con información de sus tres lugares favoritos.

Respuesta

	¿Campo o ciudad?	¿Dónde está?	¿Cómo es?
Arantxa	ciudad	en Bilbao	grande, industrial, cultural, marchosa, lluviosa, verde
Rafael	campo	cerca del mar	tranquilo, bonito, aislado
Fernando	campo	en Colombia	tranquilo, agrícola, pintoresco
Marleny	campo	en una isla de Ecuador	preciosa, con mucha naturaleza
Laura	campo	en las montañas, en Colombia, cerca de un lago	idílico, tranquilo, bello
Carlos	ciudad	en un pueblo, en México, cerca de la playa, en la costa del Pacífico	playas estupendas, mar muy azul

Vocabulario [Página 57]

Llame la atención de sus alumnos hacia cómo pueden organizar su cuaderno de vocabulario para un aprendizaje más eficaz. La forma en la que se presenta aquí es una buena estrategia para la producción de vocabulario. Además, haga que se fijen en las formas verbales y en el género en los adjetivos descriptivos.

6 Habla [Página 57]

Este ejercicio tiene como objetivo que los estudiantes practiquen el vocabulario y estructuras que han visto hasta ahora. Primero en parejas, indique a los estudiantes que se turnen seleccionando uno de los lugares descritos en el foro y su compañero les hará preguntas sobre el lugar que ellos deberán contestar con la información del foro. Después pueden preguntarse dónde viven ellos realmente, e iniciar así la preparación para el ejercicio siguiente.

7 Escribe y habla [Página 57]

Esta actividad está diseñada para personalizar la enseñanza y que los estudiantes describan el lugar donde viven primero por escrito, y luego presentándolo a toda la clase. Indíqueles que comiencen a escribirlo en forma de esquema, para luego completarlo con frases. Para la presentación al resto de la clase pídales que memoricen y practiquen su texto. Cada estudiante tendrá un minuto para su presentación. Se trata de fomentar la fluidez, así que la práctica y el control del tiempo es importante. Puede incluso organizar una votación para que la clase decide cuáles fueron las 5 mejores descripciones.

📄 *Actividad adicional*
Unidad 5, página 57

Esta actividad proporciona práctica adicional escrita para consolidar el vocabulario del entorno y lugar de residencia, y ayuda a los estudiantes a internalizar los textos de la página 57 al tener que explicar por qué les gustaría visitar esos lugares.

¿Cómo es tu vivienda?

1 Escribe [Página 58]

Esta actividad tiene 2 propósitos: dar a los estudiantes el vocabulario sobre los diferentes tipos de vivienda en los países hispanohablantes, y motivarles para que encuentren dicho vocabulario por sí mismos. Para ello se dan las imágenes como herramienta de punto de partida, que los estudiantes pueden complementar utilizando un diccionario o Internet.

2 Lee [Página 58]

Pida a los estudiantes que se fijen primero en las imágenes y en el tipo de vivienda que representan. Si saben el nombre, pueden decirlo. Después, han de leer las frases y relacionarlas con las imágenes. Pueden hacer el ejercicio individualmente, en parejas o en grupo, dependiendo de la ayuda que necesiten.

Respuesta

1 **B**, 2 **E**, 3 **D**, 4 **C**, 5 **A**

Gramática en contexto

Concordancia

Pida a sus alumnos que miren los ejemplos que aparecen en la tabla de concordancia y que traten de describir la regla gramatical. Para consolidar puede pedirles que cambien el género y número del vocabulario ya visto en la unidad, como *una caravana moderna*, *un chalé acogedor*, y *un piso moderno*.

3 Escribe y habla [Página 58]

Este ejercicio prepara a los estudiantes para ser capaces de describir su entorno. Primero tienen que escribir sus respuestas a las preguntas, y luego tienen que hacer las preguntas a un compañero. También se puede hacer el ejercicio en grupos de tres estudiantes. Pídales que hagan la entrevista y que tomen nota de las respuestas para después reflexionar sobre qué tienen en común.

Teoría del Conocimiento

Escribe 3 formas en las que el entorno influye nuestro comportamiento.

Puede buscar y presentar ejemplos de la vida real o personajes de ficción. Por ejemplo, cómo los pueblos mediterráneos e hispanohablantes viven más en la calle y esto les hace, quizás, más abiertos, sociables y hasta ruidosos.

4 Escribe [Página 58]

Este ejercicio ayuda a los estudiantes a continuar desarrollando su vocabulario para describir viviendas, y refuerza en concepto de la concordancia. Indíqueles que los adjetivos pueden colocarse correctamente en más de una frase. Los estudiantes deben pensar en el significado de la frase completa para decidir qué adjetivo pueden utilizar.

Respuesta posible

1 La casa de Julián es sencilla.
2 Muchos apartamentos en el centro de la ciudad son oscuros.
3 El chalé de los Ramírez es agradable y bonito.
4 Nosotros tenemos una caravana acogedora.
5 Las casas en los barrios marginados son muy pequeñas.
6 Las viviendas en el barrio Polanco en Ciudad de México son lujosas.

¿Qué hay en tu barrio?

1 Escribe y escucha | Página 59 |

El objetivo de esta actividad es ayudar a los estudiantes a aprender el nombre de lugares y servicios públicos. El juego de bingo les anima a escuchar detalladamente. Tienen que elegir 6 de los lugares que aparecen en las fotografías y luego escuchar para ver cuantos lugares escogieron de manera acertada. El juego se repite de nuevo y la clase puede contabilizar quién obtuvo el mayor número de aciertos.

Respuesta

1	S	U	P	E	R	M	E	R	C	A	D	O
2							P	I	S	C	I	N	A
3			P	A	R	Q	U	E	
4		C	A	T	E	D	R	A	L
5	B	I	B	L	I	O	T	E	C	A
6			T	I	E	N	D	A

Lucía vive en una ciudad.

📖 Cuaderno de ejercicios 5/2 | Página 12 |

Este tipo de ejercicio ayuda a la formación de frases con la ayuda de esta estructura. Los alumnos se pueden concentrar en el significado y en la gramática. Las frases que los alumnos escriban serán todas muy diferentes según lo que elijan. Recuérdeles que presten atención a la concordancia.

¿Cómo es tu barrio?

El Barrio Gótico y La Boca son dos de los más emblemáticos barrios del mundo hispanohablante. Si puede presentarles imágenes y fotos que acompañen a los textos, los alumnos descubrirán, sin duda, numerosas peculiaridades de ambas ciudades. Puede encontrar videos en Internet para presentar ejemplos de la música y actividad de las dos localidades.

Los dos textos están escritos para presentar vocabulario nuevo en contexto, pida a sus alumnos que tomen nota de las palabras nuevas y que lo hagan de forma organizada.

🎧 Audio

Juego número 1: ¿Qué hay en tu barrio?

Hay un cibercafé, una biblioteca, una piscina, un museo, un mercado y un colegio.

Juego número 2: ¿Qué hay en tu barrio?

A ver, hay una discoteca, un polideportivo, un parque, una farmacia, una tienda de ropa y un cibercafé.

📖 Cuaderno de ejercicios 5/1 | Página 12 |

Este ejercicio ayuda a consolidar el vocabulario de lugares públicos.

1 Comprensión | Página 60 |

Este ejercicio de comprensión invita al estudiante a fijarse en información específica que caracteriza a los dos barrios. Pídales que justifiquen su respuesta.

Respuesta

1 El Barrio Gótico
2 Barrio La Boca (sus casas son rojas, verdes, blancas)
3 El Barrio Gótico (un buen sistema de transporte con autobuses y metro)
4 El Barrio Gótico (en el Mercado de la Boquería)
5 Ambos (en el Barrio Gótico hay música, y en La Boca hay baile, tango)
6 El Barrio Gótico (tiene metro)
7 Barrio La Boca (en el estadio de fútbol)

2 Habla y escribe | Página 60 |

El objetivo es que los alumnos describan sus barrios usando de forma menos guiada la lengua que se ha ido presentando y practicando hasta ahora. Anímeles a dar el mayor número de detalles.

3 Lee y escribe [Página 60]

El Barrio La Boca, y todo Buenos Aires, están llenos de color. Este contexto brinda una buena oportunidad para practicar los colores y describir las casas o las puertas con sus colores.

Respuesta

Horizontal
1 Las casas son amarillas, azules y rojas.

2 Las casas son azules, naranjas y verdes.

3 Las casas son rojas, verdes y azules.

Vertical
1 Las casas son amarillas, azules y rojas.

2 Las casas son azules, naranjas y verdes.

3 Las casas son azules, y blancas.

4 Las casas son amarillas, verdes y azules.

4 Escribe [Página 60]

Con la idea de realizar un intercambio de estudios, los alumnos van a describir sus barrios. Las preguntas guían la escritura, aún así, pida el mayor detalle posible.

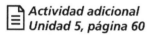 *Actividad adicional*
Unidad 5, página 60

Aprovechando la actividad descriptiva de los colores los estudiantes pueden realizar esta actividad adicional individualmente o en grupos, para continuar utilizando en vocabulario de colores, pero aplicado a personas. Esta actividad también invita a los estudiantes a celebrar la diversidad humana y reflexionar sobre la armonía de esa diversidad.

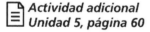 *Actividad adicional*
Unidad 5, página 60

Esta actividad adicional profundiza en la comprensión del texto El Barrio La Boca.

Respuesta
1 El Barrio La Boca

2 las casas

3 el tango

¿Dónde está?

1 Escucha [Página 61]

Anime a los estudiantes a escuchar una primera vez antes de leer el diálogo, para que se vayan acostumbrando a comprender sin el apoyo visual. Antes de escuchar el diálogo por segunda vez, pídales que observen los planos, fijándose en las similitudes y diferencias. Cuando den la respuesta, pida que describan el mapa elegido.

🎧 Audio

Mateo: Entonces, ¿tu barrio está lejos del centro?

Lucía: No, claro que no. Los Balsos está en las afueras, pero no lejos del centro. En autobús a 30 minutos, y en metro a 10. Yo voy en bicicleta o a pie.

Mateo: Vale, y ¿es tranquilo?

Lucía: Sí, es tranquilo, muy bonito y también muy verde.

Mateo: ¿Verde?

Lucía: Sí, tiene dos parques grandes y muchos árboles por las calles. Hay también una piscina con espacio verde. Las casas también tienen jardines.

Respuesta

A La gran avenida central es la Avenida de Los Laureles. El barrio tiene dos parques y casas con jardín. Es un barrio muy verde. Hay una piscina.

Actividad complementaria
Si cree que los estudiantes necesitan más práctica, puede pedirles que escriban dos diálogos parecidos que se ajusten a los mapas B y C.

2 Escucha [Página 61]

La segunda parte del diálogo no viene acompañada de transcripción, aunque si usted cree que sus estudiantes la necesitan, puede proporcionársela.

Pida que escuche el diálogo una vez para obtener más información sobre el barrio. Después pídales que lean las seis frases para verificar su contenido y contestar *verdadero* o *falso*.

🎧 Audio

Mateo: ¿Hay algún centro comercial cerca?

Lucía: No, pero hay muchas tiendas. En mi calle, la calle La Arboleda, hay tres tiendas de ropa muy cerca.

Mateo: ¿Y bares o cafeterías?

Lucía: Yo normalmente voy a la cafetería que está enfrente de mi instituto.

Mateo: Entonces, para ir al cine, ¿vas al centro?

Lucía: No, hay un cine muy antiguo en mi barrio, está al lado de la farmacia, en la calle de Cervantes.

Mateo: ¿Y comes en el instituto?

Lucía: Sí, en el instituto o en el parque que hay detrás del instituto, el parque Las Lomas.

Mateo: Bueno, pues eso es todo. Gracias y hasta pronto.

Respuesta

1 Falso
2 Falso
3 Verdadero
4 Verdadero
5 Verdadero
6 Verdadero

Plano del barrio Los Balsos, Medellín, Colombia
Aproveche para presentar el barrio Los Balsos que está en Medellín, en Colombia. Pida que se fijen en el plano de Los Balsos, en los nombres de sus calles y en la leyenda. Ponga algún ejemplo contextualizado con las calles, por ejemplo, *la Calle de los Cedros está en el barrio de Los Balsos*. También puede acompañar esta presentación con imágenes de Los Balsos. El hecho de que sea un barrio real, contribuye a dar un valor más real y auténtico a la actividad.

Note que el plano contiene bastante información y los estudiantes han de procesarla, por lo tanto, asegúrese de que les da suficiente tiempo. Una forma de ayudarles a procesar esta información puede ser pedirles que copien, o hagan su versión del plano, en sus cuadernos a una escala mayor y de forma más colorida.

3 Habla
Página 61

Pida a los alumnos que trabajen en parejas para hacer este juego de memoria. La colaboración y la competitividad ayudarán a aprender el vocabulario nuevo. Puede establecer un sistema de puntuación y concurso para toda la clase.

4 Escribe
Página 61

Esta actividad de escritura personaliza el contenido y, al acabar de realizar de memoria el plano de Los Balsos, debería ser más fácil.

📖 Cuaderno de ejercicios 5/3 Página 13

El objetivo de este ejercicio es practicar las preposiciones de lugar y el vocabulario de lugares públicos en una ciudad.

Respuesta

¡Bienvenido a Santichén!

Para dormir

El camping está *en / dentro* del parque.

Hay un hotel [1] **enfrente del** zoo.

El albergue juvenil está [2] **detrás de la** piscina.

Para comer

El restaurante está [3] **entre el** museo y el cine.

También hay un cibercafé [4] **detrás del** supermercado.

Para salir

La discoteca está [5] **detrás del / al lado del** teatro.

¿Cómo vas?

1 Lee
Página 62

Los estudiantes tienen que relacionar las imágenes con los nombres de los lugares donde se realizan las actividades. Anímeles a deducir el vocabulario a partir de los conocimientos que tengan de otros idiomas. Lea con ellos los nombres de los lugares y después pregúnteles si hay alguna palabra o imagen que no desconozcan.

Respuesta

1 la farmacia
2 el supermercado
3 la biblioteca
4 la tienda de ropa
5 la oficina de correos
6 el cine
7 el colegio

2 Escribe
Página 62

Repase el verbo *ir* y permita a los estudiantes utilizar la forma que prefieran. Explíqueles el uso de *para* + infinitivo para expresar finalidad.

Respuesta

1 **E**, 2 **G**, 3 **A**, 4 **C**, 5 **D**, 6 **H**, 7 **F**, 8 **B**

Respuesta posible

1 Voy al polideportivo para nadar y practicar deportes.
2 Voy al cine para ver una película.
3 Voy al colegio para estudiar.
4 Voy al supermercado para comprar la comida de la semana.
5 Voy a la biblioteca para consultar libros y mapas.
6 Voy a la oficina de correos para comprar sellos y enviar paquetes.
7 Voy a la tienda de ropa para comprar camisetas y pantalones.
8 Voy a la farmacia para comprar medicamentos.

3 Lee y escribe   [Página 62]

Antes de leer el texto, puede pedir a los estudiantes que lean las cinco preguntas y que den la respuesta que ellos piensan va a dar Juan. De esta forma practican la predicción antes de leer el texto. La puesta en común de las respuestas pondrá de manifiesto la variedad de respuestas posibles. Después, al leer, confirmarán sus predicciones.

Respuesta

1 El medio de transporte que Juan usa más es la bicicleta.

2 Porque no hay metro.

3 Juan va en autobús al supermercado para hacer la compra con su madre.

4 Juan va al colegio a pie.

5 Juan va al polideportivo para nadar y hacer deporte.

6 Sí, Juan va en tren a visitar a sus abuelos.

4 Escribe   [Página 63]

Al responder a Juan, los alumnos siguen el modelo presentado en el texto de Juan, pero personalizan su respuesta practicando vocabulario y estructuras.

5 Lee   [Página 63]

Contextualice y prepare a sus alumnos para esta actividad preguntando cuál es su experiencia con el metro: ¿Usáis el metro? ¿Hay metro en el lugar donde vivís? ¿Habéis montado alguna vez en metro? ¿Qué metros? ¿Cuántas líneas hay? ¿De qué colores son las líneas?

Después, pídales que miren el plano del Metro de Medellín y se fijen en las líneas, los números, los colores, los nombres, etc.

6 Escribe   [Página 63]

Usando el plano del Metro de Medellín los estudiantes van a escribir dos recorridos. Es un plano bastante sencillo y los destinos tienen el mismo nombre que las estaciones. Llame la atención al uso de los conectores para ordenar ideas.

Como actividad complementaria o, si usted cree que sus alumnos pueden trabajar con un plano algo más complejo, puede darles el del Metro de Madrid o de Barcelona. Si viven en una ciudad con metro, pueden utilizar el plano del metro de su ciudad para darle información de cómo ir a algunos destinos a su intercambio.

Respuesta

1 Primero, de la estación de San Antonio vamos hasta la estación de Acevedo. Son 7 paradas. Luego hacemos transbordo a la línea K y vamos hasta la estación de Santo Domingo. Son otras 3 paradas.

2 Primero, de la estación de Prado vamos hasta la estación de San Antonio. Son 2 paradas. Luego hacemos transbordo a la línea B y vamos hasta

la estación de San Javier. Son 6 paradas. Luego hacemos transbordo a la línea J y vamos hasta la estación de La Aurora. Son otras 3 paradas.

7 Investiga   [Página 63]

El objetivo de este ejercicio es que los estudiantes busquen información pertinente a la ciudad de Medellín y su transporte público. Para buscar la información se servirán del vocabulario y conocimientos adquiridos durante la unidad. Indique a los estudiantes que elaboren listas con la información que encuentren. Luego pueden poner en común con toda la clase la información que hayan recopilado.

Actividad adicional
Unidad 5, página 63

Esta actividad adicional extiende la práctica del vocabulario y estructuras relativas al transporte público e instrucciones sobre cómo desplazarse de un lugar a otro en una ciudad.

¡Bienvenido a Los Balsos!

1 Lee y escucha   [Página 64]

Los alumnos pueden seguir las rutas en el mapa con el dedo mientras escuchan la primera vez. Después pueden escuchar y leer el texto a la vez.

🎧 Audio

1
Para ir desde mi colegio al parque giro a la izquierda en la Calle la Arboleda, paso la Calle Robles y luego giro a la derecha en la Calle Maderos. Cruzo la Avenida Laureles y ahí está el parque.

2
Para ir a la biblioteca desde el parque, cruzo la calle Cervantes, tomo la Calle Escritores, sigo todo recto, cruzo la Calle Borges y atravieso la Plaza Central. Giro a la izquierda en la Avenida Laureles, paso la peluquería y llego a la biblioteca.

2 Comprensión   [Página 64]

Si antes de seguir las dos rutas, practique las direcciones con mímica (como si estuviera en un avión e indicara a los pasajeros dónde están las salidas de emergencia, baños, etc.), les será más fácil entender las instrucciones y les ayudará a memorizar las direcciones.

Respuesta

1 sigo todo recto
2 giro a la izquierda
3 giro a la derecha
4 paso
5 cruzo
6 atravieso
7 tomo

3 Habla Página 64

Si considera necesario hacer algo de práctica de los verbos que han de utilizar en primera persona, puede hacerlo con todo el grupo antes de que en parejas hagan este ejercicio. Por otra parte, puede dejar que hagan la actividad y atender a aquellos que necesiten esta ayuda. Se trata de dejar que los alumnos se sientan más independientes.

Cuaderno de ejercicios 5/4 Página 13

El objetivo es practicar y consolidar las direcciones en la ciudad. Puede haber más de una ruta. Los estudiantes pueden hacer este ejercicio en parejas o comparar sus rutas al final.

Respuesta posible

¡Hola!

Normalmente voy en tren y para ir a casa desde la estación voy a pie.

1   Tomo el Paseo Marítimo a la derecha de la estación de trenes y giro a la derecha.

2   Continúo por el Paseo Marítimo, todo recto, paso el mercado a la izquierda.

3   Giro a la izquierda en la Calle de la Playa.

4   Sigo por la Calle de la Playa, atravieso la Plaza de la Iglesia.

5   Paso la oficina de correos a la derecha.

6   Giro a la derecha en la Calle Mayor y sigo todo recto.

7   Cruzo la Avenida de Alberti.

8   Mi casa está ahí, enfrente de la oficina de turismo.

Cuaderno de ejercicios 5/5 Página 14

Los diálogos pueden leerse y actuarse en voz alta una vez resuelto el ejercicio con el fin de trabajar la pronunciación y la entonación.

Respuesta

1 vamos al, **2** estás en, **3** voy al, **4** vamos a la, **5** estamos en, **6** voy al

Cuaderno de ejercicios 5/6 Página 14

Este es un ejercicio de repaso gramatical donde los estudiantes clasifican verbos de un texto, que han aparecido repetidas veces en la unidad. Anímeles a completar la tabla con otros verbos que pertenezcan a estas categorías.

Regulares	Irregulares			
vivir escribir gustar	ir hay ser	e → i seguir	e → ie preferir tener	o → ue poder

Medellín, la ciudad de la eterna primavera

1 Escucha Página 65

Presente la actividad preguntando si alguna vez han usado un audio-guía en algún lugar turístico: ¿Dónde? ¿Por qué? ¿Fue útil?

Después, y antes de escuchar la grabación por primera vez, pídales que miren el plano del centro histórico de Medellín y que se fijen en la leyenda, los lugares de interés marcados, el nombre de las calles y las fotos de los destinos que han de seleccionar. Esta preparación es muy importante para facilitar la comprensión del audio. Invíteles a seguir la ruta con el dedo sobre el plano de nuevo.

🎧 Audio

A
El Centro Comercial Villanueva está a la derecha. Giramos a la derecha por la Avenida Oriental y pasamos La Catedral Basílica Metropolitana, el Parque Bolívar y el Teatro Lido. Seguimos por la Carrera 48 hasta ver un edificio muy alto a la derecha. Giramos la primera a la derecha, está en la Carrera 52.

B
Desde la Carrera 52, cruzamos la Carrera 48, la Avenida Oriental, por la Carrera 51, la Avenida de la Playa. Seguimos todo recto hasta el Teatro Pablo Tobón Uribe. Enfrente del teatro está el Parque Bicentenario. Está en el parque.

C
Ahora estamos en el Parque Bolívar, uno de los pulmones de Medellín con numerosas especies autóctonas. Detrás, La Catedral Basílica Metropolitana. Vamos a pie todo recto por la calle peatonal y comercial Carrera Junín hasta la Basílica Nuestra Señora de la Candelaria, enfrente está el Parque Berrío. Está en el parque.

Respuesta

A   El edificio Coltejer

B   La Pantalla de Agua

C   El Torso Femenino (La Gorda) de Fernando Botero

¿Sabías que...? Página 65

Juniniar
Una vez que han hecho el ejercicio anterior y cuando hayan visto la Carrera Junín, puede comentar a los estudiantes cómo, de esa calle peatonal y comercial, se ha creado el verbo *juniniar*. Quizás ellos tengan ejemplos de calles comerciales y peatonales en sus ciudades o pueblos. ¿Podrían inventar un verbo?

2 Habla
Página 65

En parejas, los estudiantes van a crear mini-diálogos como si estuvieran en el centro histórico de Medellín. Pídales que practiquen y presenten al resto de la clase su diálogo.

3 Escribe y habla
Página 65

Esta actividad pueden realizarla en parejas o en pequeños grupos de tres alumnos que vivan en el mismo barrio para conseguir compartir ideas y tener un plano más completo y detallado. Anímeles a que complementen la información con fotos, o que creen en grupo un póster o una presentación digital que luego expondrán en clase. La clase puede votar para elegir a las 3 mejores presentaciones.

¿Cuál es tu destino?

1 Lee
Página 66

Prepare a sus alumnos para esta actividad lectora preguntando qué tipo de texto es. Han de utilizar las características del formato, como la foto y las columnas que presentan brevemente la información sobre el lugar, para deducir que es una *ficha*.

Después puede pedirles que se fijen en las fotografías, y que digan qué tipo de lugares son (*tranquilo*, *en la costa*, *verde*, *ruidoso*) y cuál de los dos les gusta más. Puede guiar la lectura leyendo con ellos la columna de la izquierda (*nombre*, *país*) para activar su conocimiento en estas áreas.

Cuaderno de ejercicios 5/7
Página 14

Es un ejercicio de respuesta libre. Haga una presentación plenaria de las respuestas y, si lo desea, podría dividir a la clase en grupos para que realicen un gráfico con las respuestas obtenidas de todos los alumnos.

2 Habla
Página 66

Es un ejercicio de comprensión y expresión oral. Permítales tomar nota de las respuestas para facilitar la práctica oral con un compañero.

Respuesta

Guatapé
1   Guatapé está en Colombia, a 79 kilómetros de Medellín.
2   Es un pueblo tradicional en el campo.
3   La bicicleta, el caballo o a pie.
4   Se puede visitar El Peñol y hacer muchas actividades deportivas como la escalada, ir de pesca, nadar en ríos, kayak y montar a caballo.
5   Barbacoas y asados.

Santiago de Chile
1   Está en Chile, en el valle de Santiago y al pie de la Cordillera de los Andes.
2   Es una ciudad grande y moderna, es la capital de Chile.
3   Coche, autobús, tren, tranvía, motocicleta, taxi.
4   Se puede ir a museos, parques, reservas naturales, zoo y barrios bohemios.
5   Asados de carne a la parrilla con verduras.

3 Escucha
Página 66

El objetivo es que practiquen la expresión de opinión volviendo a usar adjetivos que se presentaron al principio de la unidad y que se han usado en distintas funciones a lo largo de la unidad 5. Después de realizar el ejercicio, puede llamar la atención hacia la entonación y énfasis que aparece en las opiniones.

Audio

1   Me gusta porque es un lugar muy tranquilo y que tiene muchas actividades en la naturaleza.

2   Claro, es muy interesante porque tiene muchos museos y también naturaleza. Prefiero las ciudades.

3   Para mí, sin duda, es un paraíso: con mar, montañas y ríos. Tiene de todo, y es tranquilo y acogedor.

4   Seguro que aquí, sí, aquí. A mí gusta ir en bici a todos los sitios. No me gustan las ciudades con muchos coches y mucha gente.

5   Aquí, desde aquí puedo viajar a muchos lugares. A mí me gusta viajar mucho.

6   Sí, es tranquilo y pintoresco, pero muy aburrido. Yo necesito gente, coches, variedad de actividades. Quiero ir a un sitio como este, con muchas cosas y personas.

Respuesta

1 **G**, 2 **S**, 3 **G**, 4 **G**, 5 **S**, 6 **S**

4 Investiga y escribe
Página 66

Como trabajo personal, los alumnos preparan una ficha de un lugar de habla hispana de su elección como destino para su intercambio. Puede aprovechar esta actividad para desarrollar una colección de fichas con lugares de habla hispana. Se puede hacer en formato digital o en papel.

6 Zonas climáticas

Área temática	El medio urbano y rural
Tema	Tiempo meteorológico
Aspectos	Clima Condiciones meteorológicas Estaciones Impacto del clima en la vida cotidiana Geografía física
Gramática	Verbo impersonal *hacer* Pretérito indefinido Adverbios de tiempo
Tipos de textos	Informe meteorológico Mapa Correo electrónico Artículo Blog
Rincón IB	**Teoría del Conocimiento** • ¿Es el cambio climático un asunto de opinión o un hecho probado científicamente? • ¿Cómo afecta el clima a la forma de ser y a las costumbres de la gente? **Trabajo escrito** • Destinos turísticos en el mundo hispano. ¿Qué buscan los turistas? • Hablar del tiempo: una forma de 'romper el hielo' en interacciones sociales. **Oral individual** • Describir fotos representando diferentes situaciones de turismo en el mundo hispano. (Describir las imágenes durante 1-2 minutos y contestar a preguntas sobre ellas.) • Conversación general sobre las vacaciones. Ejemplos: las pasadas vacaciones, o las mejores vacaciones de tu vida. **Producción escrita** • Imagina que visitaste un país hispanohablante en tus últimas vacaciones. Escribe un **artículo** para la revista del colegio describiendo los lugares que visitaste y las cosas que hiciste. (Escribe como mínimo 100 palabras.) • Tu amigo/a hispanohablante va a visitarte. Escribe un **correo electrónico** diciéndole el tiempo que hace normalmente en tu ciudad en esta estación y aconsejándole la ropa que debe traer. (Escribe como mínimo 100 palabras.)

Esta unidad tiene como objetivo examinar la geografía física. Incluye los rasgos de la naturaleza y las diferencias entre el tiempo y el clima. Las actividades de la unidad están diseñadas para ayudar a los estudiantes a reflexionar sobre el efecto del clima en la vida cotidiana, especialmente teniendo en cuenta el riesgo del cambio climático que amenaza a muchas partes de América Central.

1 Introducción
Página 67

Estas cuatro preguntas constituyen una introducción básica a la unidad. Para entenderlas los estudiantes tendrán que utilizar tácticas esenciales, tal y como el uso de cognados y sus conocimientos previos.

Esta unidad también presenta la belleza natural de los países latinoamericanos. Estas fotos han sido escogidas para provocar que los estudiantes mediten sobre la calidad del medio ambiente.

2 Escribe
Página 67

Al escribir una lista básica de lo que ven en las fotos los estudiantes van a empezar a prepararse para las tareas del resto de la unidad, también para la primera parte del oral individual (exposición basada en un estímulo visual), y a la vez van a ampliar sus conocimientos.

Es importante animar a los estudiantes a que sean creativos a la hora de desarrollar sus listas.

A estas alturas del curso es posible que algunos estudiantes todavía tengan dificultades en utilizar el diccionario de manera eficaz. Conviene hablar con ellos sobre las abreviaturas que aparecen en el diccionario y los elementos gramaticales que deberán buscar.

Los estímulos visuales también brindan la oportunidad de hacer preguntas a los estudiantes para repasar el vocabulario y las estructuras de las primeras cinco unidades.

Foto A

¿Te gusta la foto? ¿Por qué?

¿Qué colores ves? (*Veo…*)

Foto B

¿Te gusta la foto? ¿Por qué?

¿Qué colores ves?

¿Cómo te hace sentir la foto? (Puede ser que los estudiantes no entiendan la pregunta, pero se pueden modelar sus respuestas con ejemplos como *me siento contento* o *me siento relajado*.)

Foto C

¿Te gusta la foto? ¿Por qué?

¿Qué colores ves?

Las siguientes preguntas no tienen respuestas correctas sino que los estudiantes deben utilizar su creatividad y contestar con *creo que…*

Describe a la persona: ¿Cómo se llama? ¿Cuántos años tiene? ¿Dónde vive? ¿Tiene familia?

¿Con quién está?

¿Dónde está?

¿Qué hora es?

Foto D

¿Te gusta la foto? ¿Por qué?

¿Qué colores ves?

¿Qué hora es?

¿Te gusta la comida de la foto?

1 Habla e investiga
Página 68

Este es el vocabulario clave para esta parte de la unidad. No obstante, antes de buscarlo en el diccionario los estudiantes deben trabajar en parejas para decodificar la lista y tratar de adivinar el significado de las palabras. Después de adivinar, y de explicar sus adivinaciones, pueden confirmar sus ideas utilizando un diccionario o un diccionario en línea.

📄 *Actividad adicional*
Unidad 6, página 68

Esta actividad adicional consolida la comprensión de los textos de la página 68.

Respuesta

1 **H**, 2 **G**, 3 **A**, 4 **F**

2 Comprensión
Página 69

Este ejercicio requiere que los estudiantes presten detallada atención a los textos que han de leer.

Antes de leer los textos los estudiantes deben leer estas cinco frases y garantizar que las entienden. Las frases utilizan las palabras que acaban de aprender de la lista *Vocabulario*.

Cuando lean el texto deberán buscar las palabras claves del texto. Al identificar la parte apropiada del texto les será posible averiguar si la frase es verdadera o falsa.

Respuesta

1 Falso. El desierto de Atacama se encuentra en el norte de Chile.
2 Falso. Bariloche es un destino popular en las orillas de un lago.
3 Verdadero.
4 Falso. Hay muchas dunas en el desierto de Atacama.
5 Falso. Hay muchos lagos en el desierto de Atacama.

3 Escribe
Página 69

Esta tarea tiene como objetivo ampliar la capacidad de los estudiantes para escribir de manera descriptiva, algo que harán más tarde en la unidad.

4 Escribe
Página 69

Los estudiantes tienen que leer las explicaciones y ejemplos en el recuadro *Gramática en contexto*. Les explicará cómo pueden utilizar las formas verbales *hay*, *está* y *es* para escribir descripciones de lugares físicos.

Aunque la mayoría de las descripciones que produzcan los estudiantes serán similares, anime a los estudiantes a añadir detalles adicionales, especialmente adjetivos, para mejorar la calidad de su trabajo.

El tiempo y su efecto

📖 Cuaderno de ejercicios 6/1   [Página 15]

Los estudiantes podrán completar este ejercicio con la lista de vocabulario y utilizando un proceso de eliminación.

Respuesta

Horizontales

3 hace calor

4 llueve

5 hace buen tiempo

7 hay tormenta

9 nieva

12 está nublado

13 es Bolivia

14 hace frío

Verticales

1 hace mal tiempo

2 hace cinco grados

6 está despejado

8 hay niebla

10 el tiempo

11 hace sol

1 Escribe y habla   [Página 70]

La dificultad de esta tarea se encontrará en la probable falta de adjetivos y frases para expresar opiniones. Se puede facilitar el desarrollo de opiniones formando listas en grupo para recordar opiniones utilizadas durante las primeras cinco unidades o buscando términos apropiados en el diccionario o recursos en línea.

El ejercicio da los ejemplos de *es horrible, me da miedo* y *es aburrido* pero se debe animar a los estudiantes a dar opiniones como *es divertido, es relajado, es cómodo, es incómodo*, etc.

Este tipo de actividad también ofrece la oportunidad de fortalecer la capacidad de los estudiantes para debatir. Conviene alentar a los estudiantes a utilizar frases como: *estoy de acuerdo / no estoy de acuerdo*, para luego justificar sus opiniones. Expresiones como *claro* y *¿en serio?* añaden otro nivel de autenticidad.

2 Escucha   [Página 70]

Los estudiantes deben escuchar los pronósticos para decidir a qué mapa se refieren. Uno de los mapas no aparece en las grabaciones para que los estudiantes puedan escribir sus propios pronósticos. Deben intentar incluir los detalles mencionados y conectar sus frases lo más posible. Antes de escuchar los pronósticos se puede animar a los estudiantes más capaces a que anoten frases adicionales que se puedan utilizar para mejorar su tarea.

🎧 Audio

1 Hoy nieva en Río Gallegos. No se debe salir de la casa si no es esencial. En Bahía Blanca también hace mucho frío, cinco grados, y llueve. En el oeste, en Mendoza, hace sol.

2 En Buenos Aires hace sol y está despejado. En Salta hace calor, veintitrés grados, más o menos. En Córdoba también hace sol pero hoy también está un poco nublado.

3 Esta mañana está lloviendo en San Carlos de Bariloche, con unos vientos muy fuertes. En Buenos Aires está nublado y hace nueve grados. En Salta hace bastante calor, veintitrés grados, y está despejado.

Respuesta

1 Mapa **B**

2 Mapa **A**

3 Mapa **D**

Respuesta posible

Mapa C: Hoy hace frío, tan solo cinco grados, y está nublado en Rosario; mientras que en Córdoba hace sol y calor, con veinte grados.

📖 Cuaderno de ejercicios 6/2   [Página 15]

Este ejercicio tiene varias funciones. Primero sugiera a los estudiantes que identifiquen en el texto los nombres de ciudades españolas y que las localicen en el mapa de España. Después los estudiantes pueden leer el texto de nuevo identificando la información meteorológica conforme a lo que han aprendido en los ejercicios previos, y pueden dibujar en el mapa símbolos similares a los que aparecen en la página 70 del libro de los estudiantes que correspondan a ese pronóstico que acaban de leer.

3 Escribe   [Página 70]

Esta actividad ayudará a los estudiantes a practicar el vocabulario del tiempo y también descripciones de las estaciones. Es importante alentar a los estudiantes a incorporar conectores y expresiones, por ejemplo *siempre* o *a veces*, que harán que sus descripciones sean más naturales.

El tiempo extremo y el cambio climático

1   Lee   [Página 71]

Es importante que los estudiantes se sientan capaces de afrontar esta actividad. Para conseguirlo será importante ayudarles a planear cómo hacerlo. Estos son los pasos que se puede recomendar a los estudiantes para puedan completar la actividad con éxito:

1   Lee las cuatro frases del ejercicio.

2   Decide cuáles son las palabras clave. Piensa en posibles sinónimos de esas palabras por si acaso aparezcan de manera diferente en el texto.

3   Lee el texto, sin buscar las frases, pero para formar una idea general de lo que se trata.

4   Lee el texto, buscando las palabras clave que identificaste en el paso 2.

5   Si no puedes encontrar una sección que parezca la apropiada, puedes tratar de eliminar secciones decidiendo si se refieren a algo que es obviamente diferente.

Respuesta

A 7, B 4, C 8, D 5, E 3

2   Comprensión   [Página 71]

Esta tarea es similar a una que se utiliza a menudo en los exámenes del IB, por lo que conviene que los estudiantes se acostumbren a practicarla. Estos son los pasos que se puede recomendar a los estudiantes para que puedan completar la actividad con éxito:

1   Primero lee detenidamente todas las partes de las frases para entenderlas.

2   Predice qué tipo de contenido seguirá a las primeras partes de las frases. Por ejemplo: *Se publicó en Uruguay*. *Publicó* parece ser la palabra clave. Hay que buscar en la segunda parte de la frase algo que pueda publicarse: una entrevista, un reportaje, una alerta.

3   Utiliza tus conocimientos gramaticales para decidir si la frase parece lógica o no. Por ejemplo: *Se publicó en Uruguay* necesita un sustantivo, no un verbo.

4   Lee los textos. Busca los detalles apropiados para confirmar tus selecciones.

5   Repasa todo el proceso para confirmar que las respuestas son correctas.

Será importante dejar a los estudiantes hacer la tarea por su propia cuenta antes de analizarla. Pero después de completarla siempre es importante debatir en clase sobre los pasos que los estudiantes siguieron para completarla, y en particular las estrategias que utilizaron. Después el profesor puede ofrecer más ideas y estrategias que los estudiantes no hayan mencionado. Puede ser útil también indicar a los estudiantes que esta discusión va a tener lugar después de que completen el ejercicio, para ayudarles a que presten atención en particular a su proceso de deducción mientras que completan el ejercicio.

Respuesta

1   **C** párrafo 1

2   **E** párrafo 8

3   **D** párrafo 5

4   **A** párrafo 7

3   Habla   [Página 71]

Siempre hay que animar a los estudiantes a utilizar vocabulario y estructuras que acaban de aprender de manera productiva. Este ejercicio les invita a manipular el lenguaje de los textos que acaban de trabajar para crear un reportaje.

El énfasis aquí se debe centrar en elegir partes del texto que sean útiles para lo que decidan expresar, y que tengan sentido (especialmente en términos gramaticales) en el contexto en el que quieren utilizarlas.

Las zonas climáticas

1   Escribe   Página 72

Puede que muchos estudiantes ya hayan visto un mapa climático durante sus estudios de geografía. No obstante, lo más importante es que presten atención a la leyenda que explica los colores y así el mapa.

Los estudiantes deben utilizar los detalles en la tabla climática para completar esta tabla sobre los diferentes climas que hay en varios países. Están practicando su comprensión del tiempo meteorológico pero además van a aprender que el clima se refiere a patrones que se extienden durante largos periodos.

Respuesta

País	Clima	Número de estaciones	Tiempo en primavera	Tiempo en verano	Tiempo en otoño	Tiempo en invierno
España	Templado	4	-bastante frío -llueve	-bastante calor -llueve	-bastante frío -llueve	-frío -llueve
	Mediterráneo		-bastante buen tiempo -llueve	-calor -muy seco	-bastante buen tiempo -seco	-bastante buen tiempo -llueve
Argentina	Templado	4, 1	-bastante frío -llueve	-bastante calor -llueve	-bastante frío -llueve	-frío -llueve
	Árido		-seco -mucho calor			
Chile	Templado	4, 1	-bastante frío -llueve	-bastante calor -llueve	-bastante frío -llueve	-frío -llueve
	Mediterráneo		-bastante buen tiempo -llueve	-calor -muy seco	-bastante buen tiempo -seco	-bastante buen tiempo -llueve
	Árido		-seco -mucho calor			
Costa Rica	Tropical	1	-calor -llueve			
Estados Unidos	Templado	4, 1	-bastante frío -llueve	-bastante calor -llueve	-bastante frío -llueve	-frío -llueve
	Mediterráneo		-bastante buen tiempo -llueve	-calor -muy seco	-bastante buen tiempo -seco	-bastante buen tiempo -llueve
	Árido		-seco -mucho calor			
	Montañoso		-frio	-bastante calor durante el día	-bastante buen tiempo -hace frío por la noche	-muy frío -nieva mucho
	Polar		-muy frío -muy seco			

2 Habla

Página 73

Este ejercicio invita a los estudiantes a pensar en el clima de distintas partes del mundo, destinos que hayan visitado o que desearían visitar. Así, una vez que hayan llevado a cabo la conversación en pareja para indicar las condiciones meteorológicas que prefieren durante sus vacaciones, sería útil animarles a anotar sobre el mapa lugares del mundo que ya han visitado. De esta manera podrán reflexionar si haya algún patrón en sus visitas, o en las elecciones de los destinos. Pueden elegir dos destinos más para luego hablar con su compañero otra vez.

También es una buena oportunidad para que puedan reflexionar sobre cómo el clima afecta a los diferentes países y culturas. Por ejemplo: *¿Si siempre hace calor, la gente siempre lleva chaqueta? ¿Pasa mucho tiempo dentro de casa?*

3 Lee y escribe

Página 73

No hay respuestas precisas para este ejercicio. De hecho, cuando los estudiantes hayan propuesto sus recomendaciones, se pueden discutir en grupos más amplios, antes de votar toda la clase sobre cuál es el destino perfecto para cada persona.

Al debatir los destinos, los estudiantes tendrán que utilizar las opiniones y comparativos que han aprendido durante las unidades previas.

4 Lee

Página 73

Esta actividad está encaminada a ubicar geográficamente los tres destinos que se analizarán durante el resto de la unidad. Los estudiantes tienen que decidir a qué destino corresponde cada descripción.

Respuesta

1. Mal País en Costa Rica
2. Buenos Aires en Argentina
3. Bariloche en Argentina

5 Escribe

Página 73

Los estudiantes tendrán que pensar tanto en las características de los tres destinos como el clima para completar esta tarea. Por ejemplo, independientemente del clima, si no hay montañas, no se puede hacer alpinismo.

Antes de escribir sus frases los estudiantes tendrán que entender la lista de actividades. La mayoría son cognados en las lenguas romances.

Deben utilizar *se puede* para conectar las actividades con los destinos.

Después de escribir las frases se puede hacer un ejercicio de clasificación con las actividades. Los estudiantes tienen que trabajar con un compañero para escribir las actividades por orden de preferencia de las que más les gustaría hacer y por qué. Después

de formular estas listas pueden hablar en grupos más amplios o toda la clase para elegir las actividades más atractivas. Además, puede ser útil que los estudiantes especifiquen si ya han hecho algunas de esas actividades.

6 Escribe

Página 73

Este ejercicio continúa el debate sobre las actividades y anima a los estudiantes a escribir tres frases más, utilizándolas para un destino que ya hayan visitado.

Los destinos no tienen que ser necesariamente exóticos o turísticos. La intención es que los estudiantes manipulen y utilicen el vocabulario y estructuras que están aprendiendo, y las apliquen a experiencias propias para facilitar su asimilación.

7 Investiga y escribe

Página 73

Antes de escribir es muy importante que los estudiantes planeen exactamente lo que van a escribir, para asegurarse de que escriban las palabras necesarias y, por otro lado, para no escribir demasiado pero sin calidad suficiente. Antes de escribir se le puede sugerir que preparen unas viñetas, dos o tres elementos para escribir en cada subtema.

Mi reciente visita a Argentina

1 Lee

Página 74

Primero es importante reconocer que algunos estudiantes tendrán más dificultad en entender el concepto del pretérito indefinido que su formación. En varios idiomas no hay un tiempo similar, así que hará falta enfatizar que el pretérito indefinido solo se refiere a acontecimientos en el pasado que ya han terminado.

El primer paso del ejercicio requerirá los estudiantes buscar las raíces comunes entre el infinitivo y el pretérito indefinido. Ayude a los estudiantes a darse cuenta de que todos los infinitivos en este ejercicio terminan con -ar.

Después tendrán que clasificar los verbos en la tabla. Los estudiantes deben utilizar la cabecera de cada columna para ayudarles (-qué, -cé, -uve). Puede ser que algunos estudiantes incluyan verbos que terminan en -ó (tercera persona singular), en este caso será importante preguntarles si -ó forma parte lógica del patrón, ya que los otros tres terminan con -e o -é.

Para el último paso de esta actividad los estudiantes pueden hablar entre ellos en el idioma común del colegio. Es muy importante dar tiempo a los estudiantes para que deduzcan la formación del verbo, así fortalecerán su comprensión, ya que tomarán parte activa en el proceso de aprendizaje. Cuando hayan propuesto sus ideas, se les puede explicar exactamente cómo se forma y lo que significa, enfatizando que este tiempo verbal es uno de los más comunes que utilizarán durante sus estudios.

Respuesta

Infinitivo	Verbos regulares -ar (9 + ejemplo)	Verbos que cambian a -qué (2)	Verbo que cambia a -cé (1)	Verbo irregular -uve (1)
tomar	tomé			
visitar	visité			
enamorar	enamoré			
comprar	compré			
organizar			organicé	
viajar	viajé			
nadar	nadé			
montar a caballo	monté a caballo			
andar				anduve
probar	probé			
buscar		busqué		
encontrar	encontré			
sacar		saqué		
hablar	hablé			
comprar	compré			
descansar	descansé			

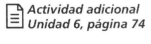 Cuaderno de ejercicios 6/3   Página 16

1 Este ejercicio ayudará a los estudiantes a familiarizarse con la conjugación completa del pretérito indefinido.

Respuesta

	caminar	comprar	llevar	alojarse
yo	caminé	compré	llevé	me alojé
tú	caminaste	compraste	llevaste	te alojaste
él/ella/usted	caminó	compró	llevó	se alojó
nosotros(as)	caminamos	compramos	llevamos	nos alojamos
vosotros(as)/vos	caminasteis	comprasteis	llevasteis	os alojasteis
ellos(as)/ustedes	caminaron	compraron	llevaron	se alojaron

2 Al escribir exactamente 7 palabras por frase los estudiantes tendrán que considerar con cuidado lo que quieren escribir. Es una tarea que les hace pensar más.

📑 *Actividad adicional*
Unidad 6, página 74

Esta actividad adicional proporciona a los estudiantes con más práctica en el uso de las formas del pretérito indefinido.

2   Lee   `Página 75`

1   Puede ser que algunos estudiantes no tengan claro todavía el concepto gramatical de adverbio de tiempo. Así, antes de empezar el ejercicio anímeles a repasar la unidad 3 (donde se introduce el concepto por primera vez). Enfatice a los estudiantes que estas palabras indican exactamente cuando sucedió una acción.

Para hacer esta actividad los estudiantes tendrán que utilizar el contexto para empezar a deducir los adverbios de tiempo. Deben trabajar con un compañero para analizar el texto, hablando sobre el significado de las palabras que ya saben, para luego buscar las palabras que no reconocen.

Será conveniente dirigir la atención de los estudiantes a las partes apropiadas del texto, y hacer preguntas relevantes para hacer que los estudiantes justifiquen sus decisiones durante la primera parte de la tarea.

Adverbios de tiempo en el texto

hace

antes

durante

ahora

ayer

mientras

después

luego

anoche

hoy

pronto

2   Para la segunda parte de esta actividad los estudiantes tendrán que reflexionar sobre el significado del texto y el papel de cada uno de los adverbios de tiempo. Los estudiantes deben hablar con un compañero para decidir qué palabra será la más apropiada para cada espacio y por qué.

Respuesta

Hace dos años visité Barcelona en el noreste de España y me alojé en un hotel allí **durante** tres semanas. El primer día me levanté muy temprano y **después** tomé el desayuno. **Luego**, a las nueve y media, fuimos a la estación de autobuses. **Antes** de ir mi madre compró unos billetes para toda la familia, para llevarnos al parque acuático, ¡qué chulo! Me encantó.

3   Escribe   `Página 75`

Los estudiantes deben reflexionar sobre las actividades previas, que han introducido el concepto del pretérito indefinido. Ya han aprendido que el pretérito indefinido siempre termina o en -é o -e. Quizás sea necesario recordarles este detalle, pero luego pueden buscar los verbos en la primera persona. Cuando hayan escrito la lista podrán buscar verbos similares para completar la tabla y adivinar sus infinitivos. Los estudiantes más capaces pueden intentar deducir cómo formar la tercera persona.

Respuesta

Yo	él / ella	infinitivo
Llegué	llegó	llegar
Viajé	viajó	viajar
Descansé	descansó	descansar
Pasé	pasó	pasar
Tomé	Tomó	tomar

📖 Cuaderno de ejercicios 6/4   `Página 16`

Este ejercicio practica la identificación de los tiempos verbales, para que los estudiantes se acostumbren a diferenciar entre el presente y el pretérito indefinido.

Respuesta

		P o PI
1	Hoy visité un volcán.	PI
2	Estamos al lado de un lago.	P
3	Ayer pasamos el día en la playa.	PI
4	Hace mucho frío aquí en las cataratas.	P
5	Nadan mucho en el río durante las vacaciones.	P
6	Explora las dunas con su tío.	P
7	Viajé en coche con mis padres al mar.	PI
8	Mi madre compró muchos recuerdos en las tiendas.	PI
9	¿Jugasteis a las cartas por la noche?	PI

4 Escribe
Página 75

1 Es importante asegurarse de que todos los estudiantes tienen la lista correcta de verbos conjugados e infinitivos antes de empezar este ejercicio.

Los estudiantes deben trabajar con un compañero para desarrollar su teoría.

Mientras deducen cómo formar el pretérito indefinido los estudiantes deben buscar el verbo que no sigue exactamente el mismo patrón: llegar. Recuerde a los estudiantes que la -u- es silenciosa y no se pronuncia.

2 Los estudiantes deben conjugar los verbos de la lista para averiguar si sus teorías son correctas.

Deben comparar sus teorías con las del resto de la clase antes de que usted aclare la formación precisa de la tercera persona del pretérito indefinido.

Respuesta

	yo	él / ella
bailar	bailé	bailó
comprar	compré	compró
encontrar	encontré	encontró
hablar	hablé	habló

📖 Cuaderno de ejercicios 6/5
Página 17

Este ejercicio tiene como objetivo practicar la formación del pretérito indefinido de los verbos -ar.

Respuesta

1 Mi madre **lloró** cuando **llegamos** al hotel.

2 **Saqué** muchas fotos durante la visita a la isla, me **encantó**.

3 Las vacaciones **mejoraron** mucho cuando **empezó** a hacer más calor.

4 Mis hermanos **participaron** en muchas actividades pero yo **descansé** y **escuché** música al lado de la piscina.

5 **Cancelamos** el viaje al volcán porque hizo mucho frío. Mi padre **llamó** a la agencia muy temprano por la mañana.

6 Se lo **expliqué** a mis padres y luego **organizaron** los pasos necesarios.

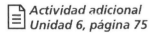
Actividad adicional
Unidad 6, página 75

Esta actividad adicional ayudará a los estudiantes a continuar practicando el uso del pretérito indefinido para reforzar su formación y su aplicación temporal.

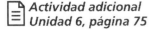
Actividad adicional
Unidad 6, página 75

Esta actividad ayudará a los estudiantes a afianzar sus conocimientos y les dará otra oportunidad para expresarse de manera creativa.

En la mayoría de casos los estudiantes utilizarán mucho vocabulario y muchas frases similares a las de Lucía en su e-mail a Isabel. No obstante, se debe animar a los estudiantes a incorporar una variedad de verbos en su descripción. Hasta ahora o han leído o han conjugado 10 verbos en el pretérito indefinido, en la primera y tercera personas, lo cual es suficiente para esta actividad. No obstante, pueden tratar de buscar e incluir más verbos, pero es importante recordarles que solo saben la formación para verbos -ar.

El blog de Juanma

1 Comprensión
Página 76

1 Este ejercicio facilitará que los estudiantes empiecen a descodificar el texto que vamos a utilizar durante toda esta página.

No es esencial que todos recopilen una lista exactamente igual, o que encuentren cada verbo mencionado abajo, puesto que es posible interpretar lo que es una actividad de maneras diferentes.

Actividades:

tomamos (un café)

compré (una revista)

descansé

escuché (mi música)

visitamos (a unos amigos)

compramos (unos billetes de autobús)

pasé

nadé (en el océano)

practiqué el surf

pasamos (todo el día en el hotel)

viajamos (a Monteverde)

(mis padres) pasaron (la primera noche)

se bañaron (en unas piscinas calientes)

escucharon (a los animales salvajes)

(mis padres) intentaron (sacar unas fotos)

descansamos (mucho)

2 Los estudiantes deben utilizar la frase sugerida para explicar si a Juanma le gustaron sus vacaciones o no. Puede ser útil darles la palabra *aunque* porque menciona algo negativo (las quejas de su madre).

Opiniones:

no me gustaron sus quejas continuas

me encantan los monos

¡me encantó Costa Rica, es un país increíble!

2   Lee e investiga   Página 76

Este ejercicio trata de desarrollar la capacidad de los estudiantes de trabajar con vocabulario desconocido, que es muy importante para desarrollar la independencia del aprendizaje. El proceso de buscar raíces comunes entre palabras internacionales, y de entender la importancia de los cognados, es muy importante.

En esta actividad también puede señalar a los estudiantes que la palabra *y* cambia a *e* si la siguiente palabra comienza por *i-* o *hi-* (excepto *hie-*).

Ejemplos: *Lee **e** investiga, padre **e** hijo, nieve **y** hielo*

Gramática en contexto

El pretérito indefinido

Los estudiantes ya han visto el pretérito indefinido para los verbos *-ar*. No obstante, este recuadro explica todas las formas también para los verbos *-er* e *-ir*. Conviene señalarles que no hay diferencia entre las conjugaciones de los verbos *-er* e *-ir*. Y también las semejanzas con los verbos *-ar*, y la diferencia entre la *-a-* utilizada en los verbos *-ar* y la *-i-* en los verbos *-er* e *-ir*.

3   Escribe e investiga   Página 77

Este ejercicio tiene como objetivo que los estudiantes identifiquen las formas plurales de los verbos en pretérito indefinido que aparecen en el texto. La identificación de las formas verbales les ayudará a comprender las frases del texto.

Respuesta

tomamos – tomar

visitamos – visitar

compramos – comprar

pasamos – pasar

viajamos – viajar

pasaron – pasar

se bañaron – bañarse

escucharon – escuchar

intentaron – intentar

descansamos – descansar

Cuadernos de ejercicios 6/6   Página 17

Este ejercicio practica la conjugación en el pretérito indefinido de los verbos en *-er* e *-ir*.

Respuesta

	vivir	beber	comer	escribir
yo	viví	bebí	comí	escribí
tú	viviste	bebiste	comiste	escribiste
él/ella/usted	vivió	bebió	comió	escribió
nosotros(as)	vivimos	bebimos	comimos	escribimos
vosotros(as)/vos	vivisteis	bebisteis	comisteis	escribisteis
ellos(as)/ustedes	vivieron	bebieron	comieron	escribieron

Cuaderno de ejercicios 6/7   Página 17

Este ejercicio continúa con la práctica de la conjugación en el pretérito indefinido, añadiendo el elemento de traducción al idioma nativo de los estudiantes para consolidar su entendimiento.

Respuesta

Infinitivo		Pretérito indefinido
1	describir (usted)	describió
2	decidir (tú)	decidiste
3	romper (ellos)	rompieron
4	sorprender (yo)	sorprendí
5	cometer (ella)	cometió

Infinitivo		Pretérito indefinido
6	recibir (nosotros)	recibimos
7	insistir (ellos)	insistieron
8	esconder (vosotros)	escondisteis
9	vender (él)	vendió
10	cumplir (yo)	cumplí

4 Lee

Página 77

En este ejercicio los estudiantes aprenderán a apreciar que también se puede adaptar el infinitivo para formar un sustantivo, una estrategia muy útil para ampliar su vocabulario.

Respuesta

visitar – la visita

comprar – la compra

practicar – la práctica

viajar – el viaje

5 Escribe

Página 77

Es importante que los estudiantes aprendan cómo hacer un buen resumen, para poder identificar la información más importante de un texto, y separar los detalles superfluos.

En esta actividad los estudiantes deben trabajar primero en parejas para justificar sus decisiones y para poder ayudarse a seleccionar la información más importante. Después, trabajando individualmente, habrá que recordarles que presten atención a la gramática, cambiando y conectando frases.

6 Lee y habla

Página 77

Es importante aconsejar a los estudiantes que sean específicos con las recomendaciones para sus compañeros. Por ejemplo, el comentario *está muy bien* no servirá de mucha ayuda, mientras que *verifica las concordancias entre los sustantivos y los adjetivos* es un consejo concreto y útil.

Una vez que hayan aconsejado a su compañero deberán utilizar los consejos recibidos para mejorar sus propios resúmenes.

7 Escucha

Página 77

Los estudiantes deben escuchar con atención mientras Juanma habla de sus viajes con su amiga Esther. Este tipo de ejercicio aparece en el examen de lectura, y es muy común que los estudiantes se confundan con *no se menciona*. Es importante que los estudiantes aprecien que si no han oído algo sobre el detalle, probablemente es porque no se ha mencionado.

Antes de escuchar el dialogo los estudiantes deben prepararse leyendo las cinco frases y pensando en el vocabulario que pueda surgir, incluyendo sinónimos y antónimos.

🎧 Audio

Esther: Juanma, ¿cómo estás? ¿Qué tal tus viajes?

Juanma: Bueno, visité unos lugares increíbles durante mis viajes. Primero, San José. No me gustó mucho. Me quedé con unos amigos pero su barrio era muy ruidoso. Hablé mucho con mis amigos y nos lo pasamos muy bien, pero no tengo muchas ganas de volver a San José.

Esther: ¿Adónde viajaste después? ¿Qué tal el viaje?

Juanma: Me gusta mucho hacer surf. Así que viajé en autobús a Mal País, en la costa pacífica, al oeste del país. Dormí un poco y además descansé mucho durante el viaje, pero es un viaje largo. Hay que ir en autobús, luego en barco, y luego en autobús otra vez durante casi siete horas. Compré un libro antes del viaje, ¡menos mal! Pero bajé del autobús ya completamente agotado.

Esther: ¿Y qué destino te gustó más?

Juanma: Para mí, Monteverde. No hay mucho que hacer, aparte de explorar la Reserva Forestal, pero la reserva es preciosa y volví cada día. Pasé muchas horas en la reserva y saqué miles de fotos. Es un destino único e increíble.

Respuesta

		Verdadero	Falso	No se menciona
1	Juanma desea volver a San José.		X	
2	A Juanma le gusta hacer alpinismo.			X
3	El viaje a Mal País fue de cuatro horas en total.		X	
4	Compró un libro para el viaje.	X		
5	Le gustó mucho Monteverde.	X		
6	Sacó más o menos cien fotos.		X	

8   Habla   Página 77

Los estudiantes deben turnarse interpretando a Juanma. Anímelos a que inventen detalles adicionales del viaje para hablar con su compañero.

La mayoría de los estudiantes necesitarán unos minutos para preparar la actividad antes de empezar a hablar. Los estudiantes más capaces pueden aprovechar este tiempo para añadir detalles a la descripción básica que hace Juanma.

Tras hablar con un compañero, los estudiantes deben cambiar de pareja y también de papel para que todos se acostumbren a preguntar y también a contestar.

Repaso

Una visita fenomenal

1   Escribe   Página 78

Los estudiantes deben intentar utilizar *me gustaría* + *infinitivo* para expresar sus propias opiniones y justificarlas. Después de escribir sus descripciones es importante que se crean oportunidades para que los estudiantes puedan aconsejarse los unos a los otros para luego mejorar su trabajo.

Los estudiantes más capaces pueden intentar incluir más detalles, por ejemplo actividades que se puedan hacer allí, el clima, e incluso quizás detalles de una visita imaginaria en el pasado.

2   Escribe   Página 78

Esta actividad está basada en ejercicios que forman parte de los exámenes escritos, y tiene como objetivo comenzar a demostrar a los estudiantes cómo hacer este tipo de prueba.

Antes de escribir sus textos puede ser útil analizar el ejemplo en grupo, o en parejas, para reflexionar sobre cómo se podría mejorar. Lo importante es que los estudiantes estructuren y desarrollen sus frases, y que incluyan una variedad de verbos.

Después de escribir su primer borrador los estudiantes deben intercambiarlo con un compañero, para aconsejarles sobre cómo mejorar su texto y también para generar ideas que puedan añadir a su texto.

7 De viaje

Área temática	Trabajo y ocio
Tema	Transporte Vacaciones
Aspectos	Cuestiones medioambientales Direcciones Medios de transporte Viajes Actividades Alojamiento
Gramática	Futuro inmediato (*ir a*) Conjunciones Imperativo Pretérito indefinido (verbos irregulares) Expresiones temporales
Tipo de texto	Folleto Itinerario Anuncio Correo electrónico Diario Artículo Tarjeta postal
Rincón IB	**Teoría del Conocimiento** • Discutir la afirmación: Viajar como turista es característico de países desarrollados. • Representación gráfica del concepto de tiempo en diversas culturas. ¿Es una línea horizontal con el pasado a la izquierda y el futuro a la derecha un símbolo universal? **Trabajo escrito** • La cultura de "las vacaciones" **Oral individual** • Describir fotos representando diferentes destinos turísticos en el mundo hispano. (Describir las imágenes durante 1-2 minutos y contestar a preguntas sobre ellas.) • Conversación general sobre los planes que tienes para las próximas vacaciones, el próximo año, etc. y lo que hiciste el fin de semana pasado. **Producción escrita** • Un grupo de estudiantes colombianos visita tu colegio y quieres organizar una excursión para el próximo sábado con ellos. Escribe el texto de un **anuncio** para el tablón de avisos del colegio con toda la información necesaria: itinerario, horarios, transporte, lugar, actividades, qué llevar, etc. (Escribe como mínimo 100 palabras.) • Pasaste unas vacaciones en un hotel rural en un país hispanohablante. Escribe un **correo electrónico** a tus amigos contándoles la experiencia. (Escribe como mínimo 100 palabras.)

Esta unidad tiene como objetivo explorar los temas de transporte y vacaciones. Repasa los rasgos de la naturaleza que ya se vieron en la unidad 6 y extiende los conceptos de medios de transporte y orientación de la unidad 5. Desarrolla la capacidad de los estudiantes para describir y organizar itinerarios, planificar viajes, y describir las experiencias acumuladas durante los mismos. Las actividades de la unidad están diseñadas para ayudar a los estudiantes a reflexionar sobre la riqueza cultural del mundo hispanohablante y sobre los beneficios personales que se obtienen al visitar otras comunidades y lugares diferentes al propio.

1 Introducción [Página 79]

Este ejercicio tiene como objetivo mostrar a los estudiantes desde el primer momento de qué se trata la unidad, y que ellos deduzcan los temas que aparecerán. Esto se hace a manera de diálogo, para fomentar la participación y concentración de los estudiantes.

Se espera que haya múltiples y variadas respuestas para las preguntas. Asegúrese de que los estudiantes utilizan correctamente la concordancia de los adjetivos. También observe el buen uso del vocabulario aprendido en unidades anteriores sobre la ropa, la edad, los gustos, etc.

2 Habla [Página 79]

Esta actividad da a los estudiantes la oportunidad de utilizar de forma activa en una conversación real los conceptos y vocabulario aprendidos en unidades anteriores. Igualmente, la actividad prepara a los estudiantes para los aspectos de gramática que se verán en esta unidad.

Jorge y su amiga Elena hablan sobre sus planes para las vacaciones

1 Investiga y habla [Página 80]

Este ejercicio, estructurado en varios pasos, tiene como objetivos lingüísticos la práctica y distinción de uso entre *ser* y *estar* y la concordancia de los artículos. En un primer lugar los estudiantes conversan con sus compañeros convirtiendo los nombres de los lugares en frases completas. Recuerde a los estudiantes que presten atención al género y número del nombre, para poder elegir correctamente la forma del verbo *ser* y del artículo. Después los estudiantes tienen que buscar (en Internet o en una enciclopedia) los lugares para poder expresar dónde están esas maravillas naturales.

Respuesta

1

1   La foto 1 es la Isla del Coco.

2   La foto 2 son las Islas Galápagos.

3   La foto 3 es la Selva Amazónica.

4   La foto 4 son las Torres del Paine.

5   La foto 5 es el Desierto de Atacama.

6   La foto 6 son las Cataratas del Iguazú.

7   La foto 7 es el Salar de Uyuni.

8   La foto 8 es el Salto Ángel.

2

1   La Isla del Coco está en Costa Rica.

2   Las Islas Galápagos están en Ecuador.

3   La Selva Amazónica está en Brasil, Perú, Colombia, Bolivia y Ecuador.

4   Las Torres del Paine están en Chile.

5   El Desierto de Atacama está en Chile.

6   Las Cataratas del Iguazú están en Argentina y Brasil.

7   El Salar de Uyuni está en Bolivia.

8   El Salto Ángel está en Venezuela.

2 Lee y escribe [Página 80]

Este ejercicio de nuevo tiene varios pasos para que los estudiantes continúen manipulando el lenguaje y la información que se les presenta. Primero tienen que emparejar las fotos con las razones por las que esos lugares son maravillas naturales. Deberán analizar la razón dada y emparejarla con los lugares de acuerdo con la información que obtuvieron en el ejercicio anterior cuando investigaron los lugares. Después tienen que expresar por escrito las razones como frases completas. De nuevo tienen que prestar atención a la concordancia. Indíqueles la palabra *porque* que aparece en el ejemplo como modelo de cómo explicar las razones. Presénteles la distinción entre el interrogativo *¿por qué?* que introduce frases interrogativas y la conjunción causal *porque*.

Respuesta

1

1 A, **2** C, **3** B, **4** E, **5** F, **6** G, **7** H, **8** D

2

¿Por qué es una maravilla natural?	
A	La Isla del Coco es una maravilla natural porque tiene el 16% de la biodiversidad del país.
B	La Selva Amazónica es una maravilla natural porque es el bosque tropical más extenso y diverso del mundo.
C	Las Islas Galápagos son una maravilla natural porque su fauna y flora son únicas.
D	El Salto Ángel es una maravilla natural porque es el salto de agua más alto del mundo.
E	Las Torres del Paine son una maravilla natural por sus montañas naturales de granito con hielo glacial.
F	El Desierto de Atacama es una maravilla natural porque es el desierto más árido del planeta.
G	Las Cataratas del Iguazú son una maravilla natural porque tienen 275 saltos de agua impresionantes.
H	El Salar de Uyuni es una maravilla natural porque es el mayor desierto de sal del mundo.

3 Habla
Página 80

Presente este ejercicio de expresión oral como un ejercicio de sondeo de opinión. Por una parte, los estudiantes tienen la oportunidad de expresar sus opiniones respecto al tema, y por otro se convierte en una actividad para toda la clase. Puede proponer la presentación de resultados de forma gráfica. También se puede convertir en un mini proyecto de investigación fuera de clase.

4 Escucha
Página 81

Pida a los estudiantes que lean primero las 6 frases con la información que deberán corroborar cuando escuchen la conversación entre Jorge y Elena. Después de escuchar el diálogo una vez, deles tiempo para comparar sus respuestas con las de los compañeros. Presente el audio una o dos veces más para que puedan confirmar sus respuestas.

🎧 Audio

Elena: ¿Qué tal Jorge, qué vas a hacer en las vacaciones?

Jorge: Voy a visitar a mi familia y a mis amigos en Colombia, ¿y tú?

Elena: Yo voy a viajar con mis padres y 2 amigas a las Islas Canarias. ¿Y tú cómo vas a ir a Colombia?

Jorge: Vamos a ir en avión. Es un vuelo directo pero muy largo de Madrid a Bogotá.

Elena: Nosotros también vamos a ir en avión porque es más rápido que el barco o el ferry. Vamos a volar a la isla de Gran Canaria.

Jorge: ¡Qué bueno! ¡Felices vacaciones! ¡Adiós!

Elena: ¡Gracias, igualmente! ¡Adiós!

Respuesta

	Jorge	Elena
Va a ir de vacaciones.	✔	✔
Tiene familia en Colombia.	✔	
Va a viajar con 2 amigas.		✔
No va a ir a las Islas Canarias.	✔	
Va a viajar en avión.	✔	✔
Va a viajar en barco.		

5 Escribe
Página 81

Este ejercicio expande el vocabulario de medios de transporte que ya se introdujo en la unidad 5.

Los estudiantes deben escribir los nombres de los medios de transporte en las categorías correspondientes. La categorización de palabras es una actividad que hace pensar al estudiante y le da la oportunidad de familiarizarse más con el vocabulario que está aprendiendo y favorecer el proceso de memoria. El segundo paso del ejercicio refuerza el aprendizaje de vocabulario y lo amplia añadiendo adjetivos que suelen aparecer asociados con cada medio de transporte.

Respuesta

Transporte terrestre	Transporte aéreo	Transporte marítimo
el coche	el avión	el barco
el autobús	el funicular	
el tren	el helicóptero	
el metro		
la bicicleta		
la moto		
el caballo		
el taxi		

6 Investiga
Página 81

El objetivo de este ejercicio es principalmente cultural. Se trata de introducir el concepto de la variabilidad de la lengua española en el mundo hispanohablante. Los estudiantes necesitarán buscar en Internet preguntas tales como ¿cómo se dice autobús en Argentina?

Indique a los estudiantes que pese a la variabilidad, los habitantes de diferentes partes del mundo hispanohablante son capaces de entender todas esas variedades, lo cual indica la gran riqueza cultural del mundo hispanohablante y también su amplia cohesión. Otro ejemplo que puede dar a los estudiantes es la palabra coche: se dice *carro* en casi toda Latinoamérica, en Argentina se dice *coche* y *auto* y en España se dice *coche*.

Respuesta

Argentina	el colectivo
Chile	la micro
Perú	el ómnibus
Cuba	la guagua
México	el camión
Colombia	el bus

Cuaderno de ejercicios 7/1 `Página 18`

El objetivo de este ejercicio es repasar el vocabulario referente a los medios de transporte para consolidar la ortografía.

Respuesta

1   CHECO *coche*
2   LLABOCA caballo
3   TORME metro
4   PHIELTROECÓ helicóptero
5   IVANÓ avión
6   IXTA taxi
7   ÚSBTOUA autobús
8   RENT tren
9   UFRACILUN funicular
10 BROCA barco
11 CICALTIBE bicicleta
12 TOMO moto

7   Lee y escribe `Página 81`

Invite a los estudiantes a sugerir qué tipo de texto van a leer (folleto), debata en clase la intención con la que se ha escrito el folleto (promocionar actividades turísticas), y cómo esa intención determina el vocabulario y estructuras que aparecen en el texto (lenguaje informal, vocabulario emotivo, información breve). Asegúrese de que los estudiantes han entendido bien el contenido del folleto mediante preguntas para toda la clase y explicaciones.

Después los estudiantes tienen que producir su propio folleto. Pueden trabajar en parejas o grupos pequeños. Primero tendrán que decidir el lugar turístico al que se va a referir el folleto y el tipo de excursión que van a diseñar. Una vez compuestos los folletos los pueden presentar al resto de la clase y cada estudiante vota por la excursión a la que querrían ir para así decidir qué folleto fue el que tuvo más éxito.

Preparando el viaje a Medellín

1   Escucha `Página 82`

Este ejercicio auditivo ayuda al estudiante a discriminar la información que escucha. Para prepararse para la primera audición, pídales que lean primero la información en la tabla.

🎧 Audio

Jorge: Ya casi tengo todo listo.

Madre: ¿El regalo para tu abuela está en la maleta?

Jorge: No, lo llevo en mi mochila.

Madre: Recuerda que vamos al aeropuerto en autobús, a las nueve menos cuarto de la mañana. ¿Vas a desayunar en casa?

Jorge: No, voy a comprar algo en el aeropuerto.

Madre: Vale, yo también voy a desayunar en el aeropuerto.

Jorge: ¿Y cómo voy a casa de la abuela?

Madre: Tu tía María, mi hermana mayor, te va a llevar en su coche.

Jorge: ¡Estupendo!

Respuesta

1 Falso, **2** Verdadero, **3** Falso, **4** No se menciona, **5** Verdadero, **6** Verdadero

2   Escribe `Página 82`

Este ejercicio tiene como objetivo practicar el uso del futuro inmediato con verbos reflexivos. Una combinación muy frecuente en el idioma español. Haga notar a los estudiantes que el pronombre reflexivo puede ir al principio de la frase o como sufijo del verbo. Ambas variaciones son correctas y el significado de la frase es el mismo.

Respuesta

1   Me voy a acostar temprano esta noche.   Voy a acostarme temprano esta noche.

2   Me voy a despertar a las 7:00.   Voy a despertarme a las 7:00.

3   Me voy a duchar antes de las 7:30.   Voy a ducharme antes de las 7:30.

4   Me voy a vestir con ropa ligera.   Voy a vestirme con ropa ligera.

5   Me voy a despedir de ellos.   Voy a despedirme de ellos.

6   Me voy a ir para el aeropuerto a las 8:45.   Voy a irme para el aeropuerto a las 8:45.

📖 Cuaderno de ejercicios 7/2 　Página 18

El objetivo de este ejercicio es desarrollar la capacidad de los estudiantes de escribir frases a partir de una serie de elementos dados basándose en los conocimientos adquiridos.

Respuesta

1　El mes que viene Jorge va a ir de vacaciones a Medellín en avión.

2　Los padres de Jorge no van a ir a Medellín con él.

3　Jorge y yo no vamos a ir a pie al Museo de Antioquia porque está muy lejos.

4　¿Vosotros vais a ir en autobús a la casa del tío Álvaro el fin de semana?

5　¿El vuelo de Jorge va a llegar tarde esta noche a Medellín?

6　El taxi va a llegar a tiempo a la estación de tren.

7　¿Ustedes van a montar en bicicleta con Jorge esta tarde?

3　Escribe　Página 82

El objetivo de este ejercicio es practicar las formas del futuro inmediato escribiendo notas recordatorias en una agenda personal. Una vez hayan completado sus notas los estudiantes pueden practicarlas oralmente con sus compañeros.

Respuesta

1　Ignacio y yo vamos a montar una hora en bicicleta dos veces por semana.

2　Voy a invitar a mis abuelos a un restaurante de comida peruana.

3　Mis abuelos y yo vamos a ir en metro a la estación Aguacatala para ir al restaurante.

4　Voy a pedir ceviche, un plato de pescado típico de Perú. Me gusta mucho.

5　Mi tía Rosa va a hacer una fiesta en su casa para celebrar mi cumpleaños.

6　Voy a invitar a la fiesta a todos mis amigos.

7　Las vacaciones en Colombia van a ser inolvidables.

En Medellín, Jorge va a una exposición sobre las balsas de totora de los Uros

1　Comprensión　Página 83

Inicie la lectura describiendo la imagen y usando el título. El objetivo de este ejercicio de elección múltiple es darle al estudiante la oportunidad de practicar la lectura con el fin de poder obtener información específica del texto. Al hacer este tipo de actividad, el estudiante también empieza a familiarizarse con uno de los formatos de preguntas de los exámenes del IB.

Respuesta

1　Los Uros son un pueblo indígena de Perú y Bolivia.

2　Las balsas de totora son un medio de transporte por el agua.

3　La totora es una planta del Lago Titicaca.

2　Escribe　Página 83

Esta actividad tiene 2 objetivos: primero, que los estudiantes se den cuenta de la cantidad de información que pueden obtener de una imagen, y segundo, que afiancen a través del estímulo visual la comprensión del vocabulario específico del texto.

Este tipo de ejercicio sirve para comenzar a desarrollar las destrezas de los estudiantes para describir un estímulo visual, que es un componente importante de la prueba interna del idioma del IB.

Respuesta

1

1　islas flotantes

2　el lago

3　los Uros

4　unas balsas

5　totora / planta acuática

6　las riberas del lago

7　casas

Respuesta posible

2

1　En la foto hay una isla flotante. Hay cuatro personas en la isla con ropa de colores vivos.

2　La foto muestra el Lago Titicaca. Es un lago muy hermoso, muy azul y con montañas al fondo.

3　El paisaje de la foto es muy especial. Hay casas y balsas de totora.

4　La foto es muy interesante porque muestra un estilo de vida completamente diferente al mío.

3 Imagina [Página 83]

Este ejercicio presenta a los estudiantes oportunidades para que puedan utilizar y manipular más ampliamente el vocabulario y los conceptos gramaticales, aprendidos hasta ahora de una forma amena y personal.

Es un ejercicio que también tiene valor cultural, pues los estudiantes tendrán que reflexionar sobre cómo van a organizar el viaje y qué van a hacer durante su visita a una comunidad indígena.

El ejercicio se puede organizar en parejas o grupos pequeños. Se podría organizar una exposición en clase con todos los pósteres producidos por los estudiantes.

**Actividad adicional
Unidad 7, página 83**

Esta actividad adicional refuerza la comprensión del texto de la página 83.

Respuesta

1 habita
2 moverse
3 utilizan
4 balsas
5 riberas
6 fabrican
7 casas

Jorge pide indicaciones para moverse por Medellín: ¿Cómo llego a...?

1 Lee [Página 84]

Este ejercicio introduce las formas del imperativo en la forma afirmativa de *tú* a través de una serie de indicaciones de cómo llegar a un sitio. A estas alturas del curso sus estudiantes ya deben estar bastante acostumbrados a usar el diccionario o el vocabulario en Internet. Por lo tanto, ahora son ellos quienes deben tomar la iniciativa y utilizar sus propios recursos para llevar a cabo esta actividad de manera independiente.

Respuesta

1 C sube
2 F gira / dobla
3 I todo recto / derecho
4 A a la derecha
5 E cruza
6 H baja
7 J pasa
8 B a la izquierda

Los imperativos *toma/coge* y *sigue/continúa* son los que no tienen un símbolo.

Cuaderno de ejercicios 7/3 [Página 18]

El objetivo de este ejercicio es practicar los imperativos informales en sus dos formas: afirmativa y negativa. Es conveniente que los estudiantes lean los diálogos primero, intenten comprender el significado de las frases e incluso intenten adivinar las formas verbales que faltan.

Respuesta

Conversación 1
1 tomes, 2 no cruces, 3 cruza, 4 pasa

Conversación 2
5 no sigas, 6 dobles, 7 continúa

Conversación 3
8 no subas, 9 sube, 10 no gires, 11 gira, 12 no bajes, 13 baja

2 Escucha [Página 84]

Esta actividad tiene como objetivo que el estudiante adquiera el vocabulario y las destrezas para ser capaz de indicarle a alguien cómo llegar a un sitio que no conoce. Tenga en cuenta que los estudiantes escucharán por primera vez la expresión *al salir de*. Explíqueles brevemente que *al + verbo en infinitivo* indica el momento en que se ejecuta la acción del infinitivo.

Ejemplos

al llegar > cuando uno llega

al cerrar la puerta > cuando uno cierra la puerta

al entrar > cuando uno entra

No se da una respuesta precisa pues es solo una actividad de escuchar y observar. Indique a los estudiantes que presten particular atención a los imperativos. También anímelos a buscar en el diccionario algunas palabras que ellos a lo mejor no conocen como: *cerca* y *luego*.

🎧 Audio

Chica: Hola, disculpe, ¿dónde está la estación de metro San Antonio?

Jorge: Está muy cerca. Al salir del hotel gire a la izquierda, cruce la Calle Toledo, y pase la oficina de correos que está a su derecha. Luego, gire a la izquierda en la Calle San Sebastián y ahí está la estación de metro San Antonio, a su izquierda.

Chica: ¡Muchas gracias! ¡Adiós!

3 Habla Página 84

Este ejercicio brinda a los estudiantes la oportunidad de utilizar vocabulario aprendido de forma interactiva y dentro de una cierta flexibilidad, ya que cada estudiante describe su propia ruta.

Una buena alternativa para trabajar en grupos de 2 es que el estudiante A elija un destino y un punto de partida. El estudiante B solo puede saber el punto de partida y seguir las indicaciones del estudiante A. El estudiante B debe tratar de adivinar hacia dónde se dirige antes de que las indicaciones se lo digan.

La actividad se puede extender utilizando las diferentes partes del colegio, o calles de la ciudad donde está el colegio. Por ejemplo, el estudiante A da indicaciones al estudiante B para ir desde el aula a la cafetería, o desde la cafetería a la biblioteca, etc.

📖 Cuaderno de ejercicios 7/4 Página 19

Este ejercicio tiene como objetivo hacer que el estudiante deduzca las formas del imperativo que faltan en la tabla. Usted puede ampliar esta actividad transfiriéndola a contextos de unidades anteriores: las compras, la ayuda en casa, etc.

Ejemplos

Comprar: compra sal / no compres sal

Sacar: saca la basura / no saques la basura

Respuesta

Infinitivo	Forma afirmativa	Forma negativa
tomar	toma	no tomes
coger	coge	no cojas
continuar	continúa	no continúes
pasar	pasa	no pases

4 Escribe Página 84

El objetivo de este ejercicio es consolidar la práctica de los imperativos y direcciones aprendidos, utilizándolos por escrito más de una vez en una ruta que debe ser lógica y posible de seguir.

Las respuestas variarán según la ruta elegida por el estudiante. Usted puede indicarles que pasen su ruta a su compañero para comprobar que la ruta sea correcta gramaticalmente y que sea lógica, que se pueda hacer.

Jorge busca alojamiento para unos amigos en Medellín

1 Comprensión Página 85

Inicie esta actividad preguntando a sus estudiantes qué tipo de alojamientos conocen. Después puede pedirles que miren las fotos y que se fijen en la leyenda, para después leer el anuncio completo.

Respuesta

1

jardín – B, D

piscina – B

aire acondicionado – B, C

bar – A

baño privado – A

televisión – B, C

internet – B, C

2   Los Estudios Laureles

3   El Hostal Lima

2 Escucha y escribe Página 85

Antes de escuchar, puede debatir con los estudiantes las diferencias que pueden existir entre los distintos tipos de alojamiento.

🎧 Audio

Jorge: hostalinfo.com tiene muchas ofertas de alojamiento. Estas cuatro están bien, ¿verdad?

Juana: A ver, Hostal Lima, no está mal. Está en el centro y muy cerca de todo, de la universidad y del aeropuerto. Este está bien, ¿no?

Joaquín: Sí, y también tiene servicio de restaurante. Es barato, bastante moderno, pero yo prefiero estar más cerca de la naturaleza, cerca de algún parque. Es más tranquilo.

Jorge: Entonces, el Albergue Juvenil, no está muy lejos del Parque Arví.

Juana: Pero entonces no estamos cerca de las tiendas, de los cines y de los restaurantes. ¿Y los Estudios Laureles con piscina y Wi-Fi por el mismo precio? Los estudios están en el centro, cerca de todo: del centro comercial y con autobuses.

Joaquín: Bueno, si quieres estar en el centro, el Hotel San Ignacio está cerca de la estación de metro y tiene Wi-Fi también. Es más caro, pero es muy céntrico y bonito.

Jorge: El hotel San Ignacio es caro, creo que los estudios son la mejor opción.

Juana: Yo también, ¿queréis que llame por teléfono y reserve?

Joaquín: Sí, claro.

Respuesta

1

Hostal Lima, Albergue Juvenil, los Estudios Laureles y el Hotel San Ignacio.

2

El Hostal Lima: en el centro y con servicio de restaurante. Es barato y moderno.

El Albergue Juvenil está cerca del parque Arví y es tranquilo, pero está lejos de las tiendas, cines y restaurantes.

Los Estudios Laureles tienen piscina y Wi-Fi y están en el centro.

El Hotel San Ignacio es céntrico, muy bonito y tiene Wi-Fi. Está cerca del metro, pero es caro.

3

Eligen los Estudios Laureles porque están en el centro y son más baratos que el Hotel San Ignacio.

3 Habla

Página 85

Ahora los estudiantes pueden practicar el vocabulario y estructuras que han escuchado y trabajado en esta página. Deciden en parejas qué alojamiento es más apropiado para cada grupo de viajeros y tienen que justificar sus respuestas. De acuerdo con sus justificaciones puede que lleguen a conclusiones distintas.

Respuesta posible

1 Hostal Lima porque está adaptado para sillas de ruedas.

2 Hostal Lima porque tiene habitaciones familiares.

3 Estudios Laureles porque están cerca del centro y no son caros.

Así fueron los primeros días de Jorge en Medellín

1 Comprensión

Página 86

La lectura del texto de este ejercicio tiene dos objetivos: fijarse en el uso de marcadores temporales que organizan el discurso cronológicamente, e introducir el pretérito indefinido.

Respuesta

1

B, F, E, A, C, G, D

2

1 Jorge llegó a Medellín el jueves pasado.

2 Anteayer Jorge almorzó con sus abuelos.

3 Después de almorzar Jorge fue al Museo de Botero (con sus abuelos).

4 Le gustó mucho (la exposición de los Uros).

5 Entró a la tienda y compró un póster.

6 Su tío le va a llevar a Guatapé, una ciudad muy pintoresca cerca de Medellín.

3

el jueves pasado	llegué
anteayer	(me) invitaron
después	fuimos
el martes	(me) llamó
luego	fuimos
por la tarde	fuimos
antes de	salir…entré y compré
mañana	voy a ir a…

2 Escribe y habla [Página 86]

Este ejercicio semi-controlado ofrece a los estudiantes la oportunidad de usar los marcadores temporales y los verbos en pretérito indefinido que vieron en el ejercicio anterior.

📖 Cuaderno de ejercicios 7/5 [Página 19]

Este ejercicio es un reto para los estudiantes. Sin embargo, si ya saben bien los adverbios temporales que se pueden utilizar con el pretérito indefinido, la tarea se les hará mucho más fácil. El objetivo es que con el uso de dichos adverbios ya dentro de un contexto el estudiante pueda practicar y demostrar su destreza para organizar una historia en el orden cronológico correcto. Una manera clara explicar a los estudiantes la cronología es mediante el uso de líneas del tiempo. Observe la línea de tiempo correspondiente al ejercicio en caso de necesitar utilizarla.

Los cuatro primeros días | Un día | Dos días después | El último día | La semana pasada | Ayer | Antenoche | Hoy (saludo, Jorge escribe el correo)

[← 2 semanas en Colombia →]   [← Regreso a casa →]

Respuesta

Hola Elena: ¿qué tal estás?

Antenoche te llamé pero no quise dejar un mensaje. Bueno, ¿cuándo nos vemos?

Ayer fui al gimnasio en bici. Hay una estación de bicing al lado de mi casa y justo delante del gimnasio hay otra. Regresé de Colombia la semana pasada. Estuve ahí dos semanas. Los primeros cuatro días en Medellín estuve con mis abuelos, mi tío Álvaro, mis primos y mis amigos, Cecilia e Ignacio. Un día invité a mis abuelos a un restaurante peruano. ¡Comimos de maravilla! Dos días después fui a una exposición sobre los Uros de Bolivia. ¡Súper interesante! El último día estuve con Cecilia en el Parque Arví. Fuimos en el metrocable.

Un abrazo.

Jorge

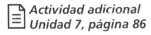

Actividad adicional
Unidad 7, página 86

Esta actividad adicional refuerza la comprensión del correo electrónico de la página 86.

Respuesta

1, 5, 6

Jorge les cuenta a sus amigos de Medellín lo que hizo en vacaciones el año pasado

1 Escribe [Página 87]

Este ejercicio tiene como objetivo la práctica de los pretéritos indefinidos irregulares que se presentan en la tabla de gramática. Es importante que los estudiantes se fijen en las distintas personas (sujeto) para conjugar los verbos. Si fuera necesario, podría hacer en clase un ejercicio de conjugación de todas las formas antes de comenzar el ejercicio.

Respuesta

1	El año pasado fui a Perú con mis padres.
2	En Lima vimos el Museo Larco. Es muy interesante con objetos del antiguo Perú.
3	Mis padres compraron las entradas y también dieron una donación al museo.
4	Después de 4 días en Lima fuimos a Cusco y vimos un poco la ciudad y la Plaza de Armas.
5	Al día siguiente fuimos en tren a Machu Picchu.
6	Vimos Los Andes desde el tren. ¡Son unas montañas impresionantes!
7	Yo aprendí muchísimo. Machu Picchu fue una ciudad del Imperio Inca.
8	El Imperio Inca fue muy importante y dio ejemplo de una gran arquitectura.

2 Escribe [Página 87]

Los estudiantes, en su mayoría, distinguen bien el verbo *ser* del verbo *ir*. Este ejercicio es una breve práctica confirmar que entienden la diferencia entre ambos verbos. También se pretende motivarlos a utilizar el pretérito indefinido compartido por ambos verbos. Igualmente se aprovecha este ejercicio para practicar algunos adverbios temporales dentro del contexto.

Respuesta

1	Machu Picchu fue una ciudad muy importante.	ser
2	Jorge fue muy amable con sus abuelos en las vacaciones.	ser
3	Jorge y sus padres fueron al Chocomuseo en Lima.	ir
4	¿Tú fuiste a la exposición en el Museo de Botero?	ir
5	Jorge aprendió que la civilización Inca fue muy importante.	ser
6	¿Sabes si Jorge fue a casa de su tío Álvaro?	ir

3 Escucha y escribe   [Página 87]

Este ejercicio tiene como objetivo mostrarle al estudiante en un contexto concreto 3 puntos importantes aprendidos en unidades anteriores y en esta unidad:

Pretérito indefinido de los verbos regulares (Unidad 6)

Pretérito indefinido de los verbos *ser, ir, ver, dar* (Unidad 7)

Expresiones temporales (Unidades 6 y 7)

Tenga en cuenta que las actividades auditivas son un reto para muchos estudiantes. Es importante que puedan tener la oportunidad de escuchar el texto más de una vez no solo para comprobar sus respuestas sino para reforzar su comprensión auditiva.

Si usted desea afianzar más estos puntos puede pedir a los estudiantes que busquen en la conversación todos los verbos regulares que aparecen en el pretérito indefinido y todos los adverbios temporales.

Respuesta

Silvia: Hola Laura, ¿qué tal las vacaciones? ¿Adónde (1) fuiste?

Laura: ¡Hola Silvia! Mis padres y yo (2) fuimos a finales de junio pasado al Caribe. ¡Nos gustó mucho! Comimos pescado y tostones que son plátanos fritos, ¡deliciosos! Además, en todos los hoteles nos (3) dieron muchas frutas tropicales todos los días. ¿Y tú, adónde (4) fuiste?

Silvia: Yo (5) fui a principios de julio a Cartagena y a Medellín, en Colombia. ¡Me encantaron las dos ciudades! (6) Fui a Cartagena cinco días, y una semana a Medellín con unos amigos. Allí conocí a Jorge, un chico muy amable. Al regreso (7) vi la Bahía de Cartagena desde el avión. ¿A qué parte del Caribe (8) fuiste tú?

Laura: (9) Fuimos a la República Dominicana. Estuvimos allí cinco días y luego (10) fuimos en barco de Santo Domingo a Mayagüez en Puerto Rico. (12)¡Fueron las mejores vacaciones de mi vida!

🎧 Audio

Silvia: Hola Laura, ¿qué tal las vacaciones? ¿Adónde fuiste?

Laura: ¡Hola Silvia! Mis padres y yo fuimos a finales de junio pasado al Caribe. ¡Nos gustó mucho! Comimos pescado y tostones que son plátanos fritos, ¡deliciosos! Además, en todos los hoteles nos dieron muchas frutas tropicales todos los días. ¿Y tú, adónde fuiste?

Silvia: Yo fui a Cartagena y a Medellín, en Colombia. ¡Me encantaron las dos ciudades! Fui a Cartagena cinco días, y una semana a Medellín con unos amigos. Allí conocí a Jorge, un chico muy amable. Fueron unas vacaciones inolvidables. Al regreso vi la Bahía de Cartagena desde el avión ¿A qué parte del Caribe fuiste tú?

Laura: Fuimos a la República Dominicana. Estuvimos allí cinco días y luego fuimos en barco de Santo Domingo a Mayagüez en Puerto Rico. ¡Fueron las mejores vacaciones de mi vida!

4 Habla   [Página 87]

Esta actividad tiene como objetivo darle al estudiante la posibilidad de utilizar los conocimientos adquiridos en un contexto realista: contarle a un compañero sus últimas vacaciones. Note que al estudiante se le dan unos parámetros precisos: *dónde, cuándo, qué* y *cómo* para que sea capaz de producir una conversación concreta y coherente utilizando la lengua que ya conoce.

Puede extender la actividad pidiendo a los estudiantes que presenten al resto de la clase lo que hizo su compañero en vacaciones. Esta es una estrategia excelente para asegurarse que los 2 estudiantes presten atención a su compañero y traten de mejorar su narración.

A Jorge le gustó el metro de Medellín porque es limpio y ecológico

1   Lee   Página 88

Invite a los estudiantes a leer los dos extractos para dar respuesta a la primera pregunta. Después, anímeles a que los vuelvan a leer para poder contestar a la segunda parte del ejercicio.

Respuesta

1

montañas, árboles, transporte público, limpio, muy ecológica, totalmente limpios, gran ecodestino, el Jardín Botánico, con lagunas, árboles y flores, el Parque Arví, un ecosistema natural en la montaña, un gran bosque natural, poco contaminante

2

palabra			definición	
1	rápido	E	A	No pagas mucho dinero
2	contaminante	G	B	Confortable
3	barato	A	C	Despacio
4	incómodo	I	D	Verde
5	limpio	F	E	Opuesto de lento
6	cómodo	B	F	No contamina
7	costoso/caro	H	G	Ensucia el aire
8	ecológico	D	H	Opuesto de barato
9	lento	C	I	Opuesto de confortable

Respuesta posible

contaminante	limpio	lento	rápido	práctico	popular
el avión	el funicular	la bicicleta	el avión	el metro	el metro
el coche	la bicicleta	el funicular	el tren	la bicicleta	el autobús
la moto	a pie	el autobús	el coche	el autobús	el tren

caro / costoso	barato / económico	cómodo	incómodo	divertido	sostenible
el avión	el metro	el tren	el avión	la bicicleta	el funicular
el barco	el autobús	el barco	el coche	el funicular	la bicicleta
el coche	el funicular	el coche	a caballo	el tren	el tren

📖 Cuaderno de ejercicios 7/6   Página 20

Este ejercicio tiene varios objetivos: revisar los medios de transporte, revisar los adjetivos utilizados para describirlos, y categorizar los medios de transporte según dichos adjetivos. Es posible que las respuestas de los estudiantes varíen según su percepción de cada medio de transporte.

2 Habla

Página 88

Los estudiantes personalizan su aprendizaje si aplican lo que acaban de aprender sobre Medellín a su propia ciudad. Recuerde a los estudiantes que utilicen el vocabulario que han aprendido para describir transportes, y que presten atención a la concordancia y los tiempos verbales.

3 Lee

Página 88

El objetivo de este ejercicio es introducir el texto con otro sistema de transporte urbano y afianzar el entendimiento de los adjetivos descriptivos.

Respuesta

1	Es útil.	práctico
2	Es bueno para la salud.	saludable
3	Es sustentable.	sostenible
4	Produce diversión y alegría.	divertido
5	Le gusta a mucha gente.	popular
6	Es perfecto.	ideal
7	No pagas mucho dinero.	económico

4 Escribe

Página 88

Este ejercicio colaborativo tiene como objetivo consolidar la capacidad de los estudiantes para manipular el vocabulario y estructuras vistos hasta ahora y combinarlo con opiniones personales. Los estudiantes trabajan en parejas para ayudarse mutuamente y combinar sus opiniones. Indique a los estudiantes que empiecen por contestar a las preguntas guía brevemente, para enumerar sus ideas y organizarlas, y que después empiecen a escribir el texto prestando atención a las concordancias y tiempos verbales.

📝 *Actividad adicional*
Unidad 7, página 88

Esta actividad adicional ayudará a los estudiantes a profundizar la comprensión del texto del transporte en bicicleta.

Respuesta

A El *bicing* es un medio de transporte práctico, divertido y muy económico.

B Las bicicletas se encuentran en numerosas estaciones por toda la ciudad.

C Es práctico porque puedes alquilar tu bicicleta en un lado y devolverla en otro.

D El *bicing* es ideal para muchas personas.

E Es muy popular entre los estudiantes y los turistas.

Jorge escucha el programa de radio: La transformación de un barrio

1 Escucha y lee

Página 89

Esta actividad corta es la introducción al texto sobre la creación del Metrocable. Por medio de una presentación radiofónica se transmite el texto en un formato diferente, para acostumbrar a los estudiantes a una variedad de tipos de comunicación en español.

🎧 Audio

El Metrocable nació con la idea de un metro para la ciudad de Medellín. El metro empezó a funcionar en 1995. La idea innovadora de un sistema de transporte masivo por cable aéreo integrado con los trenes del metro, vino más tarde.

En 2004, empezó a funcionar el primer Metrocable en una zona marginada de Medellín, la Comuna Nororiental, una zona sin medios de transporte. El Metrocable hizo una gran obra social. La Comuna cambió, y las condiciones de vida mejoraron. El Metrocable trajo beneficios culturales, educativos y para la salud. Además sus habitantes tuvieron la oportunidad de empezar nuevos proyectos, trabajos, viviendas y espacios públicos. Con el Metrocable los habitantes de la Comuna Nororiental pudieron empezar a moverse con un medio de transporte seguro, económico, sostenible y ecológico. ¡El Metrocable fue todo un éxito!

2 Comprensión

Página 89

Este ejercicio ayuda a los estudiantes a profundizar más en el texto y asegurarse de que lo han comprendido correctamente.

Respuesta

1 El metro empezó a funcionar en 1995.

2 Es una idea innovadora porque es un sistema de transporte masivo por cable aéreo integrado con los trenes del metro.

3 El Metrocable empezó a funcionar en el año 2004 en una zona marginada de Medellín, la Comuna Nororiental.

4 El Metrocable trajo beneficios culturales, educativos y para la salud. Generó empleos, mejoró la calidad de las viviendas y ayudó a la creación de espacios públicos.

5 El Metrocable es económico, práctico, sostenible, divertido, limpio, popular e ideal.

Cuaderno de ejercicios 7/7 `Página 20`

Este ejercicio practica las conjugaciones de los verbos que tienen raíz irregular en el pretérito indefinido. Cada verbo solo aparece una vez excepto el verbo *traer* que aparece 2 veces. El ejercicio contiene todos los verbos con raíz irregular vistos en la unidad. El objetivo del ejercicio es hacer que el estudiante conjugue dichos verbos ya dentro de un contexto. En el texto aparecen también otros verbos, por ejemplo *gustar*, *encantar* y *tomar* conjugados en el pretérito indefinido. Estos verbos no son parte de los verbos que los estudiantes deben conjugar ya que no tienen raíz irregular.

Respuesta

1 vine, 2 estuvieron, 3 anduvimos, 4 quisimos, 5 hicimos, 6 pudimos, 7 tuvimos, 8 vimos, 9 cupe, 10 dijeron, 11 supe, 12 hubo, 13 pusimos, 14 trajeron, 15 traje

Cuaderno de ejercicios 7/8 `Página 20`

Este ejercicio completa la práctica de conjugaciones de verbos irregulares en el pretérito indefinido, para asegurar que los estudiantes podrán reconocer las diferentes formas con facilidad.

Respuesta

pretérito indefinido	infinitivo
nació	nacer
fundó	fundar
mantuvo	mantener
luchó	luchar
se desarrolló	desarrollarse
llegó	llegar
empezó	empezar
hizo	hacer
benefició	beneficiar
disminuyeron	disminuir
pudieron	poder
mejoraron	mejorar
se transformó	transformarse
se integró	integrarse
hubo	haber
tuvieron	tener
fue	ser

3 Escribe `Página 89`

Este ejercicio colaborativo complementa el desarrollado sobre el sistema *bicing* de Barcelona. Termina de consolidar la capacidad de los estudiantes para manipular el vocabulario y estructuras vistos hasta ahora. Los estudiantes trabajan con el mismo compañero para continuar ayudándose mutuamente. La clase podría terminar elaborando su propia edición especial de la revista del colegio sobre el transporte sostenible con todos los artículos producidos.

Repaso

Cartagena de Indias

1 Imagina y escribe `Página 90`

Para terminar la unidad los estudiantes escriben una postal a su familia, imaginándose que fueron a Cartagena de Indias en Colombia. Es un ejercicio para practicar el uso del pretérito indefinido en un contexto lo más real posible. Anime a los estudiantes a utilizar la mayor variedad de verbos posibles.

8 Mi tiempo libre

Área temática	Trabajo y ocio
Tema	Deportes Entretenimiento
Aspectos	Centros de deportes Clubes y equipos Tipos de deporte Actividades recreativas Artes Televisión
Gramática	Pretérito indefinido (repaso) *Gustar* + adverbios de cantidad Adverbios de negación Oración negativa
Tipo de texto	Póster Encuesta Correo electrónico Horario Entrevista Blog Artículo
Rincón IB	**Teoría del Conocimiento** • ¿Cómo se explica la lógica de la doble negación del español? ¿Cómo se compara con otras lenguas que conoces? **Trabajo escrito** • ¿Cuál es el papel de los deportes de masas en la identidad nacional o regional? **Oral individual** • Describir fotos representando diferentes deportes en el mundo hispano. (Describir las imágenes durante 1-2 minutos y contestar a preguntas sobre ellas.) • Conversación general sobre tus actividades de ocio. **Producción escrita** • Escribe el texto de una **entrevista** con un(a) deportista que admiras (Escribe como mínimo 100 palabras.) • Eres el/la coordinador(a) del club de actividades creativas de tu colegio. Escribe un **artículo** para la revista escolar sobre las actividades que hicisteis durante el año, animando a los estudiantes a unirse al club el año próximo. (Escribe como mínimo 100 palabras.)

1 Introducción
Página 91

Pida a sus estudiantes el significado del póster y ejemplos de actividad física. Llame la atención sobre el título de esta unidad y pregúnteles por la relación entre el título y el póster. Los estudiantes seguramente hablarán de los deportes que practican dentro y fuera del colegio. Introduzca el nombre en español de los deportes más populares entre sus estudiantes.

Paulina, una estudiante de 16 años, cuenta lo que les gusta hacer a ella y a sus amigos del colegio

1 Lee y habla
Página 92

Este ejercicio tiene 2 objetivos. Primero familiarizar al estudiante con el área temática, los aspectos y uno de los objetivos gramaticales de la unidad a través de frases e imágenes que se relacionan. Y en segundo lugar dar al estudiante la oportunidad de utilizar la lengua aprendida ya en un contexto y descubrir algunas palabras nuevas, por ejemplo *voleibol*, *senderismo*, *juegos de mesa*, etc.

En este ejercicio el estudiante tiene oportunidad de hacer diferentes cosas: observar e interpretar imágenes relacionadas con el área temática, interactuar con un compañero, leer, escuchar y relacionar el contenido de la frase escuchada con una de las imágenes. Esta variedad de actividades llevan al estudiante a utilizar la lengua en contexto. Tenga en cuenta que para este ejercicio se han utilizado muchas palabras y conceptos ya vistos en unidades anteriores, por ejemplo el verbo *gustar* en la unidad 4, lugares como *la playa* en la unidad 5 y *el tiempo* en la unidad 6. Hay algunas palabras nuevas que el estudiante posiblemente deducirá con ayuda de las imágenes o del contexto. Se ha elegido este vocabulario, no solo para que el estudiante lo practique, sino también para que pueda comprender con facilidad las frases ya sin utilizar un diccionario, ni ayuda del vocabulario en línea.

Para terminar compruebe con sus estudiantes todas las respuestas. Haga que cada pareja o grupo lea en voz alta una frase del ejercicio y diga a cuál imagen corresponde.

Respuesta

A 1 A todos nos gusta el cine.

B 3 ¿A Gabriel le gusta poco el ciclismo?

C 4 A mis mejores amigos les gusta ir de excursión a la playa.

D 2 A Marta y a Alejandro les gusta mucho el senderismo.

E 6 A mí no me gustan nada los juegos de mesa.

F 5 A Elena le gusta el voleibol.

2 Habla y escribe   Página 92

El objetivo de esta actividad es que el estudiante descubra por medio de las fotos el significado de los términos *deportes* y *actividades de ocio* clasificándolas en dichas categorías. Es posible que los estudiantes encuentren más fácilmente *los deportes*. Y casi por un proceso de eliminación encontrarán *las actividades de ocio*.

El ejemplo presenta la partícula interrogativa *¿verdad?* que los estudiantes todavía no conocen. Explíqueles lo que significa y su uso si lo considera conveniente.

Respuesta

Deportes	Actividades de ocio
Fotos: **B, D, F**	Fotos: **A, C, E**

3 Investiga   Página 92

El objetivo de este ejercicio es ampliar el vocabulario de deportes y actividades de ocio. Es importante animar al estudiante a utilizar estrategias como la de la utilización de cognados y la utilización de diccionarios. Se les puede también guiar y sugerir aplicaciones de aprendizaje de vocabulario para hacer sus propias listas de vocabulario en las distintas áreas temáticas del curso.

Después de realizar este ejercicio de vocabulario individualmente, puede pedir que lo compartan con el resto de la clase. Según va escuchando las sugerencias de los estudiantes, puede realizar una o dos nubes de palabras, o disponer las palabras sugeridas a modo de crucigrama sobre la pizarra o cualquier otro medio del que disponga en clase. Este modo de presentación ayuda a fijarse más en la ortografía de las palabras, además de ser más creativo.

Respuesta posible

Deportes	Actividades de ocio
1 el balonmano	1 el coro
2 la vela	2 la danza
3 el golf	3 el teatro
4 el béisbol	4 la pintura

Cuaderno de ejercicios 8/1   Página 21

El objetivo de este ejercicio es reforzar vocabulario por asociación.

Respuesta posible

1 el fútbol, el baloncesto y el rugby

2 el waterpolo, el voleibol y el balonmano

3 el tenis, la natación y el motociclismo

4 la danza, la pintura y la fotografía

4 Comprensión   Página 93

Los estudiantes van a encontrar ahora el vocabulario y las estructuras hasta ahora presentadas y practicadas a nivel de discurso en un ejercicio de comprensión de texto escrito. Ayude a los estudiantes a prepararse para la lectura con alguna pregunta de predicción utilizando la fotografía: ¿Qué ves en la fotografía? ¿Qué es el edificio que se ve en la fotografía? ¿Quiénes son y qué hacen el chico y las chicas que hay cerca del edificio? Después, invíteles a leer el titular y a predecir la respuesta: ¿Cuáles son los deportes y actividades de ocio preferidos por los chicos y chicas de este colegio? ¿Los chicos? ¿Las chicas? ¿Chicos y chicas? Después pídales que lean el texto para confirmar algunas de las predicciones realizadas en la preparación con la fotografía y el titular. Antes de leer el texto una segunda vez, los estudiantes necesitan leer las preguntas, esto hará que cuando lean el texto una segunda vez, lo hagan buscando información específica.

Respuesta

1 tenis, fútbol, ping-pong, gimnasia rítmica, natación y baloncesto

2 1F, 2F, 3F, 4V, 5F, 6F

5 Habla y escribe [Página 93]

El objetivo de este ejercicio es hacer que el estudiante demuestre sus habilidades productivas en una interacción sencilla, familiar y semi-controlada. El estudiante debería ser capaz de formular y responder al tipo de preguntas pedidas en el ejercicio utilizando los verbos *jugar al* y *hacer*, y puede que usen también *gustar*. Además, el haber acabado justo de escribir las palabras en el ejercicio anterior, les facilita la tarea, junto con la tabla que sugiere las colocaciones con *jugar al* y *hacer*. Tenga en cuenta que no necesita hacer una revisión completa del verbo *gustar* para completar el ejercicio. Dicha revisión se hará un poco más adelante en esta unidad.

Explique la dinámica de la actividad. Tienen que preguntar a sus compañeros de clase: ¿Practicas deporte? ¿Practicas algún deporte? ¿Haces algún deporte? ¿Qué deportes practicas? Y anotar las respuestas. Indíqueles que hagan un recuento de los deportes y elaboren una lista de los más practicados.

Pase por cada grupo y escuche las conversaciones para comprobar que los estudiantes han entendido el ejercicio y que ya recuerdan y usan algunas de las palabras presentadas en la actividad anterior.

6 Escribe [Página 93]

Pida a los estudiantes que completen el párrafo con la información obtenida de la encuesta. Pueden hacer esta actividad en parejas y presentarlo al resto de la clase, se trata de fomentar la colaboración en el aprendizaje, y la presentación de información de dos formas distintas. Y como tercer paso podría pedir a los estudianes que elaboren un histograma que acompañe al texto.

Respuesta posible

El deporte favorito de la clase es el baloncesto. A la clase no le gusta nada el rugby.

Las actividades de ocio preferidas son las excursiones y el cine, pero nadie hace senderismo.

Los chicos hacen más tenis que las chicas, aunque, en general, a todos les gusta la natación. La mayoría juega al fútbol y hace gimnasia. Casi nadie hace equitación ni juega a los bolos.

 Cuaderno de ejercicios 8/2 [Página 21]

El objetivo de este ejercicio es reforzar y ampliar el vocabulario de deportes y actividades de ocio.

Respuesta

Deportes	Actividades de ocio
el fútbol	los juegos de mesa
el béisbol	el ajedrez
el baloncesto	los rompecabezas
el voleibol	los juegos de vídeo
el tenis	el parque de atracciones
el golf	las cartas
la vela	los bolos
la navegación	el cine
el remo	la lectura
el surf	las excursiones
la natación	los conciertos
la gimnasia	la televisión
la danza	escuchar música
la esgrima	trabajar en el jardín
la equitación	cocinar
el patinaje	bailar
el patinaje sobre hielo	tocar un instrumento musical
el esquí	
el boxeo	
el rugby	
el atletismo	
el senderismo	

¿Qué deportes les gustan?

1 Comprensión [Página 94]

Antes de leer el blog de deportes puede preguntar a sus estudiantes si conocen algún blog y cuál es su temática, sus contribuyentes, si han participado alguna vez, etc. Después, invíteles a leer las entradas en este blog.

Respuesta

A 4, B 3, C 1, D 2

2 Escribe [Página 94]

Diga a los estudiantes que miren las imágenes y los símbolos que han de utilizar para construir sus frases. Pídales que lean el ejemplo con atención y que escriban estas frases en sus cuadernos. Cuando corrija las frases en clase puede pedirles que subrayen los sustantivos o infinitivos que siguen a *gustar* en sus respuestas. Esta es una buena oportunidad para repasar y aclarar cualquier duda sobre los usos de *gustar* + *sustantivo* / *infinitivo*. Además, compruebe el uso de *jugar a* + *deporte* y *hacer* + *deporte*.

Respuesta

1   A Jorge le gusta poco el ciclismo.

2   ¿A María Clara le gusta mucho el esgrima / hacer esgrima?

3   A las primas de Ana les gusta poco la natación / hacer natación / nadar.

4   A Álvaro y a Paulina no les gusta nada el remo / hacer remo / remar.

5   A mí me gusta mucho montar a caballo / la equitación.

6   A ti te gusta poco el judo.

3   Escucha
Página 94

Pídales que observen las imágenes e identifiquen los deportes que representan. Póngales la grabación una vez sin pausa para que escuchen la programación deportiva para el fin de semana. Haga una escucha de comprobación si lo considera necesario.

Audio

Las actividades deportivas organizadas por la Delegación Municipal de Deportes para este fin de semana comienzan con la final de baloncesto femenino que se celebrará en el polideportivo del Instituto de Tecnología a las once de la mañana. Por la tarde, a las seis, se celebra la carrera ciclista masculina. El domingo por la mañana los jóvenes de 11 a 15 años pueden apuntarse a *Conoce tu marca* y correr campo a través. La tarde del domingo finaliza con el torneo de fútbol juvenil.

Respuesta

C   1 baloncesto femenino

D   2 carrera ciclista masculina

B   3 correr campo a través

A   4 fútbol juvenil

Paulina envía un correo electrónico solicitando equipamiento para actividades deportivas y de ocio

1   Lee y escribe
Página 95

Explique que en el correo electrónico que van a leer van a encontrar palabras nuevas referidas a objetos que se usan en algunos deportes. Puede prepararles para el texto pidiéndoles que lean las listas de deportes y actividades de ocio, y preguntándoles qué objetos se utilizan para practicarlos.

Respuesta

1	ajedrez	3	béisbol	5	libros
2	tenis	4	fútbol	6	baloncesto

2   Comprensión
Página 95

El objetivo de este ejercicio es presentar vocabulario relativo a instalaciones deportivas y objetos necesarios para algunos deportes. Aunque el ejercicio solo presenta cuatro instalaciones, indique a los estudiantes que *cancha*, *pista* y *gimnasio* se utilizan también para otros deportes. Lo mismo ocurre con objetos como *pelotas*, *balones*, *raquetas*, etc. Puede animar a los estudiantes a sugerir otras instalaciones donde ellos practican deportes y objetos que utilizan y a utilizar el diccionario para comprobar sus sugerencias.

Respuesta

A   la cancha de tenis: la pelota de tenis

B   la pista de esquí: los esquís y los bastones de esquiar

C   el gimnasio: la colchoneta

D   la cancha de baloncesto: la canasta y la pelota

3 Escucha y lee
Página 96

El ejercicio anterior ha presentado el vocabulario necesario para la comprensión de estas entrevistas. El objetivo de este ejercicio es encontrar las palabras nuevas en contexto. Leer las entrevistas mientras que las escuchan ayudará a que los estudiantes puedan concentrarse en la interacción y en el uso de las palabras que acaban de encontrar. Las entrevistas pueden también utilizarse para que los estudiantes practiquen la lectura en voz alta: en parejas, pueden practicar la lectura de al menos una de las entrevistas. Puede realizar primero una audición de las entrevistas sin utilizar la transcripción. Si la comprensión de textos orales de los estudiantes es lo suficiente buena, puede utilizar la transcripción solo para comprobar las respuestas y practicar los diálogos.

🎧 Audio

Entrevista 1

Entrevistadora: Raúl ganó el curso pasado en el torneo entre colegios, ¿dónde entrenas normalmente?

Raúl: Bueno, pues normalmente entreno en el colegio porque las pistas son buenas y están libres, y además son gratis. También entreno en el polideportivo de mi barrio, tiene cinco pistas cubiertas para el invierno. Es más fácil ver y controlar pelotas.

Entrevista 2

Entrevistadora: María, ¿cuántos días vienes tú al gimnasio a practicar?

María: Eh, entre cuatro y seis, depende de si tengo exámenes en el colegio.

Entrevistadora: ¿Qué aparato te gusta más?

María: El potro, sí, el potro es el más divertido, pero también me gusta hacer ejercicios en el suelo y la colchoneta.

Entrevista 3

Entrevistadora: ¿Quién te compró tus primeros esquís, Francisco?

Francisco: Mi madre, ella es una gran esquiadora y para estar con ella en la pista necesitaba llevar esquís y bastones.

Entrevista 4

Entrevistadora: Claudia, ¿en qué cancha te gusta jugar más?

Claudia: En la del polideportivo de mi barrio. Las canchas, canastas y balones son nuevos, y no hay mucha gente. Hay espacio para las familias de los cinco jugadores del equipo.

4 Comprensión
Página 96

Esta actividad tiene como objetivo consolidar el vocabulario relativo a deportes, instalaciones y objetos que se utilizan por medio de la comprensión de textos orales y escritos. Puede también realizar este ejercicio como un ejercicio oral, utilizando el audio del ejercicio anterior. Indique a los estudiantes que primero identifiquen los deportes (*tenis*, *gimnasia*, *esquí* y *baloncesto*). Para luego pasar a identificar los detalles de cada conversación.

Puede extender la actividad en parejas, asignando una entrevista a cada pareja y que los estudiantes primero recreen la entrevista asignada y luego la extiendan con sus propias preguntas y respuestas.

Respuesta

1 Raúl juega al tenis en las pistas de tenis de su colegio y en el polideportivo de su barrio.

2 Raúl utiliza pelotas para practicar el tenis.

3 María practica gimnasia en el gimnasio.

4 Francisco practica el esquí con esquís y bastones.

5 Claudia juega al baloncesto en las canchas del polideportivo de su barrio.

5 Lee
Página 96

El texto presenta ejemplos de negación en un texto de un blog además de introducir el subtema de los deportes individuales y los deportes de equipo. Puede comenzar la actividad preguntando a los estudiantes si leen o escriben en blogs, sobre qué temas, qué características tiene un blog, etc. Después puede centrarse en el tema específico de este blog: *El joven deportista* y en concreto con la entrada ¿Deportes de equipo o deportes individuales?

Respuesta

1 Porque le hace sentir bien y es bueno para la salud.

2 Mientras hace deporte no está sentada viendo la televisión, ni navegando por Internet, ni chateando con mis amigos, ni jugando en el ordenador, ni hablando por el móvil.

3 No, nunca practica deportes individuales.

4 Porque con los deportes individuales no hay nada ni nadie con quien compartir.

5 Porque le hace sentirse parte de un grupo.

6 Habla
Página 96

Esta actividad tiene como objetivo darles a los estudiantes la oportunidad de practicar oralmente las estructuras que acaban de ver en el texto. Es un ejercicio adecuado para la práctica en grupos pues es una situación lingüística muy real en la que los estudiantes hablan sobre sus preferencias deportivas con sus compañeros.

7 Escribe
Página 96

Este ejercicio brinda a los estudiantes la oportunidad de deducir la regla y el uso de la doble negación en español, y el uso de indefinidos negativos como *nada* y *nadie* a partir de los ejemplos. El ejercicio ayudará a practicar el cambio de negación simple a doble.

Respuesta

1 De mi clase no va a ir nadie al torneo de fútbol entre colegios.

2 No juegan nunca más de 12 jugadores en un partido.

3 No vamos a ganar nada en el partido del sábado.

4 En mi familia no sabe esquiar nadie.

5 El equipo de mi barrio no pierde nunca al hockey.

1 Comprensión
Página 97

Los deportistas de las fotos son mundialmente famosos, sin embargo, puede que los estudiantes no sepan el nombre de todos o no los reconozcan. Cuando miren las fotos, pueden identificar también el país al que representan. Después de observar las fotos, los estudiantes leen los textos sobre cada uno de ellos y completan el ejercicio de comprensión.

Respuesta

1 Pau Gasol fue el primer jugador español en All Stars de la NBA.

2 El deportista que consiguió su primer premio internacional en Pekín es Messi.

3 Leo Messi nació en Argentina.

4 Ocupó el primer puesto del mundo en su especialidad en 1995: Arantxa Sánchez Vicario.

5 Participó en los Juegos Olímpicos del 2013 en el deporte de baloncesto.

6 Claudia Poll ganó la primera medalla de oro Olímpica para Costa Rica.

7 Contador corrió en el Tour de Francia en el 2014, pero tuvo un accidente que le impidió acabar la carrera.

2 Escribe
Página 97

Los estudiantes buscan información sobre uno de sus deportistas o personalidades del mundo del tiempo libre preferidos con el fin de escribir una breve biografía, como las que acaba de leer. Puede guiarles utilizando las categorías dadas (*Foto, Deporte / Actividad, Nacionalidad / País, Campeonatos o medallas, Destaca por*) y ayudándoles a construir frases para cada categoría. Anímeles a usar el pretérito indefinido para indicar campeonatos o premios recibidos.

¿Qué hacemos este fin de semana?

1 Escucha
Página 98

Puede preparar la audición preguntándoles qué actividades hacen, hicieron o van a hacer en el fin de semana. Intente sacar el vocabulario que van a encontrar en la audición (*películas, jugar a los bolos, ver la televisión, jugar con la videoconsola*) con el fin de prepararles para la comprensión. Pídales que lean las frases antes de empezar a escuchar el diálogo. Indique a los estudiantes que se concentren en averiguar si las frases son verdaderas o falsas durante la primera audición. Después déjeles escuchar el diálogo una o dos veces más para que puedan corregir las frases falsas.

🎧 Audio

Marta: ¡Hola Paulina! ¿Por qué no merendamos juntas y hacemos algo en casa este fin de semana? Hace mucho tiempo que no hacemos nada juntas, y a mi hermana Susana y a mí nos gustaría verte. Podríamos ver la tele en mi casa.

Paulina: No sé Marta, no hay nada interesante en la televisión, solo teleseries.

Marta: Vale, entonces, ¿vamos a la bolera? Sé que a ti y a Susana os gustan los bolos, ¿verdad?

Paulina: Sí, los bolos me gustan bastante. También podríamos ir de excursión al campo o a la montaña.

Marta: No, otra vez de excursión no, ni al campo ni a la montaña. A mí lo que más me gusta es ver un partido de baloncesto en casa, sola o acompañada.

Paulina: Bien, pero también podemos jugar con la videoconsola.

Marta: Vale, de acuerdo, primero jugamos con la videoconsola, y después vemos el partido de baloncesto.

Respuesta

1 **F** – A Susana le gustaría mucho ver a Paulina.

2 **F** – Marta quiere merendar y hacer algo juntas en su casa.

3 **F** – Paulina dice que no hay nada interesante en la televisión, solo teleseries.

4 **F** – A Paulina le gustan bastante los bolos.

5 **F** – Marta no quiere ir de excursión.

6 **V** – Lo que más le gusta a Marta es ver un partido de baloncesto.

2 Escribe `Página 98`

Este es un ejercicio que requiere cierta manipulación de la estructura de la frase. Presente la tabla de vocabulario con los ejemplos. Una vez que los estudiantes estén preparados, realice el ejercicio en parejas, los estudiantes colaboran en la formación de las nuevas frases manipulando las escritas por su compañero.

Respuesta posible

A: A alguien le gusta montar en bicicleta.
B: A nadie le gusta montar en bicicleta.

A: ¿Tienes algún amigo español?
B: ¿No tienes ningún amigo español?

A: A mí también me gusta el cine.
B: A mí tampoco me gusta el cine.

A: Siempre jugamos a las cartas en vacaciones.
B: Nunca jugamos a las cartas en vacaciones.

A: Nos gusta jugar al fútbol o al baloncesto.
B: No nos gusta jugar ni al fútbol ni al baloncesto.

A: ¿A alguien le gustan las películas de terror?
B: ¿A nadie le gustan las películas de terror?

Cuaderno de ejercicios 8/3 `Página 22`

Este ejercicio practica las oraciones negativas, pronombres y adverbios negativos.

Respuesta

1 A ninguno le gusta practicar deporte.
2 ¿Nadie sabe tocar la trompeta?
3 Nunca vamos de excursión al campo los domingos.
4 El torneo no se celebró ni por la mañana ni por la tarde.
5 El año pasado no entrenaron ningún viernes por la tarde.
6 ¿Quién no sabe jugar a ningún juego de mesa?
7 No, no conozco las reglas de este juego.

3 Escucha `Página 98`

Pida a los estudiantes que lean el principio de las frases y que traten de completarlas antes de realizar la primera audición. Esta fase de predicción les ayuda a pensar en vocabulario y expresiones que pueden aparecer en la audición. Después pueden realizar una primera audición para comprobar alguna de sus predicciones. La segunda audición les proporciona otra oportunidad para comprobar y completar.

Dé a los estudiantes la oportunidad de decir con quién se identifican, y por qué. Ayúdeles con preguntas concretas del tipo: ¿Pasas mucho tiempo con los videojuegos como Martín? ¿Pasas mucho tiempo con tus amigos como Arantxa? ¿Haces baile o danza como Esther? ¿Llevas siempre tu lector de libros electrónicos contigo?

Audio

Arantxa
Para mí lo más importante es pasar tiempo con mis amigos, por eso el año pasado formamos un grupo de teatro en el barrio. Leer, no leo mucho porque no tengo tiempo. Ahora no juego con mi familia a juegos de mesa, pero cuando era pequeña, sí. No veo la tele mucho porque uso más Internet.

Martín
Yo estuve mucho tiempo tocando en una banda de música hasta que nos cambiamos de casa y de ciudad, y nos vinimos a vivir aquí. Ahora paso más tiempo con los videojuegos e Internet. Claro, también juego al fútbol con mis amigos del colegio.

Esther
Conocí a mi novio en unas clases de danza, y desde entonces los dos pasamos casi todo el tiempo libre bailando. Sí, tenemos otros amigos, pero a ellos les gusta hacer deporte y salir de excursión.

Rodrigo
Cuando cumplí 16 años mis padres me regalaron este lector de libros electrónicos. Es genial, lo llevo conmigo a todos los lados, es muy cómodo y no dejo de leer. Me gustan todos los géneros, pero el que más me gusta es la novela de aventuras.

Respuesta

1 … para Arantxa lo más importante es pasar tiempo con sus amigos.
2 … Martín y su familia se fueron a vivir a otra ciudad.
3 … conoció a su novio en unas clases de danza y los dos pasan mucho tiempo bailando.
4 … su lector electrónico es muy cómodo y lo puede llevar con él a todos los lados.

4 Lee y escribe `Página 98`

Este ejercicio de lectura y escritura tiene como objetivo principal la práctica escrita de un texto informativo en el que se presenten datos presentados en formato esquemático, una tabla, a un párrafo objetivo que ofrece la información extraída de la tabla. A su vez, el estudiante practica y consolida el vocabulario de algunas actividades de ocio, los lugares donde se practican y los horarios. Indique a los estudiantes que se trata de las actividades de año anterior, por lo tanto usarán el pretérito indefinido como se indica en el ejemplo.

Respuesta posible

El curso pasado la actividad preferida de los estudiantes del colegio fue la lectura. Treinta estudiantes hicieron lectura todos los días de cuatro a cinco de la tarde, y solo diez estudiantes hicieron canto los martes y jueves de cuatro a cinco de la tarde. Las clases de música tuvieron lugar en el aula de música, pero la de canto fue en el teatro. Veinte estudiantes participaron en las clases de ajedrez de los lunes, miércoles y viernes de tres a cuatro. Para las clases de bailes tradicionales se utilizó el gimnasio. La informática y videojuegos de los martes y jueves fueron en el aula de informática.

Cuaderno de ejercicios 8/4 | Página 22

El objetivo de este ejercicio es practicar y reforzar las formas del pretérito indefinido en el contexto de actividades de tiempo libre.

Respuesta posible

1 El curso pasado el club de ajedrez fue intersante.

2 Solo quince estudiantes aprendieron bailes tradicionales.

3 Las sesiones de baile fueron muy divertidas.

4 Quince estudiantes tocaron un instrumento musical los viernes por la tarde.

5 Diez estudiantes participaron en clases de pintura y cerámica.

6 A los estudiantes les gustó la clase de fotografía.

7 Veinte estudiantes jugaron al ajedrez los martes y los jueves en la biblioteca.

¿Te gusta el arte?

1 Comprensión | Página 99

Prepare a los estudiantes para la lectura pidiéndoles ejemplos de artes escénicas y otras actividades artísticas. Pregúnteles sobre sus experiencias y las razones para practicarlas. Utilice la imagen para contextualizar el texto.

Después invíteles a leer el texto una vez sin parar. Si hay alguna pregunta de vocabulario, pueden utilizar el diccionario. Después de leer las preguntas han de localizar la información precisa releyendo el texto.

Respuesta

1 E, 2 C, 3 B, 4 A, 5 D

Cuaderno de ejercicios 8/5 | Página 22

Para practicar la expresión escrita, pida a sus estudiantes que escriban un párrafo sobre Paulina utilizando las imágenes. Invíteles a pensar si a Paulina le gustaron esas actividades y a explicar las razones.

Respuesta posible

El año pasado, Paulina hizo tres actividades muy diferentes. Primero hizo un curso de cerámica en su colegio. El curso de cerámica fue muy divertido pero difícil. Después, los lunes, Paulina y sus amigos hicieron un equipo de baloncesto. A Paulina también le gusta tocar el piano. Toca todos los días para practicar. Las clases de piano son los viernes por la tarde.

2 Investiga y habla | Página 99

Los estudiantes pueden investigar fuera del aula y en sus propios contextos las actividades de tiempo libre que se ofrecen. Sugiera la presentación de la información en un póster, de papel o digital para compartirlo.

3 Escribe | Página 99

Este ejercicio les brinda a los estudiantes la oportunidad de utilizar el vocabulario y expresiones que han aprendido en relación al arte.

Dinámicas de grupo divertidas

El Juego del Nombre en la Espalda

Esta actividad es una de las actividades de dinámica de grupo que se puede utilizar para romper la monotonía de un entrenamiento, actividad o clase. Hace que la gente esté más a gusto en el grupo. Desde el punto de vista lingüístico, los estudiantes practican frases interrogativas aplicadas a descubrir la identidad de las personas (*nombre, profesión, nacionalidad, edad,* etc.).

Para facilitar la actividad, usted puede preparar los nombres de los personajes y, para evitar el vacío de información, unas breves notas sobre cada uno de los personajes. Esto les guiará en su búsqueda.

Respuesta posible

¿Juego con pelotas de tenis? No

¿Hago un deporte de agua? Sí

¿Soy campeona olímpica? Sí

¿Hago un deporte individual? Sí

¿Soy Mireira Belmonte? Sí

Puede ayudar a que la dinámica sea mejor preparando tarjetas o proyectando información sobre diversas personalidades del mundo hispanohablante (como las que aparecen a continuación). Los textos han de ser cortos y sencillos, conteniendo las funciones y el vocabulario que se están practicando en la unidad.

Fernando Alonso

Con siete años Alonso fue campeón infantil de Asturias de karts. El primer español y el piloto más joven en convertirse en Campeón del Mundo de la máxima categoría del automovilismo. Grandes Premios de Australia, Malasia, Bahréin, San Marino, Francia, Alemania y España han sido algunas de sus mejores victorias. Practica el ciclismo, el tenis, la natación y el fútbol, en el que su equipo preferido es el Real Madrid. Su comida preferida, aparte de los guisos asturianos de su madre, es la pasta, le encanta el cine de terror y su ídolo deportivo por excelencia es el ciclista que logró vencer al cáncer: el estadounidense Lance Armstrong. Como él, aspira a ser un consumado campeón, en otra modalidad.

Rafael Nadal

Deportista desde pequeño (fútbol y baloncesto) pero fue el tenis el que puso de manifiesto su enorme clase y técnica. Su primera competición oficial fue en Baleares, con 8 años, y ganó. Muchos éxitos a nivel mundial y a nivel nacional. Semifinalista en 2002 en Wimbledon. Ingresó a los 17 años en la selecta lista de los 100 mejores tenistas del mundo que elabora la ATP.

Mireia Belmonte García

Nadadora española, campeona mundial, europea y doble subcampeona olímpica, que compite en las categorías de estilos, mariposa y libre. Ha participado en dos Juegos Olímpicos. En los Juegos Olímpicos de Pekín 2008, donde compitió con 17 años y los Juegos Olímpicos de Londres en 2012, en los que ganó dos medallas de plata. La primera en 200 metros mariposa y la segunda en 800 metros libres.

Acrónimos

Esta actividad tiene como objetivo descifrar acrónimos. Inspira la creatividad y la colaboración de los participantes. El objetivo lingüístico es practicar vocabulario de la unidad además de familiarizar al estudiante con acrónimos internacionales y del mundo hispanohablante.

1   Forme grupos de 3.

2   Informe al grupo de los objetivos de la actividad: descifrar una lista de acrónimos en español en el menor tiempo posible (máximo de 7 a 10 minutos). Explique que todas las palabras han de ser en español.

3   Informe que el grupo que consiga mayores aciertos en las palabras que forman los acrónimos se lleva la medalla de oro (puede simular una medalla de oro o equivalente en el sistema de premios de su colegio) y que el también hay medallas de plata y de bronce para los grupos que hayan ejercitado más su creatividad.

4   Insista en que la creatividad es muy importante en esta actividad, que si no conocen el acrónimo, pueden inventarlo siempre y cuando siga las reglas de los acrónimos.

5   Es importante limitar el tiempo: 10 minutos máximo.

Lista de acrónimos
Ejemplo

FIFA: Federación Internacional de la Asociación de Fútbol.

Explique cómo muchas organizaciones internacionales tienen su acrónimo en español y cómo puede ser que el orden de las letras sea ligeramente distinto.

ESO   Educación Secundaria Obligatoria

TVE   Televisión Española

ADENA   Asociación para la Defensa de la Naturaleza

AVE   Alta Velocidad Española (tren)

CF   Club de Fútbol

RFEN   Real Federación Española de Natación

RFEF   Real Federación Española de Fútbol

FPF   Federación Peruana de Fútbol

FEDA   Federación Española de Ajedrez

UEFA   Unión Europea de Asociaciones de Fútbol

El juego de las diferencias
El objetivo de esta actividad es identificar los cambios en el equipo contrario después de unos minutos de observación y cambios realizados.

1   Divida a la clase en equipos de 5 estudiantes.

2   Pida al equipo A que estudie por unos minutos la apariencia del equipo B.

3   Pida al equipo A que salga de la clase o que se dé la vuelta mirando a la pared.

4   Pida al equipo B que cambie algo de su apariencia.

5   Sea estricto con la duración: 3 minutos de observación, 3 minutos para los cambios, 3 minutos para que el equipo dé por escrito los cambios que ha observado en el otro equipo.

6   Repita la dinámica cambiando los roles.

Dé instrucciones precisas y asegúrese de que todos los miembros de los equipos entienden la actividad. La actividad fomenta la observación y la colaboración.

1   ¿Verdadero o falso?   `Página 100`

Este ejercicio tiene como objetivo asegurar la comprensión de las instrucciones de las dinámicas de grupo presentadas.

Respuesta

1   Falso. El Juego del Nombre en la Espalda tiene como objetivo descubrir qué celebridad del mundo hispanohablante llevas en la espalda.

2   Falso. El procedimiento de las dinámicas de grupo explica cómo se juega.

3   Verdadero.

4   Falso. El objetivo de Acrónimos es adivinar las palabras que forman los acrónimos.

5   Verdadero.

6   Falso. Las tres dinámicas de grupo tienen una duración de 10 minutos.

7   Falso. El Juego del Nombre en la Espalda y Acrónimos se pueden jugar en parejas.

2   Escribe   `Página 100`

Este ejercicio tiene como objetivo fomentar la habilidad de expresión escrita de los estudiantes, resumiendo sus experiencias con respecto a las dinámicas de grupo en las que han participado.

📖 Cuaderno de ejercicios 8/6   `Página 23`

Este ejercicio desarrolla la capacidad de los estudiantes de responder a preguntas de todo tipo relacionadas con los deportes y sus aficiones favoritas.

Respuesta posible

1 LA MÚSICA Y TÚ

¿Te gusta la música? ¿Por qué?

Sí, me gusta mucho la música porque me relaja.

¿Qué tipo de música te gusta? ¿Qué tipo de música no te gusta?

Me gusta todo tipo de música: la música pop, la música melódica, y también la música clásica.

¿Tocas algún instrumento? ¿Cuál? ¿Cuándo empezaste?

Sí, toco el piano. Empecé a tocar el piano a los 7 años.

2 EL DEPORTE y TÚ

¿Practicas algún deporte de equipo? ¿Cuál? ¿Cuándo entrenas?

Sí, juego al baloncesto y entreno todos los sábados.

¿Te gusta ver deportes en la televisión o en vivo? ¿Viste alguna competición deportiva o partido el mes pasado? ¿Cuál?

No me gusta mucho ver deportes en televisión, prefiero en vivo. El mes pasado vi la Vuelta Ciclista a España.

Da el nombre de tres deportes olímpicos.

El atletismo, el judo y la natación.

3 LAS ARTES ESCÉNICAS

¿Qué artes escénicas conoces? ¿Participas en alguna? ¿Por qué?

El mimo y el teatro. No, ahora no participo en ninguna porque no tengo tiempo.

¿Fuiste al cine, al teatro o a algún concierto el mes pasado con tus amigos? ¿Qué hicisteis?

Sí, fui al cine para ver una comedia. Antes del cine fuimos a merendar, y después de la película fuimos a tomar algo.

Da el nombre de alguna persona del mundo del cine, del teatro o de la danza al que admires, te guste o no te guste nada y explica la razón.

Me gusta mucho Javier Bardem, un actor español, porque me gustan todas sus películas.

4 OTRAS ACTIVIDADES

¿Utilizas internet en tu tiempo de ocio? ¿Por qué? ¿Cuántas horas pasaste usando Internet en tu tiempo libre la semana pasada?

Sí, utilizo Internet para estudiar y en mi tiempo libre. La semana pasada pasé unas 10 horas en Internet.

¿Hiciste alguna actividad al aire libre con tus amigos el año pasado? ¿Cuál y qué hicisteis?

Sí, fuimos de excursión e hicimos montañismo.

¿Juegos de mesa o videojuegos? ¿Por qué?

No tengo videojuegos, pero sí algún juego de mesa, me encanta el *Monopoly*.

Paulina mira la programación de la televisión española para el fin de semana

1 Lee | Página 101 |

Puede contextualizar la actividad preguntando por sus preferencias televisivas, los canales de televisión donde residen, si ven algún canal internacional, etc. Con este ejercicio sus estudiantes practican el vocabulario relacionado con el mundo de la televisión y, a la vez, se familiarizarán con algunos de los canales y programas de la televisión española.

Como actividad de refuerzo puede pedirles que en grupos de tres elaboren un horario televisivo para un fin de semana. Uno de los estudiantes puede ocuparse de las emisiones de mañana, otro de las emisiones de tarde y el otro de la noche. Después pueden presentar y explicar su programación al resto de la clase y pueden compararlas con las de los otros grupos.

Respuesta

1 Telediario 1, 2 Arqueomanía, 3 Parlamento, 4 Mundial de Superbike, 5 Multicine, 6 ¡Qué tiempo tan feliz!, 7 Españoles por el mundo

2 Habla | Página 101 |

Pida a sus estudiantes que, en parejas, hablen de las emisiones que van a ver, de esta manera, además de practicar el vocabulario relativo a la programación televisiva, practicarán la función de dar opinión y justificarla. Es un ejercicio bastante abierto en cuanto a qué preguntas y respuestas se esperan, depende de cada estudiante. Es un buen ejercicio para diferenciar capacidades y niveles.

Respuesta posible

A: ¿Vas a ver Parlamento?

B: No, a mí no me gusta la política. ¿Tú qué vas a ver por la tarde?

A: ¿Vas a ver hoy Arqueomanía?

B: No, a las tres tengo clase de inglés, pero esta tarde voy a ver Teledeporte.

A: ¿Quieres ver ¡Qué Tiempo Tan Feliz! conmigo? Me gusta mucho la música.

B: A mí no me gusta la música de ese programa, prefiero mi música.

3 Escribe Página 101

Con este ejercicio de expresión escrita, sus estudiantes personalizan su escritura al elegir un programa de su preferencia. Comente positivamente los logros y tome nota de los errores para reforzar la práctica.

Respuesta posible

A mí me gustan los programas documentales porque son muy interesantes. En La 1 y La 2 hay documentales y películas, pero a mí me gustan más los documentales de historia y de naturaleza. Esta semana transmiten Arqueomanía, con visitas a yacimientos arqueológicos fantásticos.

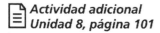
Actividad adicional
Unidad 8, página 101

Esta actividad adicional profundiza en la comprensión de la programación de televisión presentada en la página 101.

Respuesta

1 **A**, 2 **D**, 3 **C**, 4 **F**, 5 **K**, 6 **G**

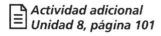
Actividad adicional
Unidad 8, página 101

Esta actividad ayudará a consolidar el uso del vocabulario y expresiones the programación televisiva, a la vez que los estudiantes practican describiendo su programa favorito.

Repaso

Ponte en forma y repasa tu actividad deportiva

1 Habla Página 102

Este ejercicio tiene como objetivo comenzar a orientar al alumno hacia la Evaluación Interna (oral individual) describiendo imágenes. Los estudiantes describirán las acciones que muestran las imágenes. Sin embargo, usted puede animarles a que también describan a las personas o lugares representados en las fotos.

2 Imagina Página 102

El objetivo de esta actividad es estimular al estudiante a que imagine acciones. En la descripción de la imagen durante el oral individual se espera que el estudiante vaya más allá de la descripción puramente visual de la imagen ofreciendo su interpretación personal de la imagen y sus opiniones. Con esta actividad el estudiante tiene la oportunidad de practicar dicha destreza.

Usted puede utilizar de nuevo las imágenes de la actividad anterior y hacer que los estudiantes digan cosas imaginarias relacionadas con la imagen. Por ejemplo, si usted observa la imagen 1 un estudiante podría decir:

La chica tiene 16 años, es de Argentina, tiene 2 hermanos, vive en una casa de 2 pisos en la ciudad, va al colegio todos los días.

3 Habla Página 102

Este ejercicio tiene un doble objetivo: por un lado hacer que el estudiante hable en la lengua objeto de estudio y por otro hacer que observe la imagen con atención para dar una corrección acertada, es decir, que coincida con la imagen. En el oral individual es muy importante que el estudiante sea capaz de describir una imagen con precisión en cuanto a lo que muestra la imagen. Supongamos que el estudiante está describiendo la imagen número 5 y dice: *Las chicas tienen pelo liso.* Esta descripción no sería totalmente precisa ya que una de las chicas tiene el pelo rizado.

9 ¿Qué es importante en la educación?

Área temática	El individuo y la sociedad
Tema	Educación
Aspectos	Asignaturas Profesores Ropa / vestimenta Espacio escolar Sistemas educativos
Gramática	El pretérito imperfecto Adjetivos comparativos Adjetivos superlativos Condicional
Tipos de texto	Horario Página web Blog Carta formal Artículo Folleto
Rincón IB	**Teoría del Conocimiento** • ¿Cómo afecta el aprendizaje de otra lengua a la visión del mundo? **Trabajo escrito** • ¿Qué papel juega la educación en los valores familiares en diferentes culturas? **Oral individual** • Describir fotos representando diferentes escenas escolares en el mundo hispano. (Describir las imágenes durante 1-2 minutos y contestar a preguntas sobre ellas.) • Conversación general sobre tus estudios y tus planes futuros. Habla sobre lo que te gustaría hacer. **Producción escrita** • Diseña un **folleto** con consejos para los futuros estudiantes de español para tener éxito en sus estudios. (Escribe como mínimo 100 palabras.) • Tu colegio quiere hacer una **página web** en español. Diseña la página con información de interés para estudiantes hispanos que quieran estudiar en tu colegio. (Escribe como mínimo 100 palabras.)

Esta unidad trata sobre el tema de la educación y cubre aspectos tales como las asignaturas, profesores, colegios, y sistemas educativos. Se presenta la educación bilingüe que están adoptando muchos colegios en España, y también las dificultades e iniciativas educativas de la Bolivia rural. Los tiempos verbales que se cubren en esta unidad son el pretérito imperfecto y el condicional, para que los estudiantes puedan comparar la educación y rutinas de manera histórica, y también para que puedan teorizar sobre lo que sería mejor para el futuro.

1 Introducción Página 103

La nube de palabras contiene el vocabulario que los estudiantes necesitarán para acometer la siguiente tarea oral. Antes de buscar las palabras en un diccionario deben hablar con un compañero para adivinar su significado y justificar su lógica.

2 Habla Página 103

Los estudiantes deben intentar utilizar los conocimientos adquiridos durante las unidades anteriores para hacer esta tarea. Tendrán que expresar sus opiniones y gustos, y también sería útil incluir unos negativos como *no* o *ni…ni*. Deben utilizar el vocabulario incluido en la nube de palabras para el diálogo, y deben intentar extender sus frases lo más posible con elementos como *y, también, pero* y *sin embargo*. También será importante enfatizar la importancia de la pregunta *¿y tú qué piensas?*

¿Qué opinas de tus asignaturas escolares?

1 Investiga [Página 104]

Antes de buscar el vocabulario en el diccionario los estudiantes deben trabajar en parejas para decodificar la lista y adivinar el significado de las palabras. Después de tratar de adivinar, y de explicar su lógica, pueden confirmar sus ideas con el diccionario.

2 Lee [Página 104]

Es posible que algunos estudiantes completen la tabla utilizando únicamente un adjetivo. Anímeles a escribir frases completas ya que estas frases contienen los verbos esenciales para dar sus opiniones con más detalle.

Respuesta

Opinión positiva	Opinión negativa
va a ser muy útil para mi futuro	no me parecen ni interesantes ni divertidas
es bastante fácil	son muy difíciles
va a ser esencial	no me van a servir para nada en mi vida
	es bastante aburrida
	mi profesor es muy severo

3 Escribe [Página 104]

Lo importante de esta tarea es que los estudiantes reconozcan el hecho de que unas asignaturas son singulares mientras que otras son plurales, así que tendrán que adaptar las concordancias.

Después de escribir sus propias frases los estudiantes podrían leer las de sus compañeros para recomendar cómo mejorarlas, en cuanto al nivel de detalle y también su precisión.

📖 Cuaderno de ejercicios 9/1 [Página 24]

Este ejercicio crea una oportunidad de practicar las asignaturas y además demuestra y fortalece la comprensión del uso del comparativo. Así los estudiantes practican cómo describir sus opiniones de las asignaturas y compararlas.

Respuesta

1

español, geografía, historia, matemáticas, inglés, educación física, ciencias

2

1 Creo que el español es más interesante que la educación física.

2 En mi opinión la historia es tan útil como las matemáticas.

3 Para mí la educación física es menos difícil que el inglés.

4 Creo que las matemáticas son tan divertidas como el español.

5 En mi opinión las ciencias son más aburridas que la educación física.

6 Para mí el español es más fácil que la geografía.

4 Comprensión $\boxed{\text{Página 104}}$

Estas frases van a servir de modelo para ayudar a los estudiantes a desarrollar sus propias respuestas en ejercicios posteriores.

🎧 Audio

1 Me encanta estudiar las TIC porque creo que van a ser esenciales para mi futuro.

2 Me dan igual las matemáticas, son útiles pero también muy aburridas.

3 Me gusta mucho estudiar el conocimiento del medio porque me parece fascinante y muy importante.

4 Odio estudiar las ciencias porque son muy difíciles y no son útiles.

5 No me gusta el inglés porque prefiero estudiar el español.

Respuesta

	Asignatura	me encanta / me gusta / me da igual / odio	Opinión detallada
1	las TIC	me encanta	van a ser esenciales para mi futuro
2	las matemáticas	me dan igual	son útiles pero también muy aburridas
3	el conocimiento del medio	me gusta mucho	me parece fascinante y muy importante
4	las ciencias	odio	son muy difíciles y no son útiles
5	el inglés	no me gusta	prefiero estudiar el español

5 Habla $\boxed{\text{Página 105}}$

Este ejercicio tiene como objetivo incitar a los estudiantes a debatir sus opiniones sobre las asignaturas. Deben incluir comparativos y extender sus opiniones para no solo utilizar adjetivos básicos.

Idealmente esta actividad se puede llevar a cabo en grupos de cuatro estudiantes. Tres de ellos dan sus opiniones sobre las asignaturas y el cuarto escucha e intenta dar consejos sobre cómo mejorar la formulación de las opiniones o alternativamente también puede tratar de evaluar el diálogo.

📖 Cuaderno de ejercicios 9/2 $\boxed{\text{Página 25}}$

1 Este ejercicio practica la formación del pretérito imperfecto.

2 Anima a los estudiantes a desarrollar sus frases para incluir opiniones y justificaciones, especialmente utilizando clausulas subordinadas.

3 Estos verbos ofrecen la oportunidad a los estudiantes de practicar el pretérito imperfecto y además de dar sus propias opiniones sobre elementos de su formación pasada.

Respuesta

	estudiar	aprender	escribir	querer
yo	estudiaba	aprendía	escribía	quería
tú	estudiabas	aprendías	escribías	querías
él/ella/usted	estudiaba	aprendía	escribía	quería
nosotros(as)	estudiábamos	aprendíamos	escribíamos	queríamos
vosotros(as)/vos	estudiabais	aprendíais	escribíais	queríais
ellos(as)/ustedes	estudiaban	aprendían	escribían	querían

Cuaderno de ejercicios 9/3 | Página 26

Este ejercicio ofrece la oportunidad de practicar la formación del pretérito imperfecto y también provee una serie de modelos a los estudiantes de cómo describir el pasado de manera detallada.

Respuestas

1   me gustaba, Prestaba, escribía

2   contestaba, me interesaba

3   quería, tenía

4   buscaba, prefería

5   repetíamos, Creíamos, servía

6   enseñaba, Aprendíamos

7   pensabas, escuchabas

6   Escucha | Página 105

A veces los estudiantes se confunden con ejercicios donde tienen que decidir entre verdadero, falso y no se menciona. Es importante enfatizar que para esta tarea a este nivel no deben intentar interpretar el diálogo completamente, solo diseccionar los detalles mencionados.

Después de que los estudiantes completen el ejercicio puede continuar la clase con una tarea similar, pero en la que deban escribir su propio ejercicio con un compañero para luego intercambiarlo con otra pareja. Así los estudiantes deben reflexionar sobre cómo incluir una trampa para sus compañeros, y como resultado ser más conscientes de cómo resolver este tipo de tarea en el futuro.

🎧 Audio

Carlos:	¿Cómo te va en el colegio en este momento, Tania?
Tania:	Hay mucho trabajo que hacer, pero bien, gracias. Actualmente me encanta estudiar la biología. Quiero ser médica en el futuro. Y tú, Lucía, ¿qué tal?
Lucía:	En este momento tengo un problema enorme con las TIC. Son demasiado difíciles.
Carlos:	¿En serio? A mí me gustan mucho las TIC, me parecen esenciales para el futuro.
Tania:	Estoy de acuerdo, Carlos. Pero en mi colegio yo también tenía muchos problemas con las TIC, pero luego cambié de profesor y ahora me fascinan.

Respuesta

		verdadero	falso	no se menciona
1	Tania tiene mucho trabajo que hacer	✔		
2	Tania quiere ser una mujer de negocios		✔	
3	Para Lucía las TIC no son fáciles	✔		
4	Carlos cree que el estudio de la tecnología no es muy importante		✔	
5	Tania cree que Lucía debe cambiar de profesor			✔
6	Antes Tania no entendía bien las TIC	✔		

7   Escribe | Página 105

Esta actividad provee la culminación de las actividades anteriores.

Anime a los estudiantes a:

- utilizar opiniones detalladas

- conectar sus frases (*y, también, además, pero, sin embargo*)

- describir sus asignaturas ahora y en el pasado utilizando el pretérito imperfecto

Después de escribir sus descripciones resultará útil hacer unas tareas adicionales para verdaderamente aprovechar del ejercicio. Anime a los estudiantes a leer como mínimo tres descripciones de sus compañeros para aprender de su trabajo, y también para reforzar buenos hábitos sobre cómo revisar el trabajo para corregir errores. Después de leer cada descripción los estudiantes deben escribir un breve comentario sobre cada una para recomendar cómo mejorarla. Ayude a los estudiantes menos hábiles proveyéndoles de varias expresiones e indicadores que puedan utilizar para comentar sobre el trabajo de sus compañeros.

Ejemplos

- utiliza conectores para hacer tus frases más interesantes

- utiliza la forma correcta del pretérito imperfecto

- aporta una opinión más detallada

- utiliza más adjetivos para describir tus opiniones

Actividad adicional
Unidad 9, página 105

Esta actividad adicional consolidará la producción escrita del tema de las asignaturas y las actividades relativas a la educación.

📖 Cuaderno de ejercicios 9/4　`Página 26`

Este ejercicio provee una oportunidad de practicar los números antes de utilizarlos en el ejercicio siguiente que practica describir la hora.

Respuesta

1　veintidós = 22

2　treinta y cinco = 35

3　veinte = 20

4　cuarenta y cinco = 45

5　cincuenta y dos = 52

6　diecisiete = 17

📖 Cuaderno de ejercicios 9/5　`Página 26`

Esta tarea consolida el repaso de las horas. Puede sugerir a los estudiantes que dibujen las horas en un reloj analógico para asegurarse de que lo han entendido.

Respuesta

1　Son las tres y veinte = 3.20

2　Son las ocho = 8.00

3　Son las cinco y cinco = 5.05

4　Son las nueve y cuarto = 9.15

1　Escribe　`Página 106`

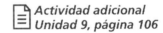

Este ejercicio tiene como objetivo practicar la forma escrita de los números, que se aprendió en la Unidad 1. Recuerde a los estudiantes que la respuesta a la pregunta 6 es *una* porque la palabra *vez* es femenina.

Anime a los estudiantes más capaces de incluir unos comparativos en sus propias frases para ampliar el nivel de detalle y complejidad. Esta parte del ejercicio tiene como objetivo forzar a los estudiantes a reflexionar sobre las diferencias entre su propio colegio y este colegio bilingüe.

Respuesta

1　¿Cuántas veces por semana se estudian las matemáticas? Cuatro.

2　¿Cuántas veces por semana se estudia el inglés? Cinco.

3　¿Cuántas veces por semana se estudia la lengua castellana y literatura? Cuatro.

4　¿Cuántas veces por semana se estudian las TIC? Dos.

5　¿Cuántas veces por semana se estudian las ciencias

naturales? Tres.

6　¿Cuántas veces por semana se estudia la religión? Dos.

7　¿Cuántas veces por semana se estudia la educación física? Tres.

8　¿Cuántas veces por semana se estudia en inglés? Quince.

2　Escribe　`Página 106`

Los estudiantes deben utilizar el horario de clases para escribir sus respuestas. Deben tener cuidado especial con las frases 1, 6 y 7 ya que muchos estudiantes se confunden con la hora al escribir *menos*.

Respuesta

1　¿A qué hora se estudia la música el lunes? A las tres menos veinticinco.

2　¿A qué hora se estudian las ciencias naturales martes? A las diez y veinticinco.

3　¿A qué hora se estudia la lengua castellana y la literatura el martes? A la una.

4　¿A qué hora se estudia el inglés el viernes? A las nueve y media.

5　¿A qué hora se estudian las ciencias sociales y la geografía el martes? A las cuatro y diez.

6　¿A qué hora se come cada día? A las dos menos diez.

7　¿A qué hora hay recreo cada día? A las doce menos cuarto.

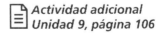 *Actividad adicional*
Unidad 9, página 106

Esta actividad adicional continúa la práctica de buscar información en el horario escolar.

Respuesta

1　Estudian tres idiomas: inglés, francés y español.

2　El almuerzo es a las dos menos diez cada día.

3　El recreo dura veinticinco minutos.

4　Estudian cuatro asignaturas en inglés: matemáticas, ciencias naturales, educación física e inglés.

5　Las clases empiezan a las nueve y media, y terminan a las cinco.

📄 *Actividad adicional*
Unidad 9, página 106

Esta actividad adicional consolida la comprensión del horario escolar.

Respuesta

1 Falso. Hay clases de matemáticas los lunes, martes, miércoles y viernes.

2 Verdadero.

3 Verdadero.

4 Falso. Hay media hora diaria de estudio.

5 Verdadero.

El plan bilingüe, ¿qué opinas?

1 Lee
Página 107

Los estudiantes deben hacer este primer ejercicio individualmente antes de hablar con un compañero durante el próximo ejercicio para que todos formen sus propias opiniones, para luego defenderlas durante la tarea oral. Lo más importante es que aprecien que no hay un orden correcto.

2 Habla
Página 107

En este ejercicio los estudiantes debaten sobre lo que ellos consideran que son las razones por las que se debe aprender un idioma, tras formar sus opiniones durante el ejercicio anterior.

Es esperable que cada estudiante aporte unas prioridades diferentes pero ahora deben ponerse de acuerdo en cuanto a esas prioridades, utilizando las frases para facilitar su debate.

3 Lee
Página 107

La primera lectura del texto se puede hacer como una tarea plenaria, pidiendo a diferentes estudiantes que lean un par de frases en voz alta y expliquen brevemente su significado general.

4 Escribe
Página 107

Este ejercicio anima a los estudiantes a analizar el texto en más detalle para crear sus listas de factores positivos. El ejercicio les ayudará a reflexionar sobre sus propias opiniones del plan bilingüe.

Puede sugerir a los estudiantes más capaces que justifiquen su clasificación (1-5) de las opiniones, o bien de manera escrita u oral con un compañero.

5 Escribe
Página 107

Los estudiantes deben utilizar el lenguaje de esta unidad y además su propio conocimiento aprendido durante unidades previas para completar esta tarea donde tendrán que adaptar la gramática para expresarse.

Después de que terminen de escribir resultará útil analizar y comparar las respuestas para que los estudiantes aprendan los unos de los otros. Deben pensar en el nivel de detalle, la variedad de vocabulario, las estructuras gramaticales y la calidad de los argumentos.

Anime a los estudiantes más capaces a comparar sus opiniones sobre el aprendizaje de idiomas con sus opiniones hace cinco años (utilizando el pretérito imperfecto). Los estudiantes de nivel más bajo pueden seguir el formato del ejemplo:

¿Estás a favor del plan o no?

¿Es importante aprender un idioma o no? ¿Por qué?

¿Quieres utilizar un idioma en el futuro? ¿Por qué?

¿Cómo es un profesor inspirador?

1 Lee
Página 108

Antes de hacer el ejercicio los estudiantes deben hablar con un compañero para deducir el significado de las frases.

Para acometer el segundo paso del ejercicio los estudiantes deben utilizar las características aprendidas en la unidad 2 para describir a la familia. Además deben añadir intensificadores y cuantificadores (*bastante, muy*) y adverbios de tiempo (*normalmente, siempre, frecuentemente*).

2 Habla
Página 108

Este ejercicio anima los estudiantes a debatir sus opiniones, utilizando las frases para indicar si están de acuerdo o no. Recuerde a los estudiantes que utilicen las expresiones para indicar acuerdo/desacuerdo que aparecen en la tabla de vocabulario en la página 107.

Después de trabajar en parejas puede continuar este discurso con la clase entera para seguir repitiendo el vocabulario y así profundizar en el aprendizaje.

3 Lee
Página 108

Este texto incluye el pretérito indefinido que se aprendió durante las unidades 6, 7 y 8, tanto como el pretérito imperfecto que se explicó en esta unidad (9). Además, aprendieron el vocabulario para describir a alguien en la primera unidad, así que aquí deben repasar estos conocimientos.

Puede organizar juegos de repaso para ayudar a los estudiantes a recordar las estructuras, por ejemplo adivina quién. Todos los estudiantes se ponen en pie mientras que el profesor describe características, como *tengo el pelo rubio*. Solo los estudiantes que tienen esa característica quedan de pie, los demás se sientan, hasta que solo quede en pie un estudiante. Repita el juego, dejando el papel de profesor a un estudiante diferente cada vez.

No es esencial que incluyan cada elemento de las respuestas como aparecen aquí pero deben asegurarse de que escriben la tercera persona singular.

Respuesta

1

enseñaba, quería, tenía, era, estaba, le encantaba, le gustaba, sabíamos, medía, llevaba

2

me inspiró, contó

3

A ¿Cómo se llama el profesor / la profesora? Se llama Señor Martínez.

B ¿Qué asignatura enseñaba? Enseñaba la historia.

C ¿Por qué era un profesor inspirador? Inspiró mucho. En particular inspiró a Felipe a buscar más información y a saber más. Era muy justo y siempre entusiasta y apasionado, le encantaba su trabajo.

D ¿Cómo era su personalidad? Era un hombre muy simpático, le gustaba hablar mucho y les contó muchas historias fascinantes. No era muy estricto, pero tampoco era sumiso, sabían todos exactamente cómo comportarse en su clase.

E ¿Cómo era físicamente? No era muy grande, solo medía más o menos un metro sesenta y cinco, y también estaba muy delgado. Pero tenía una voz muy fuerte. Tenía el pelo corto y gris (aunque probablemente solo tenía entre cuarenta o cuarenta y cinco años). Llevaba gafas, ¡y siempre llevaba la misma chaqueta marrón!

4 Escribe `Página 108`

Los estudiantes deben utilizar el vocabulario de los dos ejercicios de lectura para formar los fundamentos de sus descripciones. Tendrán que adaptar los verbos utilizados en el primer ejercicio donde están en el presente. Puede que sea útil hablar otra vez con los estudiantes sobre la formación del pretérito imperfecto, y también sobre cuándo se utiliza el pretérito imperfecto (una acción que continua, o que continuaba durante un periodo indefinido), y cuándo se utiliza el pretérito indefinido (una acción que interrumpe la acción en el pretérito imperfecto o que tiene un final claro).

Ejemplo: *Siempre le gustaba* (pretérito imperfecto) *contarnos historias divertidas. Pero un día nos contó* (pretérito indefinido) *la historia de su primer día en el colegio.*

5 Habla `Página 108`

Anime a los estudiantes más capaces a hablar de memoria, sin utilizar el texto que acaban de escribir. Además, puede proveerles de unas preguntas adicionales para forzarles a pensar un poco más.

Los estudiantes con un nivel más bajo deben contestar utilizando los verbos del texto, mientras que los estudiantes más capaces deben intentar utilizar una variedad de verbos adicionales para extender sus frases.

El uniforme escolar, ¿es importante?

1 Lee y habla `Página 109`

Es importante enfatizar a sus estudiantes que no hay una respuesta correcta para el ejercicio, para así facilitar el debate entre los estudiantes y permitir más el uso del lenguaje para llegar a una decisión.

2 Escucha `Página 109`

Los estudiantes tienen que escuchar no solo para decidir si cada alumno está a favor o en contra del uniforme sino también para justificar su decisión.

🎧 Audio

1 Soy María. Antes, cuando no había uniforme escolar, siempre estaba muy nerviosa porque no sabía qué llevar y tenía mucho miedo de no estar de moda.

2 Hola, me llamo Fede. En mi opinión el uniforme escolar es un desastre, no quiero que nadie tenga el derecho a decidir lo que voy a llevar yo.

3 Soy Manolo y creo que el uniforme escolar es esencial para el bienestar de los estudiantes en el colegio. En mi colegio había muchos problemas de acoso escolar a causa de no llevar uniforme.

4 Me llamo Teresa y pienso que el uniforme escolar es más práctico. Aunque mi falda sea fea, es muy fácil lavarla y no me preocupo mucho de cuidarla.

5 Soy Paula y creo que el uniforme es sexista ya que normalmente las chichas tienen que llevar una falda conservadora mientras que los chicos llevan pantalones normales.

6 Me llamo Roberto y me parece que comprar todos los elementos del uniforme escolar cuesta mucho, pero no tanto como comprar ropa de moda diferente para cada día.

Respuesta

	Nombre	A favor / en contra	Justificación
1	María	a favor	Antes tenía mucho miedo de no estar de moda.
2	Fede	en contra	Quiere decidir lo que va a llevar por sí mismo.
3	Manolo	a favor	Evita muchos problemas de acoso escolar.
4	Teresa	a favor	El uniforme escolar es más práctico.
5	Paula	en contra	Es sexista.
6	Roberto	a favor	Comprar ropa de moda cuesta más que comprar el uniforme.

3 Habla
`Página 109`

Los estudiantes deben utilizar el vocabulario del ejercicio de lectura y su conocimiento de otros debates para expresar sus opiniones sobre el uniforme escolar.

Puede ser útil mezclar los grupos tras dos o tres minutos de debate para facilitar la repetición justificaciones y su asimilación.

4 Lee
`Página 109`

1 Esta tarea provee una oportunidad de repasar las prendas de ropa aprendidas en la unidad 1.

Respuesta

zapatillas de deporte, zapatos, pantalones, camisa, camiseta, falda, jersey, vestido, chaqueta, chándal

2 Este tipo de ejercicio aparece normalmente en los exámenes, así que es importante que los estudiantes desarrollen las destrezas necesarias para afrontarlo. Ayude a los estudiantes a reflexionar sobre la importancia de la gramática y del contexto para resolver el ejercicio.

Respuesta

1 llevan, 2 dictar, 3 tengo, 4 guay, 5 llevo, 6 ropa, 7 tanto, 8 falta, 9 acaba, 10 llevar

5 Escribe
`Página 109`

Los estudiantes deben ser muy precisos para escribir entre 40 y 50 palabras. Tienen que planear sus respuestas y pensar cómo pueden incluir el detalle necesario para cumplir con la tarea.

Los estudiantes con un nivel más bajo probablemente necesitarán un poco de ayuda en cómo estructurar su respuesta.

• Describe tu uniforme (*mi uniforme consiste en…, en mi opinión es…*) o explica que no llevas uniforme (*no llevo uniforme en mi colegio*).

• Declara si te gusta llevar uniforme escolar o no.

• Utiliza dos de las frases de la lista del primer ejercicio de la página para justificar tu opinión.

José Luis describe las instalaciones de su colegio

1 Lee y escribe
`Página 110`

Este ejercicio aportará resultados diferentes. Aunque sí que hay 8 respuestas correctas para el primer paso, no hay respuestas exactas ni para el segundo ni para el tercer paso. Lo más importante será las estrategias que los estudiantes utilicen para sus deducciones, que luego pueden poner en común con el resto de la clase.

Respuesta

biblioteca (f), vieja

patio (m), grande

cafetería (f), pequeña

cancha de baloncesto (f), básica

gimnasio (m), chulo

laboratorios científicos (m), modernos

sala de informática (f), bien equipada

2 Escucha
`Página 110`

Esta tarea tiene objetivo practicar el reconocimiento de las instalaciones y además de enfatizar el uso del superlativo relativo antes del ejercicio oral siguiente.

Los estudiantes más capaces deben anotar toda la información que puedan.

🎧 Audio

1 Hola, soy Mariló y para mí la cafetería es la parte más social de mi colegio, soy muy habladora.

2 Me llamo José Luis y en mi opinión las aulas son las instalaciones más estimulantes del colegio, es muy importante decorarlas de manera interesante ya que es donde aprendemos.

3 Soy Luisa y para mí el gimnasio es lo peor de mi colegio, el deporte no sirve para nada en mi vida, prefiero pensar que hacer deporte.

4 Soy Carmen y en mi opinión la sala de informática es la parte más anticuada de mi colegio, es una lástima y se necesita modernizarla.

5 Me llamo Rafa, parece ridículo pero en mi colegio lo más moderno es el patio, acaban de terminar unas obras para mejorarlo, y me encanta.

6 Me llamo Andrés y en mi colegio los laboratorios son los espacios más divertidos porque hacemos experimentos e investigaciones, y me fascinan.

Respuesta

1 Mariló, la cafetería, social
2 José Luis, las aulas, estimulantes
3 Luisa, el gimnasio, lo peor
4 Carmen, la sala de informática, anticuada
5 Rafa, el patio, moderno
6 Andrés, los laboratorios, divertidos

3   Habla | Página 110 |

Los estudiantes deben utilizar el superlativo relativo para completar esta tarea. El adjetivo más obvio para el ejercicio es *importante*, así que resultará útil dar tres minutos antes de hablar para preparar una lista de adjetivos variados.

Para practicar el uso del superlativo relativo los estudiantes deben hablar con varios compañeros para repetir su frase. Los estudiantes más capaces deben utilizar un adjetivo diferente cada vez.

4   Escribe | Página 110 |

Esta tarea combina toda la información que los estudiantes han aprendido durante esta unidad. Deben intentar incluir una variedad de vocabulario y estructuras, incluyendo el comparativo, superlativo y pretérito imperfecto. También deben intentar incorporar lengua y elementos gramaticales de otras unidades para mejorar sus descripciones y para agregar variedad gramatical. Los estudiantes necesitarán unos minutos para preparar su respuesta, para pensar no solo en los detalles sino también cómo expresarse sin repetirse.

Respuesta

1

	estudiar	escribir	suspender
yo	estudiaría	escribiría	suspendería
tú	estudiarías	escribirías	suspenderías
él/ella/usted	estudiaría	escribiría	suspendería
nosotros(as)	estudiaríamos	escribiríamos	suspenderíamos
vosotros(as)/vos	estudiaríais	escribiríais	suspenderíais
ellos(as)/ustedes	estudiarían	escribirían	suspenderían

2

1   Si pudiera el año que viene estudiaría negocios porque creo que sería muy útil para mi futuro ya que me gustaría trabajar en los negocios internacionales.

2   En nuestras clases de matemáticas escribiríamos menos y así creo que aprendería mucho más y sería más divertido

3   Si el profesor de ciencias fuera más interesante mi amigo Juan no suspendería, pero también debería estudiar mucho más durante las clases.

Después de escribir el primer borrador puede ser útil dejar a los estudiantes que lean las composiciones de sus compañeros para dar unos consejos precisos sobre cómo mejorarlas y para generar más ideas para las suyas mismas. Para conseguir esto puede ser apropiado darles a todos un rotulador fluorescente para indicar secciones que necesitan atención, para luego escribir una frase recomendando cómo mejorar la descripción (más detalle, más variedad gramatical, etc.). Esto guiará a los estudiantes para mejorar la calidad de su descripción y poder escribir otro borrador mejorado con los consejos.

📖 Cuaderno de ejercicios 9/6 | Página 26 |

Este ejercicio ayuda a los estudiantes a familiarizarse con la conjugación y uso del condicional. La segunda parte del ejercicio presenta la forma verbal del pretérito imperfecto del subjuntivo pues es un tiempo que aparece a menudo conjuntamente con el condicional para expresar causalidad potencial. No se espera que los estudiantes aprendan este tiempo verbal a estas alturas del curso, pero es conveniente que se acostumbren a su presencia con el condicional. Deben ampliar las frases para justificar sus opiniones lo más posible.

5   Lee | Página 111 |

Todos los estudiantes tendrán perspectivas diferentes sobre estas declaraciones. Muchos estudiantes decidirán que todas son imposibles, algo que abrirá un debate interesante con los estudiantes que creen que varios deberían ser posibles, sobre cómo se puede seguir mejorando el sistema para generaciones futuras.

6   Habla | Página 111 |

Los estudiantes deben utilizar comparativos y el superlativo relativo para describir las declaraciones sobre un colegio ideal. También sería útil animarles a expresar si están de acuerdo o no, especialmente al utilizar las frases naturales como *claro* o *qué va* para mejorar el dialogo.

7 Escucha y escribe [Página 111]

Para fortalecer su conocimiento del condicional los estudiantes deben escuchar a Esther y completar los espacios. Tendrán que pensar también entre la conexión entre los sonidos fonéticos y como se deletrea las palabras.

🎧 Audio

Para mí un colegio del futuro debería ser muy diferente al colegio actual donde estudio.

Primero, el edificio: habría más luz natural, siempre me duele la cabeza después de mis clases gracias a las bombillas compactas fluorescentes. También sería mejor para el medio ambiente, es muy importante respetar la naturaleza. Creo que habría muchos paneles solares y una turbina eólica también para generar electricidad. No habría aulas tradicionales, pero se podría elegir dónde estudiar, en un tipo de biblioteca o un espacio cómodo, ¡o quizás afuera, en el jardín!

Segundo, no me interesan la mayoría de mis asignaturas porque no me sirven para nada en mi vida cotidiana. Las clases tendrían que ser más activas e interesantes y así aprendería mucho más.

Respuesta

1 debería, 2 habría, 3 sería, 4 habría, 5 podría, 6 jardín, 7 asignaturas, 8 tendrían, 9 aprendería

8 Escribe [Página 111]

Lo más importante de esta tarea es que los estudiantes utilicen el condicional para expresar sus ideas. Los estudiantes más capaces deben intentar incluir unas de las expresiones que utilizan *si + subjuntivo imperfecto* del párrafo también para mejorar la calidad de su descripción.

La educación rural en Bolivia y la esperanza para un futuro mejor

📄 *Actividad adicional*
Unidad 9, página 112

Esta actividad adicional complementa la comprensión del texto de la página 112.

Respuesta

1   El sistema educativo en Bolivia solo cubre el 80 por ciento de los niños.

2   En las zonas rurales hay niños que no van al colegio por necesidad de trabajar y también porque muchos padres dudan la importancia de la formación.

3   Los dos factores que van a contribuir a la mejora del sistema educativo boliviano son la ampliación del horario escolar de cuatro a siete horas, y la tecnología.

1 Lee y escribe [Página 113]

Los estudiantes con un nivel más bajo pueden utilizar las palabras y frases del texto pero se debe animar a los estudiantes más capaces de resumir los detalles con sus propias palabras.

2 Lee [Página 113]

Este texto será difícil para muchos estudiantes ya que contiene mucho vocabulario y expresiones desconocidos. No obstante, deben reflexionar sobre las palabras que sí entiendan. Tienen que utilizar su conocimiento lingüístico existente con el texto para decodificarlo, tanto como las pistas en las fotos (*¿es un país rico o pobre? ¿qué condiciones imaginas que existen en un país así?*) y la deducción lógica.

Respuesta

A 3, B 3, C 1, D 2, E 3, F 2

3 Habla [Página 113]

Los estudiantes deben intentar reflexionar no solo sobre estos factores sino también si serán siempre útiles en las regiones rurales o si puede que haya problemas adicionales causados por estos factores, tal como el coste o si realmente van a mejorar la calidad del aprendizaje. Cada grupo puede decidir cuál le parece más importante.

Los estudiantes deben intentar utilizar las frases de ejercicios anteriores para debatir los elementos y para indicar si están de acuerdo o no.

4 Escucha [Página 113]

Este ejercicio va a ser bastante difícil para muchos estudiantes ya que el contenido es complicado. Tendrán que escuchar con detalle para poder decidir si las frases son verdaderas, falsas o si no se menciona. Antes de escuchar por primera vez puede ser útil dar los estudiantes unos minutos para decidir cuáles son las palabras claves en la frase y luego pensar en sinónimos y antónimos de estas palabras.

Los estudiantes más capaces deben intentar escribir más información adicional que menciona cada persona.

🎧 Audio

1 Soy María y para mí el problema es que a los profesores no les interesa ayudar a los alumnos. Los edificios no son cruciales, pero lo más importante es mejorar las condiciones para los profesores y pagarles más también.

2 Me llamo José y me parece que los colegios bolivianos son muy anticuados. La forma de educación no es apropiada, los estudiantes son muy pasivos y solo escuchan.

3 No hay colegios suficientes, especialmente de secundaria. No se debe tener que viajar mucho para estudiar, o deben utilizar la tecnología para ayudar a los estudiantes.

4 Va a ser muy importante convencer a los padres que la educación es el factor más importante en las vidas de sus hijos. Muchos no entienden porque deberían permitirles estudiar y no trabajar.

5 Es la responsabilidad del gobierno mejorar el sistema. Debe invertir dinero ahora en la tecnología y el futuro de los jóvenes, ellos son los que más van a cambiar el futuro de este país.

Respuesta

		verdadero	falso	no se menciona
1	María cree que los edificios son cruciales		✔	
2	La forma de educación es demasiado pasiva	✔		
3	Se debe utilizar la tecnología para ayudar a los jóvenes que no pueden ir físicamente a un colegio	✔		
4	Se debe enseñar a los padres la importancia de la educación	✔		
5	Las autoridades locales deben prometer un trabajo a cada estudiante que continúa su educación hasta la edad de catorce años.			✔

Repaso

Concurso internacional de la Organización de las Naciones Unidas – un colegio rural para el mundo moderno

1 Escribe Página 114

Este ejercicio permite a los estudiantes utilizar su imaginación para crear su colegio ideal. Anime a los estudiantes más capaces a utilizar una variedad de estructuras en su artículo, especialmente el pretérito imperfecto y el condicional.

Los estudiantes de nivel más bajo pueden basar su artículo en la descripción de su propio colegio, pero necesitarán reflexionar sobre los cambios que a ellos les gustaría ver para mejorar el sistema.

10 ¡Vamos a celebrar!

Área temática	Trabajo y ocio
Tema	Entretenimiento
Aspectos	Eventos culturales y especiales: festivales Actividades recreativas Festejos
Gramática	Adjetivos Verbos modales Verbos irregulares con cambio radical Adjetivos comparativos (repaso) Superlativo absoluto Pretérito imperfecto (repaso) Verbos impersonales
Tipos de texto	Póster Horario Anuncio Folleto Correo electrónico Receta Sitio web de una red social Invitación
Rincón IB	**Teoría del Conocimiento** • Investiga las razones por las que los gentilicios son una parte importante de la lengua española. • Cuestiones éticas sobre el uso y abuso de animales en la celebración de festivales. **Trabajo escrito** • Sincretismo en las celebraciones en Latinoamérica con la confluencia tras la conquista de tradiciones indígenas y la religión católica. **Oral individual** • Describir fotos representando diferentes escenas de festivales en el mundo hispano. (Describir las imágenes durante 1-2 minutos y contestar a preguntas sobre ellas.) • Conversación general sobre las fiestas que celebras en tu familia y con tus amigos. Habla sobre las celebraciones que recuerdas de cuando eras más joven. **Producción escrita** • Estás organizando una fiesta de fin de curso para tu clase de español. Escribe una **invitación** para colgar en las redes sociales explicando todos los detalles. Incluye información sobre el lugar, la fecha y hora, las actividades que va a haber, y lo que deben traer. (Escribe como mínimo 100 palabras.)

Esta unidad aborda ciertos aspectos del área temática Trabajo y ocio, y cubre el vocabulario sobre fiestas y tradiciones populares en el mundo hispanohablante en el contexto del Carnaval de Gran Canaria, uno de los eventos más populares del calendario español de fiestas. Los estudiantes ganarán un amplio conocimiento cultural y aprenderán el vocabulario y estructuras para describir eventos y celebraciones, expresar su opinión sobre los mismos e invitar a otros a acompañarles en ocasiones señaladas.

La unidad se centra en puntos gramaticales tales como verbos de cambio radical, el pretérito imperfecto, y el futuro inmediato, además de otros temas como adjetivos, adjetivos comparativos, superlativos y preposiciones.

1   Introducción   Página 115

Discuta con sus estudiantes de qué se trata el cartel y la información que contiene así como el modo en que se presenta la información en él: ¿frases completas o incompletas?, ¿por qué? Se recomienda que anime a sus estudiantes a responder en español en oraciones completas y no solo en respuestas breves, particularmente las tres últimas preguntas que permiten a los estudiantes respuestas más elaboradas y extensas de acuerdo con las habilidades de cada uno.

Respuesta

¿De qué se trata? Se trata de un póster informativo sobre el Carnaval de Gran Canaria que promociona el concurso de maquillaje corporal.

¿Dónde? Tiene lugar en el parque de Santa Catalina.

¿Cuándo? Tiene lugar el cuatro de marzo.

¿A qué hora? A las nueve de la noche.

Los grancanarios hacen planes para ver sus eventos preferidos

1   Lee   Página 116

Esta actividad es mayoritariamente cultural pues la intención es hacer que los estudiantes asimilen la gran escala y variedad de actividades en oferta durante el carnaval de Gran Canaria en contraste con otros conceptos de carnaval que ellos puedan tener. Puede mencionar por ejemplo, que en la mayoría de localidades de España el carnaval solamente dura un fin de semana donde se hace una competición de comparsas y/o disfraces, actividades infantiles, bailes populares y el entierro de la sardina. El carnaval también se celebra en febrero en los colegios donde los niños acuden disfrazados el día de carnaval. Anime a los estudiantes a comparar el Carnaval de Gran Canaria con celebraciones con las que estén familiarizados ya sea en su propio país o en el extranjero, y a considerar los factores socioeconómicos, históricos y medioambientales que conllevan celebraciones a tal escala.

Respuesta

1   La reina del carnaval

2   Comparsas infantiles

3   Entierro de la Sardina

4   Carnaval canino

5   Gala Drag Queen

6   Maquillaje corporal

2   Habla   Página 116

El objetivo del ejercicio es dar la oportunidad a los estudiantes de expresar sus opiniones y razones referentes al carnaval y sus eventos pero de una forma que contribuya a su base de vocabulario ya existente.

📖 Cuaderno de ejercicios 10/1   Página 27

El objetivo de este ejercicio es que los estudiantes repasen los adjetivos que han visto en el libro y añadan otros propios mejorando así su base de vocabulario.

Respuesta posible

Adjetivos positivos	Adjetivos negativos
entretenido	ridículo
alucinante	lamentable
atrayente	excéntrico
increíble	absurdo
maravilloso	grotesco
colorido	indefendible
chistoso	inconcebible
original	cruel
distraído	inaceptable
ameno	deplorable

📖 Cuaderno de ejercicios 10/2   Página 27

El ejercicio tiene el objetivo de proveer a los estudiantes oportunidad para que practiquen algunos de los adjetivos junto a las comparaciones que han visto en el libro.

Respuesta posible

El carnaval canino es tan deplorable como otros festivales donde se utilizan animales para la diversión del público.

El carnaval canino es menos cruel que las corridas de toros.

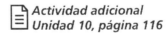
Actividad adicional
Unidad 10, página 116

Esta actividad adicional tiene como objetivo consolidar la comprensión de la programación del Carnaval de Gran Canaria que aparece en la página 116.

Respuesta

1   Falso. Las fiestas de carnaval duran una semana y media.

2   Verdadero.

3   Falso. El festival se inaugura con el Pregón y Gala de apertura.

4   Verdadero.

3 Escucha

Página 117

El objetivo del ejercicio es familiarizar a los estudiantes con convenciones comunes a la hora de invitar a otros a hacer alguna actividad, así como estructuras para disculparse y excusarse cuando no se puede o no se quiere aceptar la invitación. Si lo cree oportuno, puede hacer que los estudiantes más hábiles intenten ordenar la conversación antes de escuchar el audio y utilicen el audio como método de verificación. Si lo ve necesario, puede parar el audio después de cada intercambio para ayudar a los estudiantes menos hábiles. Se aconseja que también dirija la atención de sus estudiantes a expresiones muy comunes del idioma como *¡Vale!*, *¡Vaya!* y *Bueno*.

Por el momento, pida a los estudiantes que ignoren el hecho de que algunas frases y palabras están escritas en un color diferente.

🎧 Audio

Sí, ¿aló?

Hola, ¿está María José?

Sí, soy yo. ¿Quién habla?

Soy Carla. Te llamo para ver si quieres quedar esta noche para ir a la Gala de Inauguración.

No, lo siento; esta noche no puedo porque trabajo.

¡Qué pena! ¿Quieres salir mañana entonces?

No, me temo que tampoco puedo porque tengo la cena de cumpleaños de mi abuelo. ¡Qué rollo!

¡Vaya! Bueno, otro día... ¿Qué quieres ver en el Carnaval?

¿Estás libre el sábado? Me apetece ver el concurso canino.

Sí, estoy libre. Podemos ir a cenar entre el evento de los perros y la Gala Drag Queen.

Perfecto. ¡Qué buena idea! ¿Dónde quieres quedar?

Podemos quedar delante del restaurante Los Olivos.

De acuerdo, ¿a qué hora?

¿A las cuatro y media?

Vale, a las cuatro y media delante de Los Olivos. ¡Hasta el sábado!

¡Hasta el sábado!

Respuesta

I, C, A, K, M, B, D, LL, E, H, L, N, G, F, Ñ, J

Gramática en contexto

Verbos de cambio radical

Los verbos *querer* y *poder* son de cambio radical. Así pues, es un buen momento para recordar a los estudiantes que en esta minoría de verbos, la raíz sufre un cambio en la vocal de su penúltima sílaba en el presente de indicativo. Este cambio solo afecta a cuatro de los seis pronombres y la tabla ilustrada en el libro del alumno es una estrategia para ayudarles a recordar en qué pronombres ocurre el cambio.

4 Lee y escribe

Página 117

El ejercicio tiene el propósito de verificar la comprensión del texto al mismo tiempo que ofrece a los estudiantes la oportunidad de practicar sus conocimientos gramaticales adquiridos referentes a la conjugación de verbos, incluidos los verbos de cambio radical. Para estudiantes menos hábiles, puede si lo desea dar dos opciones para cada frase por ejemplo: 1 va/va a ir, 2 pode/puede, 3 quiere/va a querer, 4 apetezco/apetece, 5 van a cenan/van a cenar, 6 quedo/quedan.

Respuesta

1   Carla va a ir a la Gala de Inauguración.

2   María José no puede salir porque trabaja.

3   María José tampoco quiere quedar el día después.

4   A María José le apetece ver las comparsas.

5   Las chicas van a cenar en un restaurante el viernes.

6   Las dos amigas quedan el viernes a las seis y media.

5 Escribe

Página 117

El ejercicio brinda a los estudiantes la oportunidad de crear su propia conversación donde organicen una salida con un amigo. Anime a los estudiantes a ser creativos y si lo desea puede establecer parámetros como por ejemplo tener que declinar dos propuestas antes de aceptar. Para los estudiantes menos hábiles, sugiera que copien la conversación en el orden correcto de acuerdo con sus respuestas al ejercicio 3 y entonces intenten modificar algunos o todos los elementos resaltados. Después de que escriban la conversación, si lo desea, puede indicar a los estudiantes que practiquen la conversación que han escrito como preparación para el ejercicio siguiente.

6 Habla
Página 117

El objetivo de la actividad es dar amplia oportunidad para que los estudiantes practiquen conversaciones invitando a alguien a salir. Se sugiere que haga que los estudiantes en el grupo se sienten de espaldas los unos a los otros forzándoles así a levantar más la voz e imitar con más fidelidad una llamada telefónica. Puede dejar que los estudiantes elijan quién llama primero o puede darles un parámetro, como por ejemplo que el estudiante mayor o más alto llame primero y sigan esa secuencia hasta que lo hayan hecho todos. Anime a los estudiantes más avanzados a utilizar variedad de estructuras y vocabulario declinando ofertas repetidamente, de manera que el estudiante intentando concretar la cita tenga que pensar en alternativas. Otros estudiantes en el grupo pueden actuar como monitores, anulando partes de la conversación cuando la repetición, inexactitud gramatical, o falta de originalidad sean evidentes. Los estudiantes menos hábiles pueden utilizar la conversación que han escrito en el ejercicio anterior como apoyo. También puede hacer que el resto de la clase utilice las conversaciones de los demás como un ejercicio de comprensión auditiva, tomando notas de las actividades sugeridas, razones para declinar, actividad acordada, lugar y fecha de encuentro, etc.

En el Carnaval de Gran Canaria los jóvenes comparten sus conocimientos sobre este y otros festivales españoles

1 Lee
Página 118

El objetivo del ejercicio es una vez más primordialmente cultural. Los estudiantes deberán emparejar las fotos con la descripción del festival basándose en vocabulario clave, sin la necesidad de comprender todos los detalles de las descripciones. Puede preparar a sus estudiantes haciendo que anticipen el vocabulario clave mirando las fotos antes de leer las descripciones.

Respuesta

A las Fallas

B La Tomatina

C El Carnaval de Gran Canaria

D Los Sanfermines

📖 Cuaderno de ejercicios 10/3
Página 28

El objetivo del ejercicio es que los estudiantes practiquen el vocabulario y estructuras comunes del contexto de organizar una cita.

Respuesta

G **Soraya:** Sí, ¿dígame?

8 **Iván:** Hola, ¿está Soraya?

C **Soraya:** Sí, soy yo. ¿Quién habla?

2 **Iván:** Soy Iván. Te llamo para ver si quieres quedar esta tarde.

A **Soraya:** Mmmm… No sé, estoy bastante ocupada. Tengo que cuidar a mi hermano pequeño.

8 **Iván:** ¡Qué pena! ¿Quieres quedar mañana entonces?

B **Soraya:** ¿A qué hora?

3 **Iván:** A las nueve para cenar en la pizzería nueva del centro.

D **Soraya:** No, lo siento pero a las nueve no puedo porque trabajo hasta las ocho y media.

1 **Iván:** ¡Vaya! Bueno, ¿quedamos a las nueve y media?

E **Soraya:** Sí, vale. A las nueve y media me va bien. ¿Qué hacemos después?

5 **Iván:** Después podemos ir a ver la Gala Drag Queen si te apetece.

H **Soraya:** Buena idea, es siempre muy divertido. ¿Quedamos en el centro?

6 **Iván:** Sí, delante del restaurante a las nueve y media.

F **Soraya:** Perfecto, nos vemos allí. ¡Chao!

4 **Iván:** Adiós, hasta luego.

2 Comprensión
Página 118

Este ejercicio requiere que los estudiantes lean los textos con más detalle para anotar la información requerida para completar la tabla. Probablemente la mayoría pueden completar las cuatro primeras casillas sin demasiado problema pero puede que necesiten el apoyo de un diccionario para comprender lo que las actividades comprenden en cada caso, aunque se recomienda que anime a los estudiantes a discutir entre ellos y anticipar el sentido de las respuestas con la ayuda de las fotos antes de utilizar el diccionario.

Respuesta

Festival	Fecha y duración	Lugar	Número de turistas	Actividades principales
Las Fallas	19 de marzo, una noche	Valencia	5.000.000	Se queman figuras de madera, cartón y papel maché que caricaturizan hechos y personajes de la actualidad.
La Tomatina	Último miércoles de agosto, una hora	Buñol	50.000	Batalla de tomates.
El Carnaval de Gran Canaria	Febrero, tres semanas	Gran Canaria		Comparsas, pasacalles, concursos y el entierro de la sardina.
Los Sanfermines	Del 7 al 14 de julio, una semana	Pamplona	800.000	Multitud que corre delante de una manada de toros, corridas por la tarde.

3   Escucha   Página 119

El ejercicio requiere que los estudiantes identifiquen el festival del que hablan los jóvenes. Las respuestas pueden ser identificadas de manera relativamente fácil a través del vocabulario clave que ya han explotado en el ejercicio anterior, como por ejemplo el nombre de la localidad donde tiene lugar el evento. Dicho esto, el objetivo principal de este ejercicio es introducir un ángulo más serio al tema de los festivales, y hacer que los estudiantes empiecen a pensar en los efectos, consecuencias y consideraciones menos obvias de tales celebraciones.

🎧 Audio

Gema
Es un festival muy divertido y es bueno para la economía de Buñol, pero por otro lado me parece un desperdicio muy grande de comida, cosa que no me parece bien con toda el hambre que hay en el mundo, particularmente en África. Además, hoy en día hay muchos países que todavía sufren de la crisis económica, así que no deberíamos tirar comida.

Iván
Es una tradición de hace muchos años y es importante conservar las tradiciones porque son parte de la identidad del país. Sin embargo, estoy en contra del maltrato de los animales y me parece cruel que tengamos que matar a los toros en las corridas de la tarde. Pienso que es inhumano.

Irene
Es increíble que los vecindarios trabajen todo el año para preparar los Ninots para la fiesta. Ese sentimiento de pertenencia y de comunidad es muy raro, positivo y admirable. Por otro lado, creo que con todos los problemas del medio ambiente que tenemos, la cantidad adicional de contaminación acústica y atmosférica que se crea esa noche es innecesaria.

Respuesta

Gema: La Tomatina

Iván: Los Sanfermines

Irene: Las Fallas

4 Escucha Página 119

El objetivo del ejercicio es que los jóvenes consideren las ventajas y desventajas de los festivales, y consideren otros elementos más profundos que van más allá de la simple diversión y contribución económica que estos constituyen. Si lo desea, particularmente donde los conocimientos del idioma todavía sean muy limitados; puede hacer que los estudiantes consideren de antemano qué aspectos positivos y negativos presentan los tres festivales, y así podrán anticipar lo que pueden oír haciendo la tarea menos difícil. Una vez completado el ejercicio puede hacer que los estudiantes discutan tradiciones y eventos locales o regionales desde las perspectivas introducidas por este ejercicio.

Respuesta

1 La contaminación atmosférica y acústica – Las Fallas

2 La crisis financiera – La Tomatina

3 El sentimiento de comunidad – Las Fallas

4 El desperdicio de comida – La Tomatina

5 El impacto positivo en la economía local – Los Sanfermines

6 La identidad nacional – Los Sanfermines

7 La escasez de alimentos – La Tomatina

8 La crueldad contra los animales – Los Sanfermines

5 Habla Página 119

El ejercicio crea una oportunidad para que los estudiantes expresen sus opiniones sobre los festivales vistos hasta el momento. Anime a sus estudiantes a reciclar el vocabulario del ejercicio anterior, expresando su opinión en referencia a los aspectos más profundos explotados previamente. El énfasis del ejercicio está en el uso y variedad de opiniones, y particularmente adjetivos, de manera que deberá recordar a sus estudiantes la necesidad de la concordancia, así como el hecho de que ciertos adjetivos, como por ejemplo *popular*, no cambian en su forma femenina. Llame la atención de sus estudiantes sobre la tabla de gramática, y anímelos a que experimenten con el superlativo absoluto que es relativamente fácil de aplicar.

6 Investiga Página 119

El objetivo del ejercicio es primordialmente cultural y tiene la intención de hacer que los estudiantes se den cuenta (si no lo han hecho ya) de que la cultura hispanohablante es muy rica en fiestas y festivales que no siempre tienen una raíz religiosa. En primer lugar pida a los estudiantes que compartan con el resto del grupo las celebraciones y festivales de los que ya tengan conocimientos. Después haga que los estudiantes busquen en la red información sobre estos u otros festivales del mundo hispanohablante. Si lo desea puede asignar a los estudiantes países, meses del año o festivales específicos para que no todos investiguen los mismos eventos. Si lo desea puede permitir que los estudiantes hagan la investigación en parejas o grupos pequeños. Las preguntas sugeridas tienen la intención de guiar a los estudiantes sobre qué información pueden buscar y así pues, dar consistencia a sus búsquedas. Estos son los nombres de algunos festivales o celebraciones que puede sugerir a sus estudiantes si lo cree necesario: La Navidad (puede especificar países concretos o regiones: Cataluña tiene por ejemplo unas tradiciones muy diferentes al resto de España), La Diablada (Bolivia), El día de la Hispanidad (Latinoamérica y España), Inti Raymi (Perú), El camino de Santiago (España), Festival del Tango (Argentina), Sant Jordi (Cataluña), La Fiesta del Fuego (Cuba), Fiestas Patrias (Honduras).

Respuesta posible

El día de los muertos, México.

Se celebran las vidas de los muertos bajo el concepto de que estos se sentirían insultados por la tristeza y el duelo de los vivos.

Se celebra en noviembre y dura dos días: el 1 y 2 de noviembre.

Se celebra en varios países latinoamericanos, pero las celebraciones en México son las más famosas.

Durante las celebraciones se decoran las tumbas de los seres queridos. También se cocinan los platos preferidos de los muertos, y se les llevan fotos y otras ofrendas. También se decora todo con calaveritas de azúcar o chocolate.

Participan todos los miembros de las familias donde ha habido muertes de seres queridos. Se cree que con las calaveras por todas partes ese día los muertos también celebran con los vivos.

El Día de los Muertos llegó a Latinoamérica con los conquistadores españoles, y combina el catolicismo con rituales indígenas.

Las ventajas de esta celebración son el sentimiento de comunidad que atrae, así como el hecho de que las familias olvidan sus disputas temporalmente para celebrar juntos la vida de los muertos. También es positivo el hecho de que mantiene viva las tradiciones indígenas. Es un día festivo, así que la mayoría de la población no tiene que trabajar. Atrae a bastantes turistas procurando más ingresos para esta industria.

Aunque no tiene desventajas a gran escala, hay una cantidad significativa de desperdicio de alimentos y otros recursos utilizados para hacer las decoraciones que solamente serán utilizadas por un breve espacio de tiempo. Lentamente es una tradición que se está volviendo más comercializada, y mucha gente compra las decoraciones y dulces en lugar de hacerlos. La influencia de los Estados Unidos hace que la tradición tenga que convivir y luchar contra el auge de la celebración pagana de Halloween.

En general, las opiniones de la gente son muy positivas y todos quieren mantener viva esta tradición, y disfrutan de su celebración.

7 Habla

Página 119

En este ejercicio los estudiantes comparten con sus compañeros la información que han hallado sobre el festival que han investigado. Si la tecnología está disponible en clase, puede animarles a preparar una presentación electrónica para que así el público que escucha tenga el apoyo de imágenes e información clave en las páginas de la presentación, para contextualizar el festival o celebración del que se habla. Se sugiere que el público tome notas sobre la información clave en respuesta a las preguntas del ejercicio anterior, así pues convirtiendo la actividad en compresión auditiva y de lectura para el resto de la clase, y no solo de práctica oral para los presentadores. Sería buena práctica para el examen oral si animara a los estudiantes a exponer preguntas al final de las presentaciones, particularmente dónde no se hayan respondido todas las preguntas del ejercicio anterior. Preguntas orientadas a que los locutores expresen espontáneamente sus opiniones propias sobre los festivales también pueden representar una práctica muy útil.

El Carnaval de Gran Canaria trae recuerdos de la infancia a los asistentes

 Cuaderno de ejercicios 10/4 Página 29

Este ejercicio tiene un objetivo mayoritariamente cultural haciendo que los estudiantes tengan que pensar primordialmente en las capitales de los países de habla hispana, además de percatarse y recordar otros gentilicios comunes.

Respuesta

Gentilicio	Ciudad (país)
madrileño	Madrid (España)
habanero	La Habana (Cuba)
limeño	Lima (Perú)
paceño	La Paz (Bolivia)
santiaguino	Santiago de Chile (Chile)
bogotano	Bogotá (Colombia)
quiteño	Quito (Ecuador)
tegucigalpense	Tegucigalpa (Honduras)
asunceño	Asunción (Paraguay)
montevideano	Montevideo (Uruguay)
caraqueño	Caracas (Venezuela)
moscovita	Moscú (Rusia)
londinense	Londres (Reino Unido)
tokiota	Tokio (Japón)
washingtoniano	Washington (Estados Unidos)
parisino	París (Francia)
otauense	Ottawa (Canadá)
berlinés	Berlín (Alemania)

1 Comprensión

Página 120

El objetivo del ejercicio es que los estudiantes practiquen su habilidad de escanear textos poco familiares para encontrar información clave, puesto que a menudo los estudiantes se inquietan cuando no reconocen todas o la mayoría de las palabras. Solo se espera de ellos una frase como por ejemplo: *Leticia habla de su celebración favorita durante su infancia*.

Este ejercicio es una buena oportunidad para llamar la atención de los estudiantes sobre el uso en español de los gentilicios que no necesariamente existen en todos los idiomas. Indique a los alumnos que en español no se utiliza una mayúscula al principio del gentilicio pues estos funcionan del mismo modo que las nacionalidades que ya han visto en capítulos previos.

2 Lee
Página 120

El ejercicio tiene el objetivo de incrementar la base de vocabulario de los estudiantes poniendo a prueba su capacidad de reconocimiento de las bases de la gramática española. Según la habilidad de sus estudiantes, puede sugerirles que consideren el género, número y tipo de palabra o expresión que buscan como por ejemplo nombre, adjetivo, adverbio, etc. También puede dejar que hagan el ejercicio y después preguntarles qué estrategias han utilizado para hallar las respuestas correctas.

Respuesta

celebración – fiesta

entonces – en aquel momento

me encantaba – me entusiasmaba

concurso – competición

siempre – invariablemente

ansiedad – angustia

competir – concursar

inasequibles – caros

grupos – peñas

favorita – preferida

alegría – felicidad

3 Lee
Página 120

En este ejercicio los estudiantes deben demostrar una comprensión ya más profunda del texto al mismo tiempo que se pone en práctica la aplicación de algunos de los sinónimos vistos en el ejercicio anterior.

Respuesta

1   …vivía con su abuela. → vivía con sus padres.

2   …prefería la primavera que las otras épocas del año. → prefería el invierno

3   …competía en el concurso de disfraces con sus hermanos. → con sus amigos

4   …concursaba con una peña que tenía bastante dinero. → que no tenía mucho dinero

7   …el Carnaval era solo para los niños. → era para mayores y pequeños

4 Lee
Página 120

El objetivo del ejercicio es que los estudiantes identifiquen las palabras con el sentido opuesto de acuerdo con el texto. Es posible que los estudiantes no reconozcan la palabra *antónimos* y que sea necesario que clarifique su significado antes de abordar el ejercicio.

Una vez más, los estudiantes se concentran en ampliar la variedad de su vocabulario y desarrollar su habilidad para el uso del contexto para identificar el tipo de palabra y su significado. Si lo cree necesario deberá recordar a los estudiantes que utilicen sus conocimientos gramaticales adquiridos hasta el momento, en lugar de dirigirse a un diccionario directamente.

Es muy posible que los estudiantes no conozcan la tradición de los Reyes Magos, en cuyo caso se sugiere que clarifique el significado de algunas palabras claves, o bien haciendo que los estudiantes investiguen su significado o proporcionándoles algunas definiciones para que puedan comprender el texto:

La Cabalgata: es un desfile de carrozas, jinetes y comparsas con motivo de una festividad.

Los Reyes Magos: tres dignatarios de países lejanos que acudieron al homenaje del niño Jesús, llegando al establo la noche del 5 de enero. Le ofrecieron regalos de riqueza simbólica: oro, incienso y mirra.

Roscón de Reyes: un postre típico del día de Reyes: bollo dulce en forma de anillo relleno de dulce de calabaza, nata, crema o similar, que esconde una figura de un rey y una haba. Quien encuentra el haba en su parte del roscón tiene que pagar el roscón, y quien encuentra el rey es coronado y adulado.

Respuesta

buenos – traviesos

aborrecía – me encantaba

dormido – despierto

encima – debajo

llorar – reír

humilde – ostentosa

tranquilamente – impacientemente

nunca – siempre

5   Lee   `Página 121`

Aquí los estudiantes demuestran su capacidad de comprensión y habilidad de manipular la gramática para contestar a las preguntas que en la mayoría de los casos requieren que el estudiante recicle los verbos tal y como aparecen en la pregunta, puesto que su exposición al pretérito imperfecto hasta la fecha ha sido limitada.

Respuesta

1   Guillermo está en Gran Canaria.

2   Es de Madrid.

3   Las Navidades, y en particular la noche de Reyes.

4   Iba a la cabalgata de Reyes.

5   Eran muy simpáticos.

6   Hacían reír a los niños y les daban caramelos. También les preguntaban si habían sido traviesos, y a veces les traían carbón.

7   Porque quería esperar a los Reyes Magos.

8   Los encontraba debajo del árbol.

6   Imagina   `Página 121`

El objetivo del ejercicio es que los estudiantes practiquen el uso del pretérito imperfecto de una manera relativamente controlada, puesto que puede guiarles a utilizar algunos o todos los verbos del recuadro requiriendo frases cortas o un párrafo más complejo según la habilidad de sus estudiantes.

Indique a los estudiantes que pueden utilizar el texto de Leticia y el texto de Guillermo como modelos a seguir, y para recordar el uso del pretérito imperfecto.

Cuaderno de ejercicios 10/5 `Página 29`

El objetivo del ejercicio es que los estudiantes repasen sus conocimientos del imperfecto.

Respuesta

Querida amiga,

Me preguntas sobre cómo **pasaba** la Navidad en Chile cuando yo **era** pequeño. Pues unos días antes de la Navidad, la empresa donde **trabajaba** mi papá **hacía** una fiesta navideña para los niños de los empleados. Yo siempre **tenía** ganas de que llegara esa fiesta, pues para mí, **era** la primera celebración de la Navidad. Además, en mi casa no **teníamos** mucho dinero, así que esa fiesta **era** particularmente importante para mí, porque **servían** dulces y helados que no **podía** comer con mucha frecuencia, y también **hacían** un espectáculo de payasos o algo así. Después **llegaba** el Viejito Pascuero (Papá Noel) y nos **daba** los regalos.

En casa mi madre **ponía** un nacimiento de madera en el comedor, donde le **rezábamos** por las noches al niño Jesús pero no **poníamos** árbol porque no **había** suficiente espacio y no **teníamos** dinero para decorarlo bien bonito. Las fiestas de Navidad las **pasábamos** en las casas de familiares y recuerdo mucha comida y mucha felicidad. A menudo, en casa de los parientes, **recibía** algún regalo y de alguna manera mi padre se las **ingeniaba** para convencerme de que todos los regalos **venían** del Viejito Pascuero.

La Navidad **era** una época muy especial que recuerdo con mucho cariño. ¿Cómo **eran** tus Navidades?

Mauricio

Cuaderno de ejercicios 10/6 `Página 30`

Este es un ejercicio de comprensión donde los estudiantes deberán leer el texto de Mauricio más detalladamente para contestar a las preguntas.

Respuesta

1   Su amiga le pregunta sobre eso en su correo anterior.

2   Empezaba con la fiesta de la empresa de su papá.

3   Había dulces y helados para comer. También había un payaso o entretenimiento de algún tipo, y el Viejito Pascuero traía regalos a los niños.

4   Porque en su casa no tenían mucho dinero.

5   Ponían un nacimiento pero no ponían árbol porque no tenían espacio ni dinero para decorarlo bien.

6   Los días de navidad visitaban a parientes donde a veces recibía regalos. Le gustaba porque recuerda mucha felicidad.

Cuaderno de ejercicios 10/7 `Página 30`

El ejercicio brinda a los estudiantes la oportunidad de escribir sobre sus propios recuerdos de Navidad, de esta manera practicando el pretérito imperfecto en contexto.

7   Habla Página 121

El ejercicio tiene el propósito de hacer que los alumnos practiquen el uso del pretérito imperfecto de una manera más espontánea porque no solo deberán preparar preguntas, pero deberán responder a las preguntas de sus compañeros. Si lo desea, puede llevar la actividad más allá para retar a sus estudiantes más hábiles y convirtiéndola en una actividad escrita dónde pida a los estudiantes que escriban sobre lo que hayan descubierto de uno de sus compañeros, practicando así, no solo la segunda persona en las preguntas (*¿qué hacías…?*) y la primera en las respuestas propias (*jugaba/jugábamos a…*), pero también la tercera persona al relatar lo que han aprendido de uno de sus compañeros (*para su cumpleaños Ana jugaba…*).

Preguntas posibles

Lugar: ¿Dónde celebrabas tu cumpleaños?

Invitados/gente: ¿Con quién celebrabas tu cumpleaños?

Actividad: ¿Qué solías hacer parar celebrar tu cumpleaños?

Tradición o diferente cada año: ¿Hacías lo mismo o algo diferente cada año?

Cumpleaños preferido y razón: ¿Cuál fue tu cumpleaños preferido y por qué?

Algunos amigos preparan una fiesta para despedir el carnaval

1   Lee Página 122

El objetivo de este simple ejercicio es simplemente introducir la idea de la preparación de una fiesta mientras se expone a los estudiantes al vocabulario utilizado por las redes sociales.

2   Comprensión Página 122

El ejercicio profundiza la compresión del vocabulario contenido en la invitación virtual mientras que al mismo tiempo también pone a prueba los conocimientos gramaticales de los estudiantes, puesto que estos serán necesarios para descartar respuestas y facilitar las opciones correctas.

Los estudiantes ya han visto lo que es el entierro de la sardina en tareas previas en esta unidad pero si lo cree necesario recuérdeles que es la ceremonia que anuncia el final del carnaval, donde se quema una figura simbólica (frecuentemente una sardina) que representa los vicios y excesos del carnaval, y así pues el entierro representa la vuelta al orden.

Respuesta

1 **F**, 2 **A**, 3 **J**, 4 **B**, 5 **K**, 6 **C**, 7 **I**, 8 **E**

3   Escribe Página 122

En este caso no se espera que los estudiantes escriban nada extenso, sino un comentario breve del tipo que los estudiantes frecuentemente cuelgan en redes sociales. El ejercicio pone a prueba la imaginación de los estudiantes y la capacidad de contextualizar cuando no tienen pautas muy estrictas.

Respuesta posible

¡Guay! Me encantan las fiestas. Es una idea genial. Nos vemos el 28. ¿Traigo algo?

¡Qué ganas tengo de ver a todo el mundo! ¡Allí estaré!

4   Escribe Página 122

Parecido al ejercicio anterior, no se espera que los estudiantes escriban extensamente sino que apliquen su creatividad e imaginación.

Respuesta posible

¡Grrrrrr! Me encantaría pero estoy en la cama con 39°C ☹

Gracias por la invitación. ¡Qué injusticia! No puedo ir porque trabajo… ¡Pásalo bien! Un besazo.

Actividad adicional
Unidad 10, página 122

Esta actividad adicional proporciona la oportunidad a los estudiantes de utilizar el vocabulario y estructuras relativos a celebraciones y practicar por escrito la descripción de la organización de una fiesta.

5   Lee Página 123

El objetivo del ejercicio es hacer que los estudiantes consideren lo que para ellos es importante cuando asisten u organizan una fiesta. Mayoritariamente, los estudiantes deberían poder comprender el vocabulario, pero en caso contrario, se sugiere que no les permita utilizar un diccionario directamente y les anime a discutir los elementos importantes y así poder deducir las palabras desconocidas.

6   Habla Página 123

En este ejercicio los estudiantes comparten sus opiniones sobre los elementos claves para la preparación y ejecución de una fiesta. Anime a los estudiantes a experimentar con opiniones del recuadro de vocabulario en lugar de opiniones más simples.

7 Habla
Página 123

El ejercicio tiene el objetivo de hacer que los estudiantes consideren sus opiniones sobre la sociedad consumista en la que vivimos, y si el dinero juega un papel esencial para la diversión. Si lo desea, puede decidir qué postura deberán defender los estudiantes, en lugar de permitirles que ellos elijan, de esta manera, creando un reto adicional.

En caso de que a la clase no se les ocurran preguntas al final del debate, usted podría intervenir preguntando a los candidatos sobre una experiencia personal que ilustre su postura u otras preguntas pertinentes según lo que hayan presentado. Al final de la discusión, anime a los estudiantes a votar a favor del estudiante que mejor haya defendido su caso. También puede hacer que los demás estudiantes tomen notas de los puntos fuertes y débiles que han presenciado y compartan sus opiniones.

8 Escucha
Página 123

El objetivo del ejercicio es exponer a los estudiantes a las opiniones de jóvenes hispanohablantes en relación con los elementos necesarios para una fiesta, así pues proporcionándoles una oportunidad para practicar su destreza auditiva con vocabulario que se habrá explotado en el ejercicio anterior.

🎧 Audio

1   La música no puede faltar si no, no es una fiesta. Mucha gente, mucha comida y una pista de baile… Además, que haya espacio para que la gente no esté como sardinas en lata.

2   Para mí, definitivamente la comida, un buen ambiente y la familia hacen una buena fiesta.

3   ¿Una buena fiesta? Bueno, pues música, por lo menos 10 amigos, el permiso de mi papá y algún juego de mesa como baraja o dominó.

4   A ver… la receta para una fiesta con éxito… Ganas de pasarlo bien, la gente correcta, algo de comer y buena música.

Respuesta

1   La música, mucha gente, mucha comida, una pista de baile y espacio

2   La comida, buen ambiente y la familia

3   Música, más de 10 personas, permiso del padre y juegos de mesa

4   Ganas de pasarlo bien, buena gente, comida y música

9 Lee
Página 123

El ejercicio revisa el tema de ingredientes y recetas que los estudiantes ya han visto en la unidad cuatro pero esta vez en lugar de utilizar infinitivos se ha utilizado el imperativo que vieron más adelante en la unidad siete. En este caso, el ejercicio pone a prueba la capacidad de comprensión de los estudiantes que una vez más tendrán que combinar conocimientos previos con sentido común y los principios gramaticales si van a completar la tarea correctamente.

Respuesta

Las papas arrugadas:

Lava bien las **patatas** y colócalas en una cazuela de [1] **agua** caliente. Añade la sal gorda y deja hervir 30-40 [2] **minutos**. Cuando las patatas estén tiernas, sácalas y pásalas por agua [3] **fría** para cortar la cocción. Seca las patatas con papel y colócalas en la cazuela [4] **caliente** pero sin agua a fuego medio y añade sal y [5] **pimienta**. Menea la cazuela con suavidad durante [6] **cinco** minutos mientras las patatas se arrugan.

El mojo:

Fríe los [7] **dientes** de ajo y ponlos en el vaso de la batidora. En el mismo aceite, dora el [8] **pan** en trocitos pequeños, separa y pon con los ajos. Echa el aceite sobrante en el vaso y [9] **añade** los cominos, el pimentón, la sal, la pimienta, la cayena y [10] **un poco** de agua, y bate hasta que parezca puré. Incorpora los [11] **pimientos** morrones al puré con el aceite y el vinagre. Pasa todo por la [12] **batidora**. Prueba el mojo y rectifica de sal.

10 Escribe
Página 123

Este ejercicio ayuda a los estudiantes a clarificar sus ideas y revisar el vocabulario relativo a la fiesta que tienen que utilizar.

Respuesta posible

Comprar ingredientes para las papas arrugadas.

Comprar platos y vasos de plástico.

Comprar bebida.

Comprar comida para picar.

Comprar bolsas de basura grandes.

Comprar fuegos artificiales.

Decidir el orden de los fuegos artificiales.

Elegir música y preparar la lista.

Redistribuir mobiliario para crear espacio para bailar.

Organizar transporte al entierro de la sardina.

Informar a los vecinos de la fiesta.

Durante la fiesta de Sebastián los amigos consideran sus opciones para sus próximas vacaciones

1 Lee
Página 124

El objetivo del ejercicio es primordialmente cultural, de nuevo mostrando a los estudiantes festivales y eventos tradicionales del mundo hispano, en esta ocasión con particular énfasis en los orígenes religiosos e históricos. Puede si lo desea utilizar este ejercicio como plataforma para cuestionar si los estudiantes nunca se pararon a pensar por qué se habla español en gran parte del continente americano, el origen y razón de la lengua catalana y/o la gran cantidad de civilizaciones indígenas, muchas de las cuales desaparecidas o por desaparecer, que vivieron en el continente americano (tres de las cuales se mencionan en el ejercicio: inca, azteca y quechua).

Para poder completar el ejercicio no se espera que los estudiantes entiendan exactamente qué dice la definición, pero más bien que reconozcan palabras claves como por ejemplo nombres de civilizaciones, regiones de España y países latinoamericanos, y de esta forma lleguen a sus conclusiones con estas palabras y un ejercicio de eliminación.

Dirija la atención de sus estudiantes al uso de los verbos impersonales y su función dentro de las explicaciones de los festivales.

Respuesta
1. Inti Raymi
2. La Diada de Cataluña
3. El Día de los Muertos
4. La Fiesta de la Pachamama
5. El Día de la Raza
6. La Semana Santa

2 Escribe y habla
Página 125

En primer lugar, el objetivo del ejercicio es que los estudiantes consideren sus propias culturas e identidades nacionales. Al mismo tiempo van a revisar vocabulario básico de los meses y los números. Después tienen que comparar su calendario con el calendario del libro para lo que se sugieren preguntas a considerar para aquellos estudiantes que requieran una pauta más estricta para su comparación.

3 Escribe
Página 125

Este ejercicio crea una oportunidad para que los estudiantes escriban sobre los festivales en un formato algo diferente de lo habitual pues no se les requiere que expresen su opinión, sino que describan los hechos de una manera impersonal.

📖 Cuaderno de ejercicios 10/8
Página 31

El objetivo del ejercicio es repasar algunos de los elementos culturales que los estudiantes han aprendido en esta unidad.

Respuesta

Horizontales
3. Reyes Magos
5. Entierro de la Sardina
7. Sanfermines
8. Fallas
9. Cumpleaños
10. Pachamama

Verticales
1. Día de los Muertos
2. Carnaval
4. Semana Santa
6. Tomatina

4 Escucha
Página 125

El objetivo del ejercicio es repasar el futuro inmediato que los estudiantes han visto ya en unidades anteriores. Para poder contestar al ejercicio correctamente los estudiantes deben enfocarse en conectores y detalles que cambian el sentido evidente de la frase. También deberán ceñirse a aquello que se menciona y evitando hacer suposiciones.

🎧 Audio

Creo que este año voy a ir a Córdoba para la Semana Santa. No soy una persona religiosa, pero me atrae el ambiente lúgubre pero de comunidad que hay en Andalucía por esas fechas. Tengo una amiga que vive allí y voy a quedarme en su casa. Ella pertenece a una cofradía y va a tomar parte en las procesiones del Viernes Santo. Yo voy a ver las procesiones con sus padres porque su hermano Quique no va a estar en casa, ya que en estos momentos vive en Nueva York. Durante mi visita a Córdoba voy a visitar la Mezquita porque se dice que es muy bonita. Mi amiga Elena va a trabajar, pero espero que no trabaje todos los días. Elena me ha prometido que va a venir conmigo a ver la Mezquita.

Respuesta

1   Falso. Elena, la amiga de Lorena, vive en Córdoba.

2   Falso. No es una persona religiosa.

3   Falso. Va a ir a Córdoba.

4   Falso. Va a participar en las procesiones del Viernes Santo.

5   Verdadero.

6   Falso. Vive ya en Nueva York.

7   Falso. Se dice que la Mezquita es muy bonita.

8   Verdadero.

9   Verdadero.

5   Investiga y escribe   [Página 125]

Este ejercicio tiene dos objetivos, uno cultural y el otro lingüístico. En su objetivo cultural los estudiantes deberán investigar una de las celebraciones más importantes del calendario español. Después los estudiantes deberán exponer lo que han aprendido a través de frases que utilicen el futuro inmediato bajo el pretexto de que le cuentan a Hugo lo que él va a hacer durante su estancia en España durante las Navidades.

Respuesta posible

El día 22 vas a escuchar el Sorteo del Gordo (la lotería) en todas partes.

El 24 de diciembre vas a ir a la Misa del Gallo a medianoche.

Después de la Misa del Gallo vas a comer turrones, mantecados y polvorones.

El día 25 lo vas a pasar en familia.

Vas a comer mucho, incluyendo pavo y marisco.

El 28 vas a tener que tener cuidado con los niños porque es los Santos Inocentes.

La noche de Fin de Año vas a comer doce uvas a media noche.

Vas a celebrar la entrada de año hasta altas horas de la madrugada.

El 5 de enero vas a ver la Cabalgata de los Reyes Magos.

El 6 de enero vas a recibir y dar regalos.

El Día de Reyes vas a comer el roscón de reyes.

Actividad adicional
Unidad 10, página 125

Esta actividad proporcionará a los estudiantes con práctica escrita adicional sobre cómo describir un festival.

Actividad adicional
Unidad 10, página 125

Esta actividad adicional tiene como objetivo consolidar la práctica escrita de descripciones de celebraciones, y anima a los estudiantes a investigar diferentes costumbres en países hispanos.

Repaso

Preparación para el examen oral

1   Habla   [Página 126]

El objetivo del ejercicio es facilitar la práctica para el examen oral de modo que el ejercicio sigue el mismo formato, y por lo tanto debe ser corregido de acuerdo con las pautas establecidas.

11 De compras

Área temática	El individuo y la sociedad
Tema	Compras
Aspectos	Centros comerciales Compras en Internet Costumbres y tradiciones: regateo, rebajas Tiendas / negocios Mercados Transacciones Productos
Gramática	Números ordinales Formas impersonales Diminutivos Pronombres (objeto directo) Pretérito imperfecto y pretérito indefinido
Tipos de texto	Aviso Entrevista Debate Encuesta Correo electrónico Artículo Presentación
Rincón IB	**Teoría del Conocimiento** • Discusión sobre el consumismo en nuestra sociedad. ¿Compramos cosas innecesarias? ¿Desechar o reparar? • Trabajo escrito. • Investigación sobre comprar en los mercados como forma de ocio o como compra habitual. • Investigación sobre el consumo en Internet en un país hispanohablante y en tu país. • Oral individual. • Describir fotos con escenas de compras en diferentes contextos del mundo hispano: mercados, supermercados, centros comerciales, tiendas, puestos callejeros, etc. • Conversación general sobre los hábitos de ir de compras y cómo han cambiado desde que eras pequeño/a. • Producción escrita. • Tu profesor te ha pedido que hables a la clase sobre las ventajas y desventajas de hacer la compra en un mercado. Escribe el texto de la **presentación** mencionando al menos tres ventajas y tres desventajas.

Esta unidad cubre el tema de las compras, con aspectos tales como los diferentes tipos de tiendas y establecimientos comerciales, los mercados, productos y transacciones (tanto cara a cara como por Internet). Para equipar a los estudiantes con las destrezas necesarias para abordar esos temas la gramática de esta unidad incluye números, diminutivos, formas impersonales y pronombres.

1 Introducción Página 127

Este primer ejercicio es un ejercicio preliminar para que los estudiantes empiecen a considerar el tema de las compras con particular énfasis en las compras en línea, las cuales han experimentado un gran auge a lo largo de los últimos años.

Respuesta

1 **C**, 2 **F**, 3 **A**, 4 **B**, 5 **E**, 6 **D**

2 Habla Página 127

En este ejercicio los estudiantes tienen la oportunidad de expresar su opinión sobre las estadísticas presentadas así como discutir los paralelismos o diferencias con la situación de las compras en línea en su país. Pueden llevar a cabo la discusión en grupos para luego compartir sus opiniones y conclusiones más destacadas con el resto de la clase.

Un grupo de estudiantes de bachillerato hablan sobre las compras en sus lugares de origen

1 Lee Página 128

El objetivo del ejercicio es un repaso del vocabulario referente a tiendas que los estudiantes ya vieron en la unidad 4, al mismo tiempo que practican el uso de la forma impersonal del verbo modal *poder*. Para completar el ejercicio no es necesario que los estudiantes obtengan una comprensión detallada de lo que dice Jordi. Se recomienda que según la habilidad de los estudiantes y el tiempo disponible, les recomiende el número de productos que quiere que mencionen para cada tienda identificada.

Respuesta

La pescadería: En la pescadería se puede comprar pescado y marisco.

El estanco: En el estanco se puede comprar tabaco y sellos.

La carnicería: En la carnicería se puede comprar bistecs de ternera, chuletas de cordero y salchichas.

La tienda de ultramarinos: En la tienda de ultramarinos se puede comprar cereales, papel higiénico y tarros de salsa de tomate.

La tienda de congelados: En la tienda de congelados se puede comprar helado, pescado y marisco congelado.

La panadería: En la panadería se puede comprar pan y cruasanes.

2 Comprensión Página 128

En esta ocasión, el ejercicio requiere que los estudiantes lean el párrafo con más detalle para poder elegir las frases correctas. Dependiendo de la habilidad de sus estudiantes, puede que algunos necesiten apoyo o el uso de un diccionario para poder completar la actividad con éxito. En cualquier caso, se sugiere que les anime a eliminar las frases más obvias pues esta práctica es una buena estrategia de examen.

Respuesta

1 "Yo vengo de un pueblecito en el interior de Cataluña"

4 "se hace la compra el sábado por la mañana cuando hay mercado"

6 "La tienda de ultramarinos le trae cajas con su compra cuando hacen el reparto"

7 "en casa ya tenemos el pan encargado por lo que solo es cuestión de recogerlo"

8 "Imagino que para algunas personas mayores la compra es su oportunidad principal de relacionarse con los demás"

10 "prefiero ir a un hipermercado, aunque tenga que conducir cuarenta minutos"

3 Comprensión Página 128

Al igual que el ejercicio anterior, este ejercicio busca la comprensión más detallada del texto y requiere que los estudiantes proporcionen sus propias respuestas de acuerdo con el texto. En caso de estudiantes poco hábiles, será una buena idea que les recuerde que deberán considerar si es necesario cambiar las terminaciones de los verbos pertinentemente pues donde Jordi habla sobre él mismo, los estudiantes deberán responder en tercera persona.

Respuesta

1 Porque no hay ningún centro comercial en el pueblo.

2 En casa de Jordi se hace la compra el sábado por la mañana porque es el día en el que hay mercado en el pueblo.

3 Ofrece servicio de reparto para que así los clientes no tengan que cargar con la compra pesada.

4 Es rápida porque la compra ya está encargada.

5 Describe hacer las compras como algo muy sociable y da el ejemplo de la gente mayor.

6 Jordi prefiere comprar en un hipermercado porque como nadie le conoce puede hacer la compra más rápidamente.

4 Escribe Página 128

El objetivo del ejercicio es que los estudiantes revisen y practiquen el uso de comparativos en el contexto de la compra en tiendas independientes y centros comerciales. Las respuestas serán personales de acuerdo con la ubicación del centro y su entorno.

📖 Cuaderno de ejercicios 11/1 Página 32

El objetivo del ejercicio es que los estudiantes reciclen el vocabulario y estructuras explotados en las tareas de comprensión en el libro para producir su propio párrafo sobre los hábitos familiares referentes a las compras.

Respuesta posible

Hola Jordi,

Mi familia hace las compras en el hipermercado porque mis padres trabajan y no tienen mucho tiempo. En el hipermercado hay más productos para elegir y generalmente los precios son más bajos porque se benefician de economías de escala. Además, los hipermercados disponen de aparcamientos muy grandes y generalmente aparcar no es un problema, cosa que a veces puede ser difícil si se compra en el centro de la ciudad.

Muchos saludos,

Ariel

5 Habla

Página 129

Este ejercicio prepara a los estudiantes para el ejercicio de lectura y comprensión auditiva que le sigue pues con él se espera que los estudiantes anticipen la mayoría de las ventajas y desventajas que luego van a mencionarse. Puede dividir la clase en dos equipos: a favor y en contra de los centros comerciales, para llevar a cabo la conversación como si fuera un debate o puede dar unos minutos para reflexionar y entonces hacer que cada estudiantes contribuya espontáneamente una ventaja o desventaja de una forma ordenada y comenzando con los estudiantes menos hábiles, de modo que aquellos con más habilidad tengan que pensar en una ventaja o desventaja que todavía no se haya mencionado.

Respuesta posible

Ventajas	Desventajas
Una gama más grande de productos	Los productos pueden tener menos calidad
Se puede comprar de todo en el mismo sitio	Es un servicio muy impersonal
Se hace la compra más rápidamente	Quedan lejos del centro de la ciudad
Precios más bajos	Gastas más porque compras cosas que no necesitas al ver las ofertas
Suficiente aparcamiento	

6 Lee y escucha

Página 129

El ejercicio tiene el objetivo de complementar el ejercicio anterior, validando las respuestas que los estudiantes hayan dado, y quizás extendiendo estas con otras ventajas y desventajas de los centros comerciales en las que ellos no hayan pensado. Se sugiere que pida a los estudiantes que cierren sus libros y en primer lugar haga el ejercicio como comprensión auditiva, para retar y evaluar la capacidad de comprensión auditiva de sus estudiantes, particularmente aquellos más hábiles. Una vez hecho esto, pueden entonces completar sus respuestas leyendo la conversación.

🎧 Audio

Periodista: Hola Teresa, ¿por qué crees que comprar en centros comerciales es tan popular hoy en día?

Teresa: Bueno, todos estamos muy ocupados y centros comerciales como Carrefour ofrecen muchas ventajas.

Periodista: ¿Cuál crees que es la ventaja más grande?

Teresa: No estoy muy segura... Creo que hay dos ventajas principales: el hecho de que puedes comprar todo en un mismo lugar, pero también el hecho que siempre puedes aparcar. Con frecuencia aparcar cerca de las tiendas en un pueblo o ciudad puede ser difícil.

Periodista: Comprar en un hipermercado, ¿sale más barato?

Teresa: Sí, normalmente los precios son más bajos porque al pertenecer a grandes multinacionales nos beneficiamos de economías de escala que no son accesibles a los negocios familiares. Por otro lado, también tenemos una gama más amplia de productos, de manera que los hay para todos los presupuestos.

Periodista: ¿Qué más ventajas hay?

Teresa: Yo diría que otra ventaja es el horario de apertura porque nosotros no cerramos al mediodía y permanecemos abiertos hasta tarde. En cambio, las tiendas y supermercados en los pueblos y ciudades del territorio español cierran a la una y media o a las dos, y no abren hasta las cuatro y media o las cinco. A menudo, también se ven obligados a cerrar por completo dos o tres semanas al año para las vacaciones familiares, puesto que no sería viable continuar abiertos si parte de la plantilla no está.

Periodista: ¿Piensas que los hipermercados tienen desventajas?

Teresa: Bueno, pienso que hacer las compras en un hipermercado puede ser un poco impersonal porque le falta el trato más humano y cercano que ofrecen las tiendas de barrio. Además, los centros comerciales tienden a estar a las afueras de las ciudades, en polígonos industriales o comerciales, así que tienes que coger el coche o el autobús para ir.

Respuesta

Ventajas	Desventajas
Comprar todo en un lugar	Servicio un poco impersonal
Aparcamiento siempre disponible	
Precios más bajos	Se tiene que coger el coche o autobús para ir porque están más lejos
Gama de productos más amplia	
Horas de apertura más largas	
No cierran por vacaciones	

7   Escribe y habla   Página 129

El ejercicio brinda a los estudiantes la oportunidad de expresar sus opiniones propias. Recuérdeles que pueden reciclar el vocabulario del ejercicio de lectura/comprensión auditiva además de utilizar comparativos y la forma impersonal del verbo *poder* que ya han practicado en estas páginas.

Como parte de su investigación, los estudiantes de bachillerato visitan El Rastro de Madrid y consideran los hábitos de los consumidores

1   Lee   Página 130

El objetivo de este ejercicio es primordialmente cultural, pues los estudiantes aprenden sobre dos lugares igualmente emblemáticos pero muy distintos. Indique a los estudiantes que compartan su opinión con un compañero y después puede pedir a un estudiante de cada pareja que comparta la opinión de los dos con el resto de la clase o en grupos más grandes. Si quiere extender el ejercicio más de lo propuesto, puede pedir a los estudiantes que elaboren un perfil del tipo de consumidor que creen que compra en el Rastro y el del que creen que compra en El Corte Inglés, y compartan sus ideas con el resto de la clase.

2   Comprensión   Página 130

Este es un ejercicio de comprensión que quizás algunos estudiantes encuentren desafiante. Si es así, recuérdeles que lleguen a sus conclusiones por eliminación y el uso de palabras clave en cada mitad de las frases. Si lo desea, puede cuestionar a los estudiantes en relación al tiempo verbal utilizado para estos consejos puesto que los estudiantes ya han sido expuestos al imperativo en la unidad 7.

Respuesta

No sonrías para que el vendedor te tome en serio.

Si no vas solo, pactad de antemano quien va a ser *poli bueno* y *poli malo*.

Muestra curiosidad por varios productos para que el artículo en el que estás interesado no sea obvio.

Como precio de salida ofrece la mitad de lo que estás dispuesto a pagar.

Utiliza la calculadora para crear tensión.

Regatea tan solamente si tienes intención de comprar algo.

Ten paciencia porque si quieres un buen precio vas a tener que tomártelo con calma.

Pretende que no estás interesado y vete esperando que te llamen al cabo de unos metros.

3   Lee y habla   Página 130

Una vez más, este ejercicio tiene un objetivo más bien cultural y brinda la oportunidad a los estudiantes de expresar sus opiniones en respecto a la práctica del regateo en muchos lugares del mundo, incluyendo del mundo hispano.

El ejercicio tiene la intención de hacer reflexionar a los estudiantes sobre el vocabulario que han aprendido en el ejercicio anterior. Puede si lo desea liderar la conversación o designar a un estudiante que la lidere a través de comparaciones, como por ejemplo: *utilizar una calculadora para crear tensión es **menos** efectivo **que** sonreír*.

4   Habla   Página 130

El ejercicio tiene la intención de hacer que los estudiantes consideren el regateo en su país de origen. Puede dividir a los estudiantes en grupos pequeños donde puedan discutir el tema. Puede sugerirles preguntas adicionales para extender la discusión: ¿Dónde se regatea? ¿Por qué en algunos lugares sí y otros no? ¿Es una práctica justa?

5   Escucha   Página 131

El ejercicio pone a prueba la capacidad de comprensión auditiva de los estudiantes al mismo tiempo que sus conocimientos básicos de gramática. Si usted lo desea, puede pedir que los estudiantes intenten hacer el ejercicio antes de escuchar el audio puesto que la mayoría de las respuestas se pueden deducir con tan solo sus conocimientos de gramática.

🎧 Audio

La comida en la calle es muy popular en todos los países latinoamericanos. En Bolivia, por ejemplo, la comida en la calle es una de las razones contribuyentes al fracaso de los restaurantes de comida rápida.

Por desgracia en España la venta de comida en la calle está prohibida salvo en algunas excepciones, como por ejemplo los churros o las castañas que se permiten por razones de tradición. Esto ha resultado en el aumento de locales que destinan un espacio a la venta de comida para llevar. Así pues, en lugares como el Rastro de Madrid, la comida en la calle es ilegal pero es bastante habitual.

Respuesta

1 El joven habla sobre la **comida** en la calle.

2 En América Latina comer en la calle es muy **popular**.

3 Los restaurantes de comida rápida en Bolivia **fracasaron**.

4 En España se **prohíbe** la venta de comida en la calle.

5 La venta de **churros** permanece legal porque es tradicional.

6 La cantidad de locales que proporcionan comida para llevar ha **aumentado**.

7 En el Rastro de Madrid es **frecuente** ver gente comiendo en la calle.

6   Investiga y escribe   [Página 131]

Una vez más, este es un ejercicio mayoritariamente cultural y dependiendo del país en que se encuentre, es un tema de debate socio-cultural, pues a la comida rápida es mayoritariamente preferida por los jóvenes de hoy en día en muchos países. Una vez los estudiantes hayan hecho su investigación, puede si lo desea animar el debate sobre las preferencias alimenticias y si piensan que la comida de la calle boliviana es más o menos sana que la comida de restaurantes de comida rápida y lo que ellos preferirían comer. Podría por ejemplo, proponer una situación ficticia a los estudiantes donde ellos se encontraran de viaje en Bolivia, tuvieran hambre y pudieran elegir entre salteñas (empanadas típicas de carne) o hamburguesas. ¿Qué elegirían? Basándose en sus respuestas podría agrupar a los estudiantes de acuerdo con sus preferencias para que cada grupo defendiera su preferencia.

7   Lee   [Página 131]

El objetivo del ejercicio es extender el vocabulario de los estudiantes en cuanto a tiendas y secciones de unos grandes almacenes. Dependiendo del idioma del colegio y la cantidad de cognados con este u otros idiomas conocidos por los estudiantes, el ejercicio será más o menos simple.

Si lo desea, puede utilizar el ejercicio para la práctica oral, otorgando un número de 1 a 6 a cada estudiante. Se tira un dado y el estudiante con el número que salga tiene que presentar su sección y los artículos que allí se venden.

8   Lee   [Página 131]

El objetivo del ejercicio es practicar y poner en contexto el vocabulario del directorio de secciones que los estudiantes han explotado en el ejercicio anterior.

Respuesta

1 Aparcamiento naranja

2 Planta 5

3 Planta Baja

4 Planta 3

5 Planta 5

6 Planta 2

7 Planta Baja

8 Planta 1

9 Planta Baja

9   Habla   [Página 131]

El ejercicio tiene el fin de consolidar el vocabulario del directorio de secciones poniendo a prueba la imaginación y espontaneidad de los estudiantes. Puede si lo desea proporcionarles una lista de artículos para de este modo hacer el ejercicio menos exigente.

Respuesta posible

PLANTA 6: Quiero tomar un café, comprar un balón de fútbol y una raqueta de tenis.

PLANTA 5: Quiero comprar un dominó de animales para mi hermano pequeño, cambiar mi vuelo de Navidad a Buenos Aires y comprobar cuánto dinero tengo en la cuenta bancaria.

PLANTA 4: Quiero comprar una minifalda, un sujetador nuevo y mirar precios de vestidos de novias.

PLANTA 3: Quiero comprar unas botas de invierno, un vestidito para la niña de la vecina que tiene 6 meses y una cuna para el bebé de mi hermana.

PLANTA 2: Quiero comprar una corbata para mi padre, un frigorífico para mi madre, unas copas de vino nuevas, una cubertería y algo para el cumpleaños de mi abuela.

PLANTA 1: Quiero comprar una falda formal para el trabajo, unas servilletas de Navidad y renovar el seguro del coche.

PLANTA BAJA: Quiero comprar una colonia, unos pendientes de plata, un nuevo juego para la consola de mi hermano, entradas para el concierto del sábado y hacer una copia de la llave de casa.

SEMI-SÓTANO: Quiero comprar un cinturón de cuero, unos sellos, un paquete de cigarrillos y ajustar mis gafas.

SÓTANO: Quiero depilarme las piernas y cortarme el pelo.

APARCAMIENTO: Recoger la compra en Internet y lavar el coche.

Los estudiantes de bachillerato observan de cerca el comportamiento de los consumidores

1 Escucha
Página 132

El objetivo del ejercicio es exponer a los estudiantes a una primera conversación en el contexto de comprar ropa. La conversación es bastante simple y los estudiantes deberían poder identificar la foto con facilidad.

🎧 Audio

- Me gusta este vestido rojo. ¿Me lo puedo probar, por favor?
- Sí, claro. Los probadores están al fondo a la derecha.
  ...
- ¿Le va bien?
- No, no es mi talla. Es demasiado grande. ¿Tiene una talla menos?
- Sí, aquí tiene.
  ...
- Sí, me queda perfecto.
- Tiene razón, le queda muy bonito. ¿Lo va a tomar?
- Sí, lo voy a comprar.

Respuesta
Foto E

2 Escucha
Página 132

En esta ocasión los estudiantes tienen que escuchar más detalladamente aunque con una dosis de sentido común podrán contestar a las preguntas sin demasiado desafío. Es recomendable que recuerde a los estudiantes que la conversación tiene lugar en una tienda, de manera que piensen lógicamente en las posibles respuestas lógicas, incluso antes de escuchar el audio de nuevo.

Respuesta
1 Pregunta si puede probarse el vestido.
2 El vestido es demasiado grande.
3 La dependienta le da una talla menos.
4 Sí, compra el artículo.

3 Lee
Página 132

El objetivo del ejercicio es evaluar la capacidad de comprensión del vocabulario clave de cada conversación sin la necesidad de comprender todos los detalles. Si lo desea, puede otorgar roles a cada estudiante de manera que actúen la conversación antes de compartir su respuesta con el resto de la clase.

Respuesta
1 B, 2 A, 3 C, 4 D

📄 *Actividad adicional*
Unidad 11, página 132

Esta actividad adicional complementa el desarrollo de vocabulario relativo a las compras.

Respuesta

Cada país tiene su propio **sistema** de tallas. En España y Latinoamérica se compra la **ropa** por tallas, los zapatos por **números**, y otros artículos por **tamaño**. Generalmente, la mayoría de países latinoamericanos siguen el **mismo** sistema que España, aunque México tiene el suyo **propio**. Por ejemplo, una **talla** 34 en España es una 22 en México.

4 Lee
Página 133

En esta ocasión se requiere que los estudiantes demuestren una comprensión más detallada del texto para que puedan relacionar las conversaciones con los resúmenes. Por otro lado, ahora que ya han relacionado las conversaciones con las imágenes, estas les serán de ayuda para eliminar o considerar algunas respuestas.

Respuesta
A Conversación 4 porque la clienta compró unas pastillas que no son las correctas y necesita cambiarlas o que le devuelvan el dinero.
B Conversación 3 porque se mencionan efectivo y tarjetas de crédito.
C Conversación 2 porque el cliente busca un descuento.

Falta Conversación 1: Probarse ropa

5 Lee
Página 133

Este ejercicio tiene el objetivo de identificar palabras claves que los estudiantes deberán reconocer en el contexto de las compras. Si lo desea, puede pedir que los estudiantes traduzcan las palabras al idioma del colegio en lugar de crear una definición en español.

Respuesta

talla:	medida convencional asociada con la compra de ropa
descuento:	reducción de precio
tara:	un defecto en el producto
temporada:	un espacio determinado de tiempo, en este caso determinado por el tipo de ropa de acuerdo con el tiempo: otoño, invierno, primavera y verano
caja:	lugar asignado para pagar por los productos en las tiendas
efectivo:	dinero en su forma original de billetes y monedas
tarjeta de crédito:	rectángulo de plástico numerado con un microchip que es emitido por un banco y permite hacer compras a pagar el mes siguiente o a plazos
cheques:	documento expedido por el propietario de una cuenta bancaria que autoriza a otro a extraer una cantidad especificada de dinero
recibo:	es un resguardo que evidencia la compra de un producto o un servicio
reembolso:	es la devolución del dinero cuando se devuelve un producto a una tienda
cambios:	son la sustitución de un producto por otro

6 Lee Página 133

El objetivo del ejercicio es hacer que los estudiantes identifiquen el objeto al que se refieren los pronombres de objeto directo de las conversaciones. Deberá recordar a los estudiantes la necesidad de considerar el género y número del pronombre de acuerdo con la explicación gramatical para que puedan identificar el objeto correctamente, pues aunque los pronombres de objeto directo pueden resultar relativamente desafiantes para algunos estudiantes, el tema de las compras proporciona una introducción simple y accesible.

Respuesta

En la frase...	el pronombre...	sustituye a...
¿Me los puedo probar?	los	los vaqueros
¿Los tiene en negro?	los	los vaqueros
...solamente lo hacen en azul.	lo	este modelo
los voy a dejar.	los	los vaqueros
¿Se los lleva?	los	estos zapatos
No, no la veo.	la	la tara
...no puedo vendérselos.	los	los zapatos
¿La ve?	la	la caja
... ya no los aceptamos.	los	los cheques
... no son las correctas.	las	estas pastillas
... ya lo he tirado.	lo	el recibo
...las cambiamos entonces	las	las pastillas

📖 Cuaderno de ejercicios 11/2 Página 32

El objetivo de este ejercicio es revisar el vocabulario común para transacciones habituales en una tienda de ropa. Los estudiantes necesitan leer y reordenar la conversación de una forma lógica.

Respuesta

H Hola, ¿le puedo ayudar?

I Sí, quisiera comprar un vestido de noche para una fiesta.

A Muy bien, ¿de qué color quiere el vestido de noche?

C Quiero el vestido de noche en azul oscuro si es posible, o negro.

D Aquí tiene. ¿Le gusta?

F Sí, es bonito. ¿Me puedo probar el vestido?

G ¿Le queda bien?

K Me va bien pero un poco ajustado. ¿Tiene el vestido en una talla más grande?

E Sí, tenemos el vestido en la talla 40 también.

J Perfecto. Voy a comprar el vestido en la talla 40. ¿Dónde está la caja?

L Está cerca de la entrada, a la izquierda.

B Muchas gracias. Voy a pagar el vestido.

Cuaderno de ejercicios 11/3 `Página 32`

El ejercicio tiene el objetivo de consolidar el uso de los pronombres de objeto directo que los estudiantes han aprendido en el libro del alumno. La conversación ha sido diseñada para que los estudiantes se perciban de cómo los pronombres hacen que la conversión sea más fluida y menos repetitiva.

Respuesta

1 ¿De qué color **lo** quiere? (**A**)

2 **Lo** quiero azul oscuro si es posible, o negro. (**C**)

3 ¿Me **lo** puedo probar? (**F**)

4 ¿**Lo** tiene en una talla más grande? (**K**)

5 Sí, **lo** tenemos en la talla 40 también. (**E**)

6 Voy a comprar**lo** en la talla 40. (**J**)

7 Comprensión `Página 133`

El objetivo del ejercicio es comprobar la habilidad de los estudiantes de comprender el texto en detalle mientras que se les expone a problemas o sucesos habituales en el contexto de las compras.

Respuesta

1 La clienta quiere comprar unos vaqueros de la talla 38.

2 Se prueba unos vaqueros azules.

3 No le gusta el color.

4 Decide no comprarlos.

8 Comprensión `Página 133`

El objetivo del ejercicio es comprobar la habilidad de los estudiantes de comprender el texto en detalle mientras que se les expone a problemas o sucesos habituales en el contexto de las compras.

Respuesta

El problema es que los zapatos son muy caros y según él, tienen una tara.

El cliente espera que el dependiente le haga un descuento.

El dependiente ofrece buscar otros zapatos iguales sin tara.

El cliente no quiere, así que el dependiente sugiere que mire en la sección de fin de temporada para buscar algo más barato.

9 Comprensión `Página 133`

El objetivo del ejercicio es comprobar la habilidad de los estudiantes de comprender el texto en detalle mientras que se les expone a problemas o sucesos habituales en el contexto de las compras.

Respuesta

1 Verdadero.

2 Falso. Son cincuenta y ocho euros.

3 Verdadero.

4 Falso. Paga con tarjeta.

10 Comprensión `Página 133`

El objetivo del ejercicio es comprobar la habilidad de los estudiantes de comprender el texto en detalle mientras que se les expone a problemas o sucesos habituales en el contexto de las compras.

Respuesta

1 La clienta compró unas **pastillas** para su madre.

2 Por desgracia no **son** las correctas.

3 La clienta ya no tiene el **recibo**.

4 Por eso, la clienta no **puede** obtener un reembolso.

11 Habla `Página 133`

En este ejercicio los estudiantes deben reciclar el vocabulario de las conversaciones precedentes para preparar sus propias conversaciones con el mismo propósito. Anime a los estudiantes a ser creativos y actuar como clientes particularmente difíciles para extender las conversaciones.

Los estudiantes de bachillerato entrevistan a sus familiares y consideran nuevas tendencias y cambios

1 Comprensión `Página 134`

El objetivo del ejercicio es poner a prueba la capacidad de comprensión de los estudiantes. Los textos son relativamente largos para esta altura de su aprendizaje de español, pero es un tema familiar para el cual pueden anticipar las respuestas con facilidad, aplicando una dosis de sentido común. Puede apoyar a los estudiantes discutiendo los elementos esenciales en las respuestas tales como el tiempo verbal que buscan o si buscan un sustantivo o un verbo por ejemplo.

Respuesta

1 Hacía las compras en las tiendas del pueblo.

2 Porque los dependientes les ayudaban a encontrar lo que querían comprar.

3 Lo compraba a contra reembolso en un catálogo.

4 La gama era más limitada.

5 Porque la calidad era buena y sabía que la tienda solucionaría cualquier problema.

6   Es muy impersonal, no se habla con nadie y a veces no hay ni cajeros.

7   Ayer hizo la compra en Internet con su hijo.

8   Le preocupa el fraude y que sus datos personales no estén seguros.

2 Lee　[Página 134]

El objetivo del ejercicio es que los estudiantes consideren el uso del imperfecto en contexto.

Respuesta

Beatriz habla de cómo eran las cosas en el pasado: describe el pasado y acciones que repetía una y otra vez en el pasado.

3 Lee y escribe　[Página 135]

El ejercicio tiene el objetivo de consolidar los conocimientos ya adquiridos en otras unidades sobre el uso del imperfecto proporcionando ejemplos de su uso en contexto.

Respuesta

Descripción: cuando yo era joven, todo era bastante accesible, la calidad era mejor, la calidad de los productos no es lo que era.

Acción repetida: íbamos a las tiendas del pueblo, nos ayudaban a comprar, lo compraba a contra reembolso, tenías que elegir de entre una gama más limitada, comprábamos en nuestras tiendas locales.

4 Lee　[Página 135]

El ejercicio tiene el objetivo de consolidar los conocimientos ya adquiridos en otras unidades sobre el uso del pretérito indefinido proporcionando ejemplos de su uso en contexto.

Respuesta

Lo utiliza cuando habla sobre lo que hizo ayer.

Sebastián me convenció…

Hicimos la compra desde su móvil…

…fue fácil y rápido.

5 Lee　[Página 135]

Este ejercicio pone a prueba la capacidad de comprensión de los estudiantes. El texto es también relativamente largo para esta altura de su aprendizaje de español, pero el tema es familiar y pueden de nuevo anticipar las respuestas con un poco de sentido común.

Respuesta

1   Es fácil, hay más donde elegir y mejores precios.

2   Va a la tienda para probarse los artículos pero no los compra allí por no hacer cola y no cargar con la compra si no va directo a casa.

3   Pide más de lo que necesita para probárselo y luego devuelve lo que no quiere.

4   Muchas tiendas ofrecen facilidades de pago.

5   Porque los datos personales circulan encriptados y además generalmente el comprador está asegurado contra el uso fraudulento de su cuenta.

6   Porque evitas las compras impulsivas cuando pasas por delante de algo que te llama la atención.

7   Los horarios de apertura.

6 Escribe　[Página 135]

El objetivo del ejercicio es profundizar la comprensión de los estudiantes de los textos sobre Beatriz y Sebastián, al tiempo que practican la destreza de justificar sus opiniones. Si lo desea, puede convertir la actividad en una actividad oral donde los estudiantes compartan sus opiniones con el resto de la clase. Puede por ejemplo empezar una frase: *Hacer las compras en Internet es más fácil porque…* y cada estudiante deberá añadir una razón diferente hasta que a nadie se le ocurran más razones.

7 Escucha　[Página 135]

El objetivo del ejercicio es que los estudiantes identifiquen si los locutores están a favor o en contra del uso de Internet para realizar compras. Los estudiantes escuchan para identificar los puntos clave: a favor o en contra.

🎧 Audio

A   La verdad es que yo no les tengo confianza. Me da miedo que se queden con mi dinero y yo no reciba nada.

B   Llevo 96 compras por Mercado Libre y nunca me han robado. Por el momento, todo perfecto. La clave está en fijarse en la reputación del vendedor en los comentarios disponibles.

C   Conozco gente que compra de todo en Internet, y está muy conforme porque nunca ha tenido problema alguno.

D   Nunca he comprado nada en la red por temor a un fraude o a que me den lo que no era. Pienso que comprar cara a cara siempre será más seguro.

Respuesta

A En contra – le da miedo pagar y no recibir el producto.

B A favor – nunca ha tenido una mala experiencia, se fija en la reputación del comerciante.

C A favor – conoce a mucha gente que compra en Internet sin problemas.

D En contra – teme ser víctima de fraude, cree que comprar cara a cara es más seguro.

8 Escucha `Página 135`

En este ejercicio se requiere que los estudiantes se concentren en las razones expresadas para justificar la opinión positiva o negativa de las compras en Internet.

Respuesta

1 **D**, 2 **A**, 3 **B**, 4 **C**

9 Habla `Página 135`

El ejercicio tiene el objetivo de crear una oportunidad para que los estudiantes discutan sus propias opiniones sobre las compras en Internet, su seguridad y ventajas o desventajas. Puede si lo desea dividir a sus estudiantes en a favor o en contra, o por el contrario, otorgarles un rol que deben defender tanto si están de acuerdo o no. Se recomienda que anime a los estudiantes a compartir o crear ejemplos de situaciones en las que la compra, ya sea cara a cara o por Internet, haya sido particularmente agradable o desagradable.

📖 Cuaderno de ejercicios 11/4 `Página 33`

El objetivo de este ejercicio es que los estudiantes se den cuenta de que no solo hay problemas de fraude con compras en la red sino que también los puede haber cara a cara. Los estudiantes tienen que identificar los tres elementos de los billetes falsos que son mencionados.

Respuesta

1 textura

2 marca de agua

3 número de serie

El estafador te dice que tienes un billete falso y ofrece comprobar si tienes más. Al comprobar, cambia tus billetes normales por otros falsos.

📖 Cuaderno de ejercicios 11/5 `Página 33`

El objetivo del ejercicio es consolidar lo que los estudiantes han aprendido hasta el momento en relación a compras en la red. El póster les brinda la oportunidad de utilizar el vocabulario aprendido incorporando las opiniones discutidas en clase. Si lo desea puede establecer un requisito del número de palabras que desea que contenga el póster y/o también puede pedir a los estudiantes con más habilidad que añadan consejos para lo que van a requerir el uso del imperativo.

Los estudiantes de bachillerato investigan las compras en Internet con más detalle

1 Lee `Página 136`

El objetivo del ejercicio es hacer que los estudiantes identifiquen las fracciones y proporciones incluidas en el texto y que se han presentado en el vocabulario. El ejercicio es bastante simple pues las frases están en el orden en que aparecen en el texto aunque su expresión es diferente pero con ideas sinónimas.

Respuesta

1 2/3, 2 1/5, 3 1/3, 4 1/4, 5 9/10, 6 1/5, 7 1/10, 8 1/3, 9 6/10

2 Habla `Página 136`

El ejercicio crea una oportunidad para que los estudiantes expresen sus opiniones sobre los datos presentados sobre España, que puede que sean muy diferentes a lo que ellos estén acostumbrados, dependiendo del país en que se encuentre. Es importante que donde sea posible evite el uso del subjuntivo para no confundir a los estudiantes, pues probablemente es demasiado temprano en su estudio del idioma para comprender completamente su funcionamiento.

3 Escribe `Página 136`

El objetivo del ejercicio es que los estudiantes preparen sus propias preguntas para sus compañeros basadas en lo que han leído en el artículo de esta página. Se sugiere que anime a sus estudiantes a escribir de 5 a 8 preguntas para que así tengan suficiente información para producir un resumen significativo. Si lo desea, puede hacer que los estudiantes hagan el sondeo de forma escrita y pidan a otras clases de español del centro que contesten a las preguntas. De hecho, el sondeo puede ser en el idioma del centro y ser circulado a estudiantes de otras materias si no hay un número representativo de estudiantes de español pues sus estudiantes todavía tendrán que traducir sus hallazgos para presentar el resumen en la clase de español.

Respuesta posible

La frecuencia de compra: ¿Con qué frecuencia compras en la red? ¿Utilizas Internet para hacer tus compras? ¿Cuántas cosas has comprado en la red en los últimos 6 meses?

El tipo de producto: ¿Qué productos compras en Internet? ¿Qué productos has comprado recientemente en Internet?

La forma de pago: ¿Cómo pagas cuando compras en Internet? ¿Qué utilizas para pagar tus compras en línea?

Los problemas que hayan tenido: ¿Has tenido algún problema comprando en la red? ¿Qué problemas has tenido con tus compras en la red?

Sus opiniones: ¿Cuál es tu opinión sobre comprar en la red? ¿Qué piensas de comprar en la red? ¿Crees que comprar en la red es fácil/seguro?

4   Habla   [Página 136]

El ejercicio tiene el objetivo de hacer que los estudiantes practiquen oralmente el vocabulario y estructuras relacionadas con el tema de las compras que han visto hasta el momento, al mismo tiempo que practican su comprensión auditiva puesto que deberán tomar notas de las respuestas que sus compañeros les den.

5   Escribe   [Página 136]

En este ejercicio, se requiere que los estudiantes presenten sus descubrimientos con el objetivo principal de que practiquen el uso de fracciones que han aprendido.

Respuesta posible

La mitad de mis compañeros tienen una cuenta segura en Internet para pagar por sus transacciones en Internet, y las tres cuartas partes compran en línea al menos una vez al mes. Los productos más habituales que compran son la música o las películas, pero dos de cada tres también utilizan Internet para comprar regalos para amigos o familiares. La mayoría de las chicas han comprado ropa en línea, y aunque la mayoría opina que vale la pena, una tercera parte se ha sentido decepcionada con la calidad de la prenda, o ha tenido problemas al intentar hacer una devolución o un cambio.

Actividad adicional
Unidad 11, página 136

El objetivo de esta actividad adicional es reciclar algunos de los conceptos vistos en esta unidad pero desde un ángulo un poco diferente, en este caso como vendedor y no comprador. Los estudiantes deberían poder completar el ejercicio sin demasiada dificultad pero es recomendable recordarles que deberán aplicar sus conocimientos gramaticales para eliminar respuestas.

Respuesta

1 C, 2 A, 3 F, 4 B, 5 G, 6 H, 7 D, 8 E

6   Investiga y escribe   [Página 137]

El ejercicio tiene un objetivo sociocultural y lingüístico pues los estudiantes investigan las tendencias de su propio país pero después deberán resumirlas en un artículo, practicando de esta forma su habilidad de escribir textos más extensos. Si lo desea, puede sugerir a los estudiantes que hagan comparaciones con la situación en España y los resultados de su investigación en su país.

7   Lee y escribe   [Página 137]

El objetivo del ejercicio es que los estudiantes identifiquen las palabras correctas según el contexto de la frase. Recuerde a los estudiantes que apliquen sus conocimientos de gramática para simplificar el ejercicio y limitar la cantidad de opciones posibles.

Respuesta

1   antivirus
2   tarjeta de crédito
3   antelación
4   contraseñas
5   gangas
6   investigación
7   letra pequeña
8   certificado de seguridad
9   privacidad
10 garantía

8   Escribe   [Página 137]

El objetivo del ejercicio es que los estudiantes consideren los consejos y decidan cuáles creen que son más importantes. Puede si lo desea extender el ejercicio pidiendo a los estudiantes que extiendan sus respuestas justificándolas.

9   Habla   [Página 137]

El ejercicio tiene el objetivo de brindar práctica oral a los estudiantes. Si lo desea, puede actuar o pedir a un estudiante hábil que actúe como abogado del diablo, intentando revocar las opiniones de los estudiantes en favor de otros consejos, de esta manera, forzando a los estudiantes a pensar en otras defensas para sus consejos.

10 Habla Página 137

El objetivo del ejercicio es que los estudiantes resuman lo que se ha discutido en clase y han aprendido sobre la seguridad en la red, esta vez de una forma ininterrumpida.

Repaso

¿Dónde y cómo comprar? Compara las opiniones

1 Lee Página 138

El objetivo del ejercicio es revisar las opiniones sobre la seguridad en la red. La respuesta es personal y no hay una respuesta correcta o incorrecta como tal. Si lo desea puede pedir a los estudiantes que justifiquen sus respuestas aunque ya se les requiere que lo hagan en el siguiente ejercicio.

2 Habla Página 138

El objetivo del ejercicio es que los estudiantes practiquen su destreza de defender sus argumentos de la cual han tenido bastante práctica durante la unidad. Una vez más, la respuesta es personal.

3 Escribe Página 138

Durante la unidad, los estudiantes han visto variedad de ventajas y desventajas en lecturas y audios en relación a las compras en diferentes lugares. El ejercicio brinda una oportunidad para que los estudiantes revisen estas y las compilen en este ejercicio con el objetivo principal de revisar lo ya aprendido. Si lo desea puede pedir a los estudiantes que escriban un número determinado de ventajas o desventajas.

4 Habla Página 138

El objetivo del ejercicio es hacer que los estudiantes defiendan su posición en relación a la mejor manera de hacer las compras sacando el máximo rendimiento posible al vocabulario, opiniones y estructuras vistas en esta unidad. Puede si lo desea, agrupar a los estudiantes en pequeños grupos donde haya un estudiante defendiendo cada tipo de comercio donde primero se hagan las presentaciones sin interrupción con los demás estudiantes tomando notas de las ideas que quieren luego revocar en la parte de debate, después de las presentaciones.

12 Salud y bienestar

Área temática	El individuo y la sociedad
Tema	**Salud física** **Comida y bebida**
Aspectos	Cuerpo Enfermedad Doctor / médico Remedios / medicamentos Accidentes Salud y dieta: vegetarianismo
Gramática	Pretérito perfecto Verbo *doler* Verbos modales (continuación)
Tipos de texto	Artículo Informe Entrevista Carta Cuestionario Lista Aviso Correo electrónico
Rincón IB	**Teoría del Conocimiento** • Discusión sobre las desigualdades en el acceso a la salud. • Problemas éticos en el tratamiento de ciertas enfermedades. Por ejemplo: ¿Deben los fumadores pagar más? • Medicina tradicional y medicina moderna. • Trabajo escrito. • Investigación sobre los hábitos de comida de los jóvenes. • Investigación sobre la actitud hacia la obligatoriedad de las vacunas infantiles. **Oral individual** • Describir fotos relacionadas con hábitos saludables y nocivos de los jóvenes y responder a preguntas sobre ellas. • Conversación general sobre los hábitos que te ayudan a mantenerte saludable. **Producción escrita** • La semana pasada tuviste un pequeño accidente en el colegio y ahora estás en el hospital. Escribe un **correo electrónico** a un/a amigo/a explicándole lo que te pasó y por qué estás en el hospital. Cuenta cómo te sientes y lo que te gusta y no te gusta de la vida en el hospital. (Escribe al menos 100 palabras.)

Esta unidad trata del tema de la salud física y mental. Los estudiantes van a aprender el vocabulario relacionado con las partes del cuerpo, y las enfermedades y padecimientos más comunes, así como conversaciones en la consulta del médico y por teléfono con los servicios de emergencia en caso de accidente. Los estudiantes también van a aprender el vocabulario y estructuras para hablar de la dieta sana, el estrés y la vida sana en general, más allá de dieta y ejercicio.

Gramaticalmente, esta unidad se centra en tres puntos gramaticales que son el pretérito perfecto, el verbo doler y los verbos modales.

1 Introducción

Página 139

Este es un ejercicio introductorio donde se espera que los estudiantes identifiquen el mensaje principal y los puntos esenciales de la información contenida en el cartel que en su mayor parte han sido resaltados.

Respuesta posible

El cartel tiene el propósito de hacer consciencia sobre la necesidad y el valor verdadero de donar sangre.

Los problemas resaltados son la distribución poco consistente de donaciones, la pequeña proporción de donaciones altruistas, y la falta de seguridad y análisis de las donaciones.

2 Habla

Página 139

Este ejercicio brinda a los estudiantes la oportunidad de discutir los datos del cartel y expresar sus opiniones propias. Puede si lo desea extender la conversación al aspecto cultural de las donaciones de sangre, y porqué según los estudiantes, en algunos países se dona más o menos sangre aunque deberá ser cauteloso en referencia al aspecto moral-religioso que puede ser un tema difícil para algunos estudiantes. También puede animar a los estudiantes a hablar de experiencias propias, si algún familiar o conocido ha necesitado sangre y si esto ha cambiado o cambiaría su actitud acerca del tema, siempre tratando el tema con la delicadeza que se merece y utilizando su discreción y su conocimiento sobre sus estudiantes.

Los estudiantes de bachillerato que consideran una carrera en medicina hacen prácticas laborales con un médico de cabecera

1 Lee

Página 140

El objetivo del ejercicio es simplemente el incremento de la base de vocabulario ya que hasta este momento los estudiantes tan solo han visto algunas partes del cuerpo simples en el contexto de descripciones físicas en la unidad 2. Aunque para el ejercicio los números tan solo apuntan a una parte del cuerpo (por ejemplo: *un brazo*), en el vocabulario se ha tenido en cuenta el plural para hacer el ejercicio más fácil ya que los estudiantes podrán deducir de este modo algunas de las partes. Si lo desea puede añadir un elemento de competición al ejercicio dando a los estudiantes un tiempo muy limitado para identificar el vocabulario, o bien individualmente o en grupos, o dividir el vocabulario en pequeños grupos que una vez identificadas las 4 o 5 palabras otorgadas deberán elaborar una descripción para compartir con los demás.

Respuesta

1 la cabeza

2 el cuello

3 el brazo

4 el pecho

5 el estómago

6 la caderas

7 la rodilla

8 la pierna

9 el pie

10 el tobillo

11 el codo

12 la mano

13 la espalda

14 el hombro

15 los ojos

16 la oreja

17 la nariz

18 la boca

19 el pelo

20 la cara

2 Lee

Página 140

En una progresión lógica, este ejercicio presenta las estructuras más comunes para referirse a enfermedades y padecimientos comunes. Se espera que los estudiantes puedan completar el ejercicio a través del vocabulario que han visto en el ejercicio anterior.

Es oportuno que recuerde a los estudiantes las construcciones valorativas que ya utilizan con los verbos de opinión como *gustar*, *encantar* y *apetecer*. El verbo *doler* también utiliza una construcción valorativa donde uno o varios elementos causan una reacción en alguien. Si el sujeto que nos causa esta reacción es singular (por ejemplo: *la cabeza*), el verbo se conjuga en tercera persona singular (*duele*) mientras que si hay más de un sujeto causando la reacción, sentimiento o sensación (por ejemplo: *los dientes*), el verbo deberá ser conjugado en tercera persona del plural (*duelen*). La persona a la que se le causa la reacción expresada por el verbo se refleja con el uso del pronombre de complemento indirecto inmediatamente antes del verbo (*me*, *te*, *le*).

Respuesta

1 **B**, 2 **G**, 3 **J**, 4 **C**, 5 **E**, 6 **D**

3 Escribe

Página 140

En esta ocasión, los estudiantes deberán manipular las estructuras que han visto en el ejercicio anterior para de esta manera crear sus propias frases en relación de los padecimientos que sobraron en el ejercicio 2.

Respuesta

A Me duele la cabeza / Tengo dolor de cabeza.

F Me duele la espalda / Tengo dolor de espalda.

H Me he fracturado una mano / Me he roto una mano.

I Me duelen los oídos / Tengo dolor de oído.

📖 Cuaderno de ejercicios 12/1 Página 34

El objetivo del ejercicio es que los estudiantes revisen las partes del cuerpo que han visto en el libro del alumno.

Respuesta

Horizontales

2 cuello

4 pelo

7 piernas

10 mano

12 orejas

13 cabeza

14 rodillas

Verticales

1 ojos

3 espalda

5 estómago

6 dientes

8 pies

9 brazo

11 nariz

13 cara

4 Lee

Página 141

Este ejercicio introduce vocabulario y estructuras adicionales, así como remedios comunes. Los estudiantes deberán emparejar los padecimientos con los remedios para lo cual deberán utilizar el contexto de las frases en las cuales se incluye vocabulario más bien simple que ya deberían conocer. Los estudiantes deberían estar familiarizados con la mayoría de estos remedios, y así pues hacer enlaces simples como *guisantes congelados* con *un golpe*, o *miel y limón* para *la tos*. Los estudiantes también deberían reconocer el verbo *tomar*, de manera que podrán descartar padecimientos que no requieran la ingestión de un remedio, ayudándoles a establecer un proceso de eliminación.

Si lo desea, también puede utilizar este ejercicio para cuestionar a sus estudiantes sobre el tiempo verbal utilizado en los consejos y remedios, puesto que los estudiantes ya han visto el imperativo en la unidad 7.

Respuesta

1 **G**, 2 **C**, 3 **E**, 4 **A**, 5 **D**, 6 **F**, 7 **B**

5 Escucha

Página 141

El objetivo del ejercicio es que los estudiantes practiquen la comprensión oral del vocabulario relacionado con dolencias, padecimientos y remedios vistos en esta unidad. También puede utilizar este ejercicio para explicar/repasar las estructuras de tiempo *hace…* y *desde…* pidiéndoles a los estudiantes que escuchen de nuevo e identifiquen las estructuras.

🎧 Audio

1 Hola buenos días. ¡Siéntese! ¿Qué le pasa?

Hace tres días que estoy resfriada y tengo mucha tos.

Bueno, eso es normal en invierno. Abríguese y tome este jarabe tres veces al día durante una semana.

2 ¡Hola! ¿Qué te ocurre?

Hace dos días que me duele la garganta. Me duele desde el lunes.

Vamos a ver… La tienes inflamada pero no hay infección. Aquí tienes unos caramelos de miel y limón para que te alivien.

3 ¡Hola! ¿Qué te ocurre?

Hace cinco días que me duele un oído, creo que me duele desde el fin de semana pasado.

Vamos a ver… Aquí tienes unas gotas, y unos antibióticos para que los tomes cada 8 horas durante 7 días.

Respuesta

	1	2	3
Problema	resfriado y tos	dolor de garganta	dolor de oído
¿Desde cuándo?	3 días	2 días	5 días
Recomendación médica	abrigarse, jarabe 3 veces al día, una semana	caramelos de miel y limón	gotas, antibióticos cada 8 horas, 7 días

📖 Cuaderno de ejercicios 12/2 `Página 35`

El objetivo de este ejercicio es que los estudiantes continúen manipulando el vocabulario y estructuras de diálogos relativos a enfermedades y dolencias comunes.

Respuesta posible

Conversación 1
- Hola, buenas tardes, ¿qué le pasa?
- Me duele la cabeza.
- ¿Desde cuándo le duele?
- Hace tres días.
- Bueno, debe tomar estas pastillas cada ocho horas e intente dormir.

Conversación 2
- Hola, buenas tardes, ¿qué le pasa?
- Estoy resfriado y me duele la garganta.
- ¿Desde cuándo se encuentra mal?
- Hace dos días.
- Bueno, debe tomar este jarabe y se debe abrigar.

6 Lee `Página 141`

El objetivo del ejercicio es que los estudiantes escaneen rápidamente el texto para averiguar de qué se trata, sin leer detalladamente lo que dice ya que lo van a hacer en el siguiente ejercicio. Puede que sea necesario que dé un tiempo límite de 1 o 2 minutos a sus estudiantes. Recuérdeles que no deberán leer cada palabra sino mover los ojos rápidamente en busca de palabras con las que estén familiarizados y/o palabras que se repitan con frecuencia, que claramente tendrán un significando clave para el texto.

Respuesta

El texto trata de la mortalidad infantil, sus causas y posibles estrategias de prevención.

7 Lee `Página 141`

Esta vez los estudiantes leen el texto prestando atención a los detalles para completar la tabla. Es posible que algunos estudiantes requieran el uso de un diccionario o la sección de vocabulario para poder completar la actividad.

Respuesta

Número diario de fallecidos	Razón de los fallecimientos	Métodos de prevención mencionados
indefinido	accidentes de tránsito	uso del casco uso de cinturones de seguridad
480	ahogados	chalecos salvavidas piscinas y balsas rodeadas de vallas prestación de primeros auxilios rápida en caso de emergencia
260	quemaduras	alarmas contra el humo encendedores con dispositivos de seguridad reguladores de la temperatura del agua caliente
100+	caídas	instalación de dispositivos de seguridad en ventanas equipos especialmente diseñados en las zonas de recreo.
125	intoxicación	cierres de seguridad

8 Habla `Página 141`

El ejercicio proporciona a los estudiantes la oportunidad de discutir sus opiniones sobre el tema de las muertes y accidentes infantiles. Se recomienda que anime a los estudiantes a compartir experiencias propias de accidentes y noticias al respecto.

9 Escribe `Página 141`

La actividad cierra el tema de la salud infantil con una oportunidad para que los estudiantes practiquen lo que han aprendido, y reciclen vocabulario y estructuras aprendidas en esta página de forma escrita con amplia oportunidad de presentar datos, expresar y justificar su opinión en un contexto relativamente formal. Para los estudiantes menos hábiles, se sugiere que les recomiende que se centren en tres párrafos para los cuales se les ha dado una introducción en el libro del alumno, mientras que puede animar a los estudiantes más hábiles a ser más creativos.

Respuesta posible

Potosí, 30 de octubre

Muy señor mío,

Me llamo Isabel y soy una estudiante de Medicina en la Universidad de Favarolo, en Argentina. Tengo un interés particular en la medicina infantil, y en el futuro espero especializarme en Pediatría.

Estoy haciendo mis prácticas en un centro médico en el departamento de Potosí. Durante mi estancia en Potosí he notado que hay una balsa sin ningún tipo de protección, y donde muchos niños juegan cada día. Los vecinos de la zona me han contado que como consecuencia de la falta de protección, el año pasado se ahogaron tres niños, y creo que sus muertes se podrían haber evitado.

Para salvaguardar la seguridad de los niños hay que implementar medidas de precaución, que en este caso no son muy costosas. Es necesario vallar la balsa y poner chalecos salvavidas al alcance para evitar más muertes innecesarias, puesto que la mayoría de muertes infantiles de este tipo se pueden prevenir.

Muy atentamente,

Isabel Bienaimé

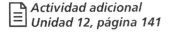 *Actividad adicional*
Unidad 12, página 141

Esta actividad adicional profundiza en la comprensión de parte del texto que aparece en la página 141 y proporciona práctica adicional manipulando información sobre accidentes.

Respuesta

1   Verdadero. Entre los 10 y 19 años la causa principal de muerte son los accidentes de tránsito.

2   Falso. Muchos niños mueren ahogados por jugar en zonas con piscinas o balsas de agua sin vallas, sin chalecos salvavidas disponibles, o acceso a asistencia de emergencia.

3   Falso. 480 niños mueren ahogados diariamente, y 260 niños mueren cada día víctimas de quemaduras.

4   Verdadero. Más de un centenar de niños mueren cada día por causa de caídas, 260 por quemaduras, 480 ahogados, y los accidentes de tráfico son la causa principal de muerte.

Los estudiantes de bachillerato asisten a una conferencia sobre la situación global de la salud en la adolescencia

1   Habla   Página 142

El objetivo del ejercicio es hacer que los estudiantes consideren los problemas a los que se enfrentan en la adolescencia y que pueden tener consecuencias duraderas y permanentes. Se sugiere que anime a los estudiantes a considerar los problemas más grandes para los adolescentes en su ámbito local.

2   Lee   Página 142

El ejercicio tiene el objetivo de presentar a los estudiantes con vocabulario clave relacionado con los temas más corrientes de salud en relación a los adolescentes.

Respuesta

1 **D**, 2 **A**, 3 **E**, 4 **C**, 5 **B**

4   Lee y escribe   Página 142

El ejercicio tiene el propósito de profundizar en los textos breves, concentrándose en el uso de consecuencias y razones.

Si lo desea, puede utilizar este ejercicio como una plataforma para entablar una discusión más profunda sobre estos temas, cuestionando a sus estudiantes a cerca de sus opiniones personales al respecto de lo que se menciona.

Respuesta

1   Si dejan de fumar van a engordar porque tener un cigarrillo en las manos evita que coman.

2   Es una combinación de la falta de ejercicio y una dieta no equilibrada.

3   La sociedad tiene una imagen pobre de los jóvenes y piensa que los jóvenes no saben disfrutar sin beber.

4   Los jóvenes se sienten presionados por todas partes: por los padres, la sociedad, los profesores, los amigos, etc.

5 Escucha y lee Página 143

El ejercicio expone a los estudiantes a una conversación modelo en un caso de emergencia en un país de habla hispana y tiene por objetivo que los estudiantes identifiquen la información clave. La conversación también alerta a los estudiantes, que mayoritariamente estarán en una edad donde pueden o podrán conducir en un futuro próximo, de los peligros de conducir bajo la influencia del alcohol.

Asimismo, si lo desea, puede asignar el papel de operador y de víctima a dos de sus estudiantes y hacer que interpreten la conversación ganando de este modo una oportunidad más de supervisar su pronunciación.

🎧 Audio

- Servicio de emergencia, ¿qué servicio precisa?

- Ambulancia por favor... hemos tenido un accidente, un coche con dos jóvenes salió de una esquina sin mirar.

...

- Servicio de ambulancia, dígame dónde se encuentra usted.

- En la Avenida de la Torre, cerca de la calle Oquendo. Mi amigo está herido, creo que tiene una pierna rota y le sale sangre de la cabeza. Está inconsciente.

- ¿Y usted, está bien?

- Pues no lo sé. Estoy asustado y me duele el brazo pero creo que no tengo nada roto.

- ¿Hay otros heridos?

- Creo que no. El conductor y el pasajero del otro vehículo están borrachos pero no parecen heridos porque están fuera del coche cantando y riendo.

- Muy bien, no se mueva y no intente mover a su amigo, una ambulancia y la policía van a llegar en 5 minutos. Deme su nombre por favor...

Respuesta

- ¿Qué ha pasado? Ha habido un accidente de tráfico.

- ¿Dónde? En la Avenida de la Torre, cerca de la calle Oquendo.

- ¿Por qué ha ocurrido? El conductor del otro coche conducía borracho.

- ¿Hay heridos? ¿Cuáles son sus heridas? Hay un herido: un chico inconsciente con una pierna rota y le sale sangre de la cabeza.

- ¿Qué instrucciones da el operador? No moverse del lugar y no intentar mover a su amigo.

- ¿Qué va a ocurrir después de la conversación? Una ambulancia y la policía llegarán en cinco minutos.

6 Lee y escribe Página 143

El ejercicio tiene el objetivo de exponer a los estudiantes a vocabulario común en formularios, en este caso relacionados con la declaración de un accidente de carretera.

Respuesta

DECLARACIÓN PRELIMINAR DE ACCIDENTE EN CARRETERA

Fecha: 15 Febrero   Hora: 06:20

Lugar: Avenida de la Torre, cerca de la calle Oquendo.

Causa y circunstancias: un coche con dos jóvenes salió de una esquina sin mirar y causó un accidente. El conductor y pasajero del coche en cuestión habían bebido.

Daños materiales: los dos coches y un semáforo.

Número de heridos: 2

Heridas: un chico inconsciente con una pierna rota y sangre en la cabeza, otro con dolor en el brazo y magullado pero sin heridas evidentes.

Firma: *Arciel SS.*

Nombre y apellidos: Arciel Solano Sendino.

Soy la víctima ✔   Soy un testigo

7 Escribe Página 143

El ejercicio brinda a los estudiantes la oportunidad de practicar el vocabulario introducido en la conversación. Se recomienda que anime a aquellos estudiantes más hábiles a ser creativos mientras que aquellos con menos habilidad se pueden ceñir a la conversación modelo alterando una menor parte de su contenido. El ejercicio puede después convertirse en un ejercicio de comprensión auditiva haciendo que los estudiantes interpreten sus conversaciones para el resto de la clase quien deberá o bien contestar a las preguntas del ejercicio 5 o rellenar el formulario del ejercicio 6 en cada ocasión según usted lo desee.

8 Lee Página 143

El ejercicio practica las estructuras con verbos modales que ya se introdujeron en la unidad 10. Los estudiantes deberán completar las frases escogiendo el infinitivo cuyo significado complemente más adecuadamente cada frase.

Respuesta

1 jugar, **2** ver, **3** hacer, **4** reducir, **5** dormir, **6** organizar

9 Lee y escribe
Página 143

El ejercicio continúa practicando los verbos modales. Las respuestas serán de carácter personal.

Respuesta posible

No debo ver la televisión antes de acostarme.

No debo jugar con videojuegos antes de ir a dormir.

Tengo que beber menos café.

Debería acostarme a la misma hora todos los días.

10 Escribe
Página 143

Este ejercicio brinda a los estudiantes la oportunidad de consolidar el vocabulario adquirido evitando limitar la creatividad y respuesta de los estudiantes con un título específico para que ellos exploten el ángulo que deseen y que más les interese. Si lo cree necesario, puede ofrecer a todos o algunos de los estudiantes títulos específicos, como por ejemplo:

¿Son saludables los jóvenes de hoy en día?

Jóvenes con poca salud, ¿su culpa, o la culpa de la sociedad actual?

El siglo XXI: una sociedad de jóvenes vagos, borrachos y deprimidos.

Respuesta posible

Salud y juventud

Hoy en día los adolescentes están expuestos a muchos factores que ponen en peligro la longevidad de su salud, pues la combinación de todas las tentaciones a su alcance con las presiones de la segunda etapa de su vida hacen difícil encontrar un equilibrio.

Por un lado, se enfrentan a presiones de grupo que a veces les tientan a acercarse a aquello que les está prohibido por la ley o por sus padres. Esta afirmación de rebeldía puede en ocasiones llevarles a ser víctimas del alcohol, el tabaquismo o las drogas. Por desgracia, aunque en la mayoría de los casos estos problemas serán temporales, a veces marcarán su vida adulta causando graves problemas de salud.

Por otro lado, los jóvenes se enfrentan a una sociedad muy crítica y competitiva, en la que algunos adolescentes encuentran difícil ser ellos mismos, sin complejos ni prejuicios, resultando en niveles de depresión y ansiedad altos.

El estrés de los exámenes, la sociedad consumista, el acoso a través de nuevas tecnologías, el deseo de encajar, la falta de ejercicio y la falta de sueño, son todas razones por las que los adolescentes adquieren malos hábitos con los que en algunos casos van a convivir el resto de sus vidas.

Los estudiantes de bachillerato analizan algunas estadísticas

1 Lee
Página 144

El objetivo del ejercicio es que los estudiantes lean los mini artículos para identificar los puntos esenciales que les llevarán a reconocer el vocabulario clave. Se recomienda que en primer lugar haga que los estudiantes miren las fotos y anticipen el vocabulario que piensan que van a encontrar en el ejercicio de manera que les resulte más ameno.

Respuesta

1 **D**, 2 **E**, 3 **C**, 4 **B**, 5 **A**

2 Lee
Página 144

En este ejercicio los estudiantes deben leer los mini-artículos más detalladamente para demostrar una comprensión más profunda, para lo cual su sentido común y familiaridad con efectos y causas de las enfermedades mencionadas les ayudará a identificar el vocabulario adicional que puede que no hayan visto hasta ahora.

Respuesta

1 El ejercicio y la dieta sana se recomiendan para prevenir los infartos y los derrames cerebrales.

2 La depresión es un problema muy grande porque la mayoría de los que la sufren no tienen acceso a tratamiento adecuado ni salud pública.

3 Los países en vías de desarrollo son culpables de un porcentaje elevado de fallecidos en accidentes de tráfico porque su crecimiento económico lleva al incremento de coches y así pues al incremento de accidentes.

4 Es importante actuar contra el tabaquismo porque las previsiones indican que el número de víctimas mortales va a alcanzar los 8 millones para el 2030.

5 La diabetes presenta riesgos adicionales de problemas con el corazón y derrames.

3 Escribe
Página 144

El objetivo del ejercicio es hacer que los estudiantes consideren la magnitud de la información en los artículos y decidan cuáles son los temas que más les preocupan a su edad, creando de esta forma amplia oportunidad para que expresen sus opiniones.

Tenga en cuenta que si proporciona a los estudiantes vocabulario y estructuras diferentes al ejemplo, puede que estas necesiten el subjuntivo, de manera que será necesario guiar a los estudiantes hacia estructuras donde este no sea necesario o explicarlo si lo cree oportuno.

4 Habla
Página 144

El objetivo del ejercicio es que los estudiantes practiquen de forma oral el vocabulario introducido en esta página, al mismo tiempo que practican su capacidad de defender y justificar su punto de vista. Se sugiere que en primer lugar los estudiantes identifiquen aquellos puntos en los que están totalmente de acuerdo, si los hay, y aquellos que para ellos son clave y sobre los que tienen una opinión muy definida. Después deberán tomar turnos para justificar los puntos en los que no estén en acuerdo intentando llegar a un acuerdo final.

5 Investiga
Página 144

El objetivo del ejercicio es que los estudiantes aprendan sobre una de las crisis de sanidad más preocupantes en décadas recientes. De este modo, los estudiantes empezarán a considerar por qué enfermedades que no supondrían mucho problema en el primer mundo, pueden llegar a tener una escala considerable y preocupante en países subdesarrollados o en vías de desarrollo. Es recomendable que dirija a sus estudiantes a la página de la Organización Mundial de la Salud para que los datos obtenidos sean verídicos y no sensacionalistas.

Datos claves

El ébola es un virus que se transmite de animales salvajes a humanos y de humanos a humanos.

El índice de fatalidad es variable pero puede alcanzar el 90%.

Cuando estalló el brote del 2014 no había vacunas licenciadas para prevenir o tratar el ébola.

Diagnóstico y tratamiento temprano es clave para la supervivencia de la víctima.

6 Lee
Página 145

El ejercicio tiene un objetivo mayoritariamente gramatical ya que presenta a los estudiantes la oportunidad de repasar el uso de tiempos verbales que los estudiantes ya han visto. Si lo desea, puede utilizar este ejercicio como una plataforma para la discusión oral sobre el tema del ébola.

Respuesta

1 ha sido
2 ha muerto
3 trabajaba
4 ha sido
5 requiere
6 contrajo
7 costó
8 ha generado
9 estaba
10 ha costeado

7 Lee
Página 145

El ejercicio requiere que los estudiantes comprendan la información detallada en el artículo para poder establecer si las frases son correctas, falsas o si la información no se menciona en el texto. Los estudiantes deberán corregir aquellas frases que no sean verdaderas.

1 Verdadero.
2 No se menciona.
3 Falso. El misionero contrajo el virus en Liberia.
4 No se menciona.
5 Falso. No se le hizo una autopsia porque el protocolo lo requiere así.
6 Verdadero.
7 No se menciona.
8 Verdadero.

8 Escucha
Página 145

El ejercicio tiene el propósito de ofrecer a los estudiantes práctica de compresión auditiva. Se requiere que los estudiantes identifiquen si los interlocutores se preocupan sobre las enfermedades tropicales, y que tomen notas de información adicional que puedan entender.

🎧 Audio

1 Sí, si me preocupa porque todavía no hay una cura confirmada y el ébola tiene hasta un 90% de tasa de mortalidad.

2 No, para nada. El ébola, el dengue, la polio y estas enfermedades son parte del tercer mundo y yo no vivo en el tercer mundo.

3 Sí, claro que me preocupa porque cualquier persona que viene a nuestro país puede estar infectada con cualquier virus mortal y no lo sabremos hasta que sea demasiado tarde.

4 Sí, de hecho estoy convencida de que la raza humana va a morir a causa de un virus mortal. El mundo es un lugar muy pequeño hoy en día, y cualquier virus de África puede estar aquí en un abrir y cerrar de ojos.

5 Me preocupa por la gente de África, pero no por nosotros en el Oeste. Cada año tenemos algo nuevo que nos va a matar: primero fue el SIDA y luego las vacas locas, la gripe aviar… Todavía estamos aquí, ¿no?

Respuesta

1 Sí, porque no hay cura y tiene una tasa de mortalidad muy elevada.

2 No, porque son enfermedades del tercer mundo y no vive allí.

3 Sí, porque la gente que viaja a nuestro país puede estar infectada.

4 Sí, porque cualquier virus de África puede llegar muy rápidamente. Está convencida que la raza humana va a morir de un virus mortal.

5 Sí y no. Sí por la gente de África. No por el Oeste, porque siempre hay algo nuevo.

9 Escribe   Página 145

El objetivo del ejercicio es que los estudiantes expresen sus propias opiniones de forma escrita después de haber escuchado varias ideas que podrán utilizar y reciclar. Puede si lo desea guiar a los estudiantes menos independientes a estructurar su comentario de una forma lógica, primero introduciendo una razón o razones por las que deberíamos preocuparnos, seguido por razones por las que no deberíamos preocuparnos para finalmente exponer la opinión propia que evidentemente deberá ser justificada. Puede también animar a sus estudiantes a investigar y utilizar ejemplos de brotes, epidemias o casos de estas enfermedades. Si lo desea, puede hacer que los estudiantes evalúen el trabajo escrito de sus compañeros, identificando en cada caso, un elemento lingüístico o de contenido que creen que podría ser mejorado.

10 Investiga   Página 145

El objetivo primordial de este ejercicio no es lingüístico sino de preparación para poder luego acceder a la siguiente tarea oral.

11 Habla   Página 145

Aquí los estudiantes presentan los datos que han descubierto en el ejercicio anterior. Escuchan las presentaciones de sus compañeros, y elaboran y responden a las preguntas pertinentes. Se recomienda que recuerde a sus estudiantes que deberán revelar las fuentes de su información para justificar su presentación de datos.

Recuerde a sus estudiantes que su presentación deberá seguir una trama lógica, y que es generalmente aceptado que cuando se presenta un tema, primero se tiene que explicar al público de lo que se va a hablar, entonces hablar sobre ello, y finalmente resumir de lo que se ha hablado. Así pues, la presentación tiene que contener un elemento de introducción, cuerpo y conclusión. Sugiérales a los estudiantes que incluyan varias de las causas de mortalidad, para después centrarse en una o dos para las cuales pueden considerar medidas de prevención, así como comparar estas con las de otros países vecinos o latinoamericanos.

Los estudiantes de bachillerato estudian su módulo de nutrición y salud pública

1 Lee   Página 146

El objetivo del ejercicio es que los estudiantes identifiquen la idea de cada elemento a través de palabras claves para emparejar cada mito con su clarificación y la iniciativa correspondiente. Al mismo tiempo, el ejercicio también tiene el objetivo de hacer que los estudiantes empiecen a pensar en la dieta y los elementos necesarios, así como en las desigualdades que existen entre los países en términos de nutrición. También puede utilizar esta oportunidad para invitar a los estudiantes a compartir otros mitos que conozcan que no estén en la tabla, bien en relación con la dieta o en relación con otros temas de salud.

Respuesta

1 **E** iv, 2 **A** iii, 3 **D** i, 4 **C** v, 5 **B** ii

2 Habla   Página 146

El ejercicio pretende que los estudiantes entablen una conversación alrededor del tema de la malnutrición, cuyo ángulo dependerá del país donde se encuentre. Anime a sus estudiantes a considerar los elementos de la dieta equilibrada que vieron en la unidad 4. La conversación puede centrarse en desequilibrios económicos en su país o también puede centrarse en la calidad de la nutrición de una dieta a base de comida rápida y comida basura. Para establecer cuál es el mejor ángulo para abordar la discusión puede pedir a sus estudiantes que definan el término malnutrición y de ahí haga que discutan en pequeños grupos su existencia en su país. Una vez decidido el nivel de malnutrición podrá proponer que consideren quién o quiénes son los culpables, y que también consideren posibles soluciones. Dé cinco minutos para que los estudiantes discutan en sus pequeños grupos para después poder ofrecer al resto de la clase un resumen de sus opiniones. Donde las opiniones sean muy diferentes entre los grupos, puede procurar un debate donde los grupos deberán intentar rebatir las opiniones de los demás y justificar las suyas propias.

3 Escribe   Página 146

Este ejercicio es un ejercicio de preparación para después poder evaluar la calidad de la dieta de los estudiantes. Puede si lo desea asignar esta tarea como deberes pues puede resultar más fácil mantener una lista durante los tres días que pensar en retrospectivo en todos los alimentos consumidos.

4 Escribe

Página 146

El ejercicio sugiere que los estudiantes intercambien sus listas y de este modo analicen la dieta de un compañero. En caso de que en su clase tenga alguna situación comprometida, puede hacer que los estudiantes analicen su propia dieta. Sugiera a los estudiantes menos hábiles que sigan la estructura del modelo ofrecido en el libro del alumno. Anime a sus estudiantes a utilizar los verbos modales en lugar del imperativo para dar consejos.

Respuesta posible

Comes una dieta bastante sana porque comes suficiente fruta y verdura cada día, y esto es muy importante para obtener las vitaminas y minerales necesarios para el cuerpo. Por otro lado, aunque comes suficiente carne y aproximadamente la cantidad recomendada de alimentos ricos en almidón, no comes pescado y tienes que hacer un esfuerzo para comerlo de vez en cuando. También debes beber más leche, porque no tomas suficientes lácteos. Además, tienes que cambiar tus bebidas gaseosas altas en azúcares por zumo de fruta sin azúcares añadidos o agua, pues es mucho más sano. Finalmente, también tienes que reducir la cantidad de caramelos y dulces que comes, puesto que con el tiempo el exceso de calorías que consumes podría resultar en un aumento de peso.

5 Comprensión

Página 147

El ejercicio tiene el propósito de exponer a los estudiantes a vocabulario e ideas en torno al tema del vegetarianismo, y precisa que los estudiantes demuestren una comprensión básica para la que no van a necesitar comprender en detalle toda la información, sino tan solo los subtítulos y palabras claves.

Respuesta

1 Está a favor.

2 Razones:

para una vida más saludable

para evitar el hambre del mundo

para proteger a los animales

para salvar el planeta

6 Lee y escribe

Página 147

El ejercicio brinda la oportunidad de practicar conectores para definir razones o consecuencias, tratando de evitar el sobre uso de conectores más simples como porque, y añadiendo de ese modo variedad al vocabulario de los estudiantes.

Respuesta posible

1 El vegetarianismo evita enfermedades **puesto que** es una alimentación sana.

2 Se consumen menos grasas **así que** se disfruta de mejor salud.

3 Hay hambre en los países pobres **pues** se come demasiada carne en los países ricos.

4 Queremos comer carne, **por esta razón** hacemos sufrir a millones de animales.

5 La ganadería intensiva es nociva para nuestro planeta **ya que** daña a nuestro planeta.

6 Mucha gente quiere proteger el medio ambiente **de manera que** se vuelven vegetarianos.

7 Escucha

Página 147

El objetivo del ejercicio es la práctica de la comprensión auditiva sobre el tema del vegetarianismo. Puede si lo desea entablar una discusión previa de las razones por las cuales la gente se vuelve vegetariana para de este modo predecir las respuestas que los estudiantes van a escuchar.

🎧 Audio

1 Soy vegetariana porque amo la naturaleza, y no soporto tener delante de mí un cadáver, simplemente no puedo comerlo, respeto las demás formas de vida porque soy bióloga, y me apasiona la vida.

2 La carne es una sustancia que el cuerpo no necesita para su subsistencia, y que solo causa desajustes.

3 Cuando tenía 10 años más o menos fui a visitar a unos tíos que son vegetarianos, y tenía que comer su comida que entonces se me hacía insípida, pero luego regresé a mi casa y, no sé, no me dieron ganas de comer carne, y así sin más dejé de comerla.

4 Estaba súper gorda y me propuse perder peso, y aunque me planteé dejar de comer carne me costó mucho, vale la pena porque ahora estoy muy bien.

5 Simplemente porque es más saludable comer vegetales y cereales.

Respuesta

1 Ama la naturaleza, no soporta la idea de comer un animal muerto.

2 La carne es innecesaria en nuestra dieta.

3 Estuvo obligada a ser vegetariana cuando visitó a sus tíos en la infancia.

4 Originalmente para adelgazar, después para mantener la figura.

5 Los vegetales y los cereales son más saludables.

Cuaderno de ejercicios 12/3 [Página 35]

El ejercicio explota vocabulario relacionado con la dieta y en particular el vegetarianismo. Puede que sea necesario que los estudiantes utilicen un diccionario para entender las palabras que no han visto.

Respuesta

		ventaja	desventaja
1	Es una dieta baja en grasas saturadas	✔	
2	No contiene nada de colesterol.	✔	
3	Puede representar carencias de algunos micronutrientes.		✔
4	Puede incluir más fibra, lo que está asociado con menor prevalencia de algunos cánceres.	✔	
5	El alto consumo de fibra puede impedir que algunos minerales se absorban correctamente.		✔
6	Ayuda a prevenir la obesidad.	✔	
7	Es más difícil tener una dieta equilibrada.		✔
8	El déficit de vitamina B2, solo hallada en productos cárnicos, puede resultar en anemia.		✔
9	El hierro de origen vegetal no se absorbe con la misma facilidad.		✔
10	Las proteínas de origen animal tienen mejor calidad nutricional.		✔

8 Escribe [Página 147]

Este ejercicio permite que los estudiantes consoliden el vocabulario que acaban de aprender, al mismo tiempo que escriben sus opiniones personales sobre el vegetarianismo. Si lo desea, puede llevar el tema un poco más allá y antes de llevar a cabo este ejercicio puede instigar una discusión sobre las diferencias entre ser vegetariano y ser vegano, y cómo estas diferencias afectan a los temas tratados por el artículo, para que algunos de los estudiantes puedan incluir estás ideas en su respuesta escrita.

Los estudiantes de bachillerato consideran los pilares de la vida sana

1   Lee y habla [Página 148]

El objetivo del ejercicio es cambiar el ángulo de la unidad para dejar temporalmente de lado accidentes, enfermedades y padecimientos para enfocar en un tema más general e íntegro de la vida sana. A través de las preguntas los estudiantes identifican elementos que contribuyen a la salud, y así pues contribuyen a la felicidad. Dependiendo del perfil de su clase, como punto de partida, puede hacer que los estudiantes compartan sus respuestas al cuestionario o podría hacer que contesten al cuestionario de una manera anónima para entonces analizar los resultados de la clase. En cuanto a las sugerencias de cómo cada pregunta se relaciona con la vida sana, podría escribir las preguntas en pequeños papeles y entregar uno o dos papeles a grupos pequeños que deberán justificar la relevancia de la pregunta pero sin mencionar las palabras claves (que si desea puede también escribir en el papel) para que el resto de la clase adivinen qué pregunta justifican.

Respuesta posible

1   El ejercicio ayuda a disolver el estrés y quemar las calorías de los excesos en nuestra dieta.

2   La cafeína es un estimulante que puede alterar la presión sanguínea y/o repercutir negativamente en nuestro sueño.

3   Dormir lo suficiente es importante para sentirse fresco y así abordar la vida con positividad y sin apatía resultante del cansancio.

4   Una dieta poco equilibrada puede causar cansancio y también problemas relacionados con la obesidad.

5   Poder hablar de nuestras preocupaciones con alguien es necesario para evitar problemas de salud mental.

6   Los conflictos pueden elevar los niveles de estrés y tener repercusiones negativas en el estado de ánimo y bienestar emocional.

7   Manejar bien el tiempo disponible también puede reducir los niveles de estrés.

8   Una vez más, la organización puede evitar estrés innecesario.

9   Sentirse bien en la rutina diaria es importante para el bienestar emocional.

10   Tener el dormitorio ordenado crea un ambiente más conductivo a relajarse, cosa que sin duda ayuda a dormir, lo que es necesario para una vida sana.

2 Lee y escribe Página 148

Aquí los estudiantes responden las preguntas del ejercicio 1 por si mismos para evaluar si llevan una vida sana. Se recomienda que primero les indique que tomen notas breves de sus respuestas a las diez preguntas para después poder producir una respuesta elocuente, ordenando las respuestas de una forma lógica de acuerdo con la conclusión a la que hayan llegado.

Respuesta posible

Yo creo que sí que llevo una vida sana porque aunque no estoy obsesionado con el ejercicio, voy al gimnasio dos o tres veces por semana, ya que me ayuda a relajarme. No me gusta ni el té ni el café, y además como una dieta relativamente equilibrada, aunque debo hacer un esfuerzo para dormir un poco más, puesto que nunca duermo 9 horas al día entre semana. En otros aspectos, tengo muchos amigos y me llevo muy bien con mi familia, así que no tengo estrés en ese aspecto. En cuanto a mi tiempo, soy bastante organizado pero mi puntualidad deja algo que desear porque siempre llego tarde a todos los sitios.

3 Lee Página 148

El objetivo del ejercicio es que los estudiantes demuestren la comprensión del vocabulario e ideas principales del texto, que en este caso es bastante accesible puesto que el vocabulario también es bastante accesible.

Respuesta

1 Verdadero.

2 Verdadero.

3 Falso. Les preocupa mucho cómo pagar por sus estudios.

4 Verdadero.

5 No se menciona.

6 Falso. La música y la televisión ayudan a un porcentaje de jóvenes menor que el ejercicio físico.

7 No se menciona.

8 Verdadero.

4 Lee Página 149

El objetivo del ejercicio es la profundización de vocabulario relacionado con el estrés. Los estudiantes relacionan los consejos con la justificación relevante detrás de cada consejo. Recuerde a los estudiantes que el ejercicio les resultará más fácil si aplican una estrategia de eliminación. En muchos casos, palabras de la misma familia deberían llevar a los estudiantes a las respuestas correctas.

Respuesta

1 B, 2 E, 3 F, 4 C, 5 G, 6 D, 7 A

5 Habla Página 149

El ejercicio brinda a los estudiantes la oportunidad de discutir sus opiniones propias sobre el estrés y estrategias para mantenerlo bajo control. Puede si lo desea hacer que los estudiantes elijan un número determinado de consejos que piensan que son particularmente importantes (no más de dos o tres), y deberán defender su elección frente a otros que hayan elegido otros consejos diferentes. Como extensión, puede pedir a los estudiantes que ilustren los consejos que quieran defender con ejemplos verídicos o imaginarios de situaciones personales o de su entorno.

6 Lee y escribe Página 149

El objetivo del ejercicio es hacer que los estudiantes reflexionen sobre situaciones estresantes para los jóvenes. La respuesta es personal y puede si lo desea pedir a los estudiantes que escriban o discutan las situaciones que ellos han vivido que han encontrado más estresantes y medidas que pueden tomar en cada caso para controlar este estrés.

7 Escucha Página 149

El objetivo de ejercicio es que los estudiantes demuestren su capacidad de comprensión auditiva respectiva a métodos de combatir el estrés. Una discusión en grupos o a nivel de clase sobre lo que sus estudiantes hacen cuando se sienten particularmente estresados podría ser beneficiosa puesto que podría anticipar algunas de las respuestas.

🎧 Audio

1 A veces practico algún deporte o escucho música.

2 Me encierro en mi habitación, pongo la música bien alta, velas aromáticas, y me acuesto un rato.

3 A veces me veo una película y me olvido de todo durante un par de horas.

4 Si estoy estresado, llamo a un amigo para charlar, o si es posible, aún mejor, salir juntos.

Respuesta

1 Deporte o música.

2 Encerrarse en su habitación, música bien alta, velas aromáticas, y acostarse un rato.

3 Ver una película.

4 Charlar/salir con un amigo.

8 Escribe
Página 149

El ejercicio tiene el objetivo de consolidar el tema del estrés y la vida sana, brindando a los estudiantes la oportunidad de escribir sus opiniones y sus experiencias personales, utilizando el vocabulario, ejemplos y estructuras que han visto hasta ahora. Anime a los estudiantes a ilustrar sus respuestas con ejemplos personales o imaginarios.

Respuesta posible

¡Hola chicos!

Bueno, pues creo que en mi entorno la principal causa del estrés de los jóvenes son las notas. Asistimos a un colegio donde tradicionalmente se sacan muy buenas notas, de manera que la presión de los profesores y de nuestros padres es enorme. Cuando sacas menos de un sobresaliente te sientes fracasado y como que has decepcionado a todos.

Estos días yo estoy estresada a causa de mi profesora de arte porque tengo la sensación de que me odia, y por eso siempre me da notas más bajas que a mis amigas. Por ejemplo, el otro día mi amiga Mari y yo elegimos el mismo tema y produjimos unas interpretaciones muy parecidas, pero como siempre, la profesora automáticamente decidió que soy yo la que copié, y por eso solo me puso un 4 mientras que a Mari le puso un 7. No me parece justo. A parte de esto, tengo problemas con mis padres porque no aceptan a mi novio, porque tiene cinco años más que yo, pero para mí la edad es tan solo un número.

Para aliviar el estrés hago boxeo en mi gimnasio. Es un deporte violento, pero agredir violentamente el saco de boxeo me relaja. Cuando salgo del gimnasio siempre estoy físicamente cansada, pero emocionalmente más fresca y alegre. ¡Lo recomiendo a todo el mundo! A parte del boxeo me relaja escuchar música, pero tiene que ser música tranquila porque si no me irrita.

¡Suerte con vuestro estudio!

Araceli

Repaso

Preparación para el examen oral

1 Habla
Página 150

El ejercicio brinda la oportunidad de practicar para el examen oral. Los estudiantes deberán preparar una presentación sobre lo que representa la foto: en este caso el estrés de un estudiante, posiblemente poco organizado, trabajando en el último minuto, y en un ambiente desorganizado y poco conductivo a la calma. Puede permitir a los estudiantes que trabajen con un compañero, y así practiquen contestar preguntas relacionadas con los temas propuestos, o pueden preparar preguntas juntos y luego preguntarlas a otros estudiantes respondiendo las suyas.

Preguntas sugeridas

¿Qué es la vida sana?

¿Qué es lo más importante para tener una vida sana?

¿Piensas que tú llevas una vida sana? ¿Por qué?

¿Cuáles piensas que son los retos de los adolescentes de hoy en día?

¿Cuál crees que es el problema de salud más preocupante para los adolescentes?

¿Crees que la adolescencia de hoy en día lleva una vida sana?

¿Llevas una dieta equilibrada?

¿Cómo podrías mejorar tu dieta?

¿Crees que es importante hacer ejercicio para tener una vida sana?

¿Tienes algún vicio poco sano?

¿Qué hábitos deberías cambiar para llevar una vida más sana?

¿Estás estresado?

¿Cómo te afecta el estrés?

¿Crees que el estrés es un problema entre los jóvenes?

¿Cómo podemos controlar el estrés?

13 Mi estilo de vida

Área temática	El individuo y la sociedad
Tema	Salud física
Aspectos	Estilo de vida Dieta Estado físico Adicción
Gramática	Imperativo (repaso) Pretérito imperfecto y pretérito indefinido (repaso) Condicional (repaso) Expresar recomendaciones y consejos
Tipo de texto	Blog Folleto Sitio web de una red social Artículo
Rincón IB	**Teoría del Conocimiento** • Discusión sobre legalización o no de drogas como la mariguana para casos médicos. **Trabajo escrito** • Investigación sobre lo que se considera una substancia aceptable o no socialmente en diferentes culturas. **Oral individual** • Describir fotos relacionadas con adicciones de los jóvenes y responder a preguntas sobre ellas. • Conversación general sobre tu estilo de vida: los aspectos positivos, negativos y lo que te gustaría cambiar en el futuro. **Producción escrita** • Escribe una entrada en tu **blog** personal explicando lo que haces para llevar una vida sana. Las horas que duermes, lo que comes y bebes, si tienes algún vicio que te gustaría eliminar y lo que haces para relajarte cuando estás estresado. (Escribe al menos 100 palabras.)

Esta unidad trata del tema de la relación entre la salud física y el estilo de vida. Los estudiantes van a aprender el vocabulario relativo a la dieta, el estado físico y las adicciones. Gramaticalmente, esta unidad se centra en el repaso de varios tiempos verbales: el imperativo, el pretérito imperfecto junto con el pretérito indefinido y el condicional. Además hay numerosos ejercicios para desarrollar la expresión de recomendaciones y consejos.

1 Introducción
Página 151

Este es un ejercicio introductorio donde se espera que los estudiantes identifiquen los diferentes deportes que aparecen en las fotos. Les puede recordar que los deportes ya aparecieron en la unidad 8.

Respuesta

jugar al baloncesto, correr, montar en bicicleta, escalar, hacer karate, jugar al fútbol, nadar y hacer deporte en el gimnasio

2 Escribe y habla
Página 151

Los estudiantes ya sabrán la mayoría de estas actividades gracias a la unidad 8. No obstante, es importante repasarlas para luego poder describir lo que hacen las personas y poder incluirlas en sus descripciones de una vida sana durante esta unidad.

Los estudiantes deben intentar incluir tantos detalles como sea posible para ayudar a su compañero a adivinar a quién describe. Esta actividad intenta provocar a los estudiantes a reflexionar sobre las motivaciones y el placer de hacer ejercicio, y no solo en el deporte o actividad en concreto.

1 Escucha
Página 152

Los estudiantes deben escuchar con cuidado para rellenar los espacios, prestando atención a los tiempos verbales.

 ### Audio

- ¿Llevas una vida sana, Álvaro?

- Pues, no sé. Antes llevaba una vida más sana y me cuidaba bien, pero ahora… probablemente estoy un poco gordo.

- Pero muchacho, haz más ejercicio y come mejor. Es fácil.

- Ojala pudiera, pero no puedo. Tengo que estudiar mucho para mis exámenes en julio, y siempre tengo hambre cuando estudio. Y como estoy cansado bebo demasiados refrescos azucarados. Si tuviera más tiempo o energía me encantaría hacer más deporte, y cocinaría más… pero no puedo.

Respuesta

1 llevas, 2 llevaba, 3 me cuidaba, 4 estoy, 5 haz, 6 come, 7 puedo, 8 tengo, 9 bebo, 10 me encantaría, 11 cocinaría

 ## Cuaderno de ejercicios 13/1
Página 36

Este ejercicio fortalece la comprensión de la formación y el uso del presente de imperativo en la segunda persona del singular. Los estudiantes tendrán que prestar atención a la formación de los verbos irregulares tales como *hacer* e *ir*.

Respuesta

Infinitivo	Imperativo (tú)	Frase
comer	come	Come más pescado, es muy sano.
combinar	combina	Combina varios tipos de ejercicio cada semana.
beber	bebe	Bebe mucha agua.
hacer	haz	Haz más deporte, es muy bueno para la salud.
ir	ve	Ve andando a tu casa.
fumar	fuma	Fuma lo menos posible.
correr	corre	Corre al menos tres veces por semana.
intentar	intenta	Intenta comer menos dulces.
dormir	duerme	Duerme adecuadamente.
evitar	evita	Evita las bebidas azucaradas.

 ## Cuaderno de ejercicios 13/2
Página 36

Esta actividad pone los imperativos en contexto y fortalece la comprensión del vocabulario del tema de la salud.

Respuesta

1 **Intenta** llevar una vida más sana.

2 Si estás estresado siempre **duerme** como mínimo ocho horas cada noche.

3 **Evita** las comidas con mucha grasa, causan mucho daño a tu sistema digestivo.

4 Si quieres tener más energía **corre** como mínimo tres veces por semana.

5 **Ayuda** a tus amigos de dejar de fumar.

6 **Bebe** menos alcohol, aunque algunos expertos dicen que el vino tinto, de manera moderada, puede tener efectos positivos para la salud.

7 **Haz** todo con moderación, **combina** una dieta equilibrada con ejercicio.

2 Lee
Página 152

Los estudiantes necesitarán comprender la segunda parte de la frase para poder conectar las dos secciones. Deben resolver las frases más obvias para luego revelar las que no les parecen tan fáciles.

Respuesta

1 **D**, 2 **C**, 3 **E**, 4 **B**, 5 **F**, 6 **A**

3 Lee `Página 152`

Los estudiantes deben considerar el texto de Raquel en detalle antes de completar la tabla. Antes de hacer el ejercicio será conveniente discutir con la clase sobre cómo abordar la tarea. Deben leer las frases de la tabla antes de leer el texto, y luego de buscar semejanzas entre las partes del texto y también justificar sus respuestas con palabras del texto ya que a menudo hay que hacerlo durante el examen.

Respuesta

		Verdadero	Falso	No se menciona
1	Raquel cree que lleva una vida muy sana.	✔		
2	Come una dieta muy variada.		✔	
3	No le importa lo que bebe.		✔	
4	Va al gimnasio siete días a la semana.	✔		
5	Mucha gente en su gimnasio toma drogas.	✔		
6	Antes se concentraba mucho en sus estudios.	✔		
7	Quiere entrenarse para competir en un concurso.			✔

1 *creo que llevo la vida más sana posible*

2 *como pollo a la parrilla o salmón a vapor, con arroz o verduras*

3 *bebo agua o batidos de proteínas*

4 *voy al gimnasio todos los días*

5 *mucha gente en mi gimnasio toma esteroides*

6 *tenía demasiado que estudiar*

4 Escribe `Página 152`

Los estudiantes deben utilizar el imperativo para escribir 3 consejos. Puede dividir a la clase en parejas y asignar Raquel o Álvaro a cada pareja, para que los estudiantes trabajen con un compañero para decidir qué aconsejar a Raquel o a Álvaro. Luego pueden poner sus ideas en común con el resto de la clase.

Cuaderno de ejercicios 13/3 `Página 37`

Este ejercicio obliga a los estudiantes no solo a reflexionar sobre el significado de estos infinitivos sino también a utilizarlos para expresar y desarrollar sus propias opiniones sobre los temas introducidos en esta unidad.

Respuesta

1 bebería menos alcohol

2 comeríamos más fruta

3 haría más ejercicio

4 dejarías de fumar

5 empezaría a hacer ejercicio

6 tomarían menos riesgos

7 irías al gimnasio a menudo

5 Habla `Página 153`

Muchos estudiantes decidirán inmediatamente que Raquel lleva una vida más sana, pero será importante animarles a considerar el impacto a largo plazo de hacer demasiado ejercicio y de obsesionarse son su estilo de vida. Además, deben hablar del impacto de tomar drogas o suplementos para conseguir un estilo de vida más sano. Puede resultar útil que los estudiantes voten para estimular debate, por ejemplo indicando si creen que es más importante hacer ejercicio o estudiar.

6 Escribe `Página 153`

Este ejercicio tiene como objetivo repasar la formación del condicional y demostrar a los estudiantes como se combina el imperfecto de subjuntivo con el condicional. El subjuntivo no se ha visto como modo verbal durante el libro, pero es importante introducirlo como elemento que aparece con el condicional para acostumbrar a los estudiantes a sus formas y darles más capacidad para expresar consecuencias.

La segunda parte del ejercicio provee a los estudiantes la oportunidad de utilizar las frases para dar sus propias opiniones, y así practicar el uso de *si + imperfecto de subjuntivo + condicional*.

Respuesta

1 Si mi amigo bebiera demasiado alcohol le **ayudaría** (ayudar) con su problema.

2 Si mi primo tomara drogas yo **contactaría** (contactar) a su médico.

3 Si pudiera solo **compraría** (comprar) comida orgánica, pero a veces cuesta mucho.

4 Si fuera posible me **encantaría** (encantarle) llevar una vida súper sana.

5 Si estuviera un poco gordo **comería** (comer) menos comida basura.

6 Si tuviera más tiempo **haría** (hacer) mucho más ejercicio.

7   Lee y escribe | Página 153 |

Este ejercicio refuerza el uso de la estructura de *si + imperfecto de subjuntivo + condicional*, y da una serie de ejemplos para preparar a los estudiantes para la tarea productiva del ejercicio siguiente.

Respuesta

1   Si **tuviera** más tiempo dejaría mi trabajo y **haría** mucho más ejercicio.

2   Yo no estaría tan **estresada** y probablemente no **fumaría** más.

3   No **comería** más comida basura, **iría** a unos restaurantes fenomenales para cenar.

4   **Nadaría** en mi piscina en el jardín, y estaría más en **forma**, ¡segurísimo!

5   Si tuviera más dinero compraría **comida** orgánica y **bebería** café de vendedores de comercio justo.

8   Escribe | Página 153 |

Los estudiantes deben utilizar el condicional para dar sus propias opiniones. Todos los estudiantes deben incluir la estructura *si + imperfecto de subjuntivo + condicional* que acaban de utilizar durante los ejercicios anteriores.

📖 Cuaderno de ejercicios 13/4 | Página 37 |

Este ejercicio permite a los estudiantes de practicar el uso del *si + subjuntivo imperfecto + condicional* para expresar sus opiniones sobre una vida sana. La actividad fortalece confianza en conjugar el condicional y modela otra vez como utilizar los dos elementos para teorizar sobre una situación en el futuro.

Respuesta posible

1   Si tuviera un problema con el tabaco *hablaría con mi madre.*

2   Si tuviera más dinero compraría comida orgánica y más sana porque es mejor para la salud.

3   Si pudiera iría al gimnasio cada día porque sé que no estoy en forma.

4   Si no fuera tan difícil me levantaría más temprano para ir a la piscina porque me parece muy relajante.

5   Si tuviera más tiempo me encantaría leer más, me gusta descansar.

6   Si estuviera muy enfermo creo que pasaría más tiempo con mi familia y mis amigos.

No llevaba una vida sana, pero ahora quiero cambiar

1   Lee | Página 154 |

Esta actividad practica principalmente el uso del pretérito imperfecto y pretérito indefinido. La tarea guía a los estudiantes a elegir el tiempo verbal adecuado para prepararles para los ejercicios de esta página. Los estudiantes necesitarán esforzarse primero en entender el significado del texto, anotando su trabajo para poder justificar sus decisiones en cuanto al tiempo verbal elegido.

Después de completar los espacios puede sugerir a los estudiantes que lean las respuestas de sus compañeros para comparar sus decisiones y conjugaciones, discutiendo por qué han utilizado cada verbo y cada tiempo verbal.

Respuesta

Cuando **tenía** (tener, pretérito imperfecto) quince años **llevaba** (llevar, pretérito imperfecto) una vida bastante sana y también muy activa. Normalmente **jugaba** (jugar, pretérito imperfecto) al balonmano como mínimo cuatro veces por semana y **nadaba** (nadar, pretérito imperfecto) un poco cada domingo. Sí, **comía** (comer, pretérito imperfecto) muchas galletas pero no **era** (ser, pretérito imperfecto) un problema porque **hacía** (hacer, pretérito imperfecto) tanto ejercicio.

Pero luego **terminé** (terminar, pretérito indefinido) mis estudios en el colegio. **Hice** (hacer, pretérito indefinido) mis exámenes y **fui** (ir, pretérito indefinido) a la universidad, y todo mi estilo de vida **cambió** (cambiar, pretérito indefinido).

En el futuro **comeré** (comer, futuro) mucho mejor y además **dormiré** (dormir, futuro) más. Lo más importante es que no **fumaré** (fumar, futuro). **Fumaba** (fumar, pretérito imperfecto) demasiado durante la universidad. Y me **gustaría** (gustarle, condicional) hacer más ejercicio. **Sería** (ser, condicional) estupendo formar parte de un equipo.

2   Lee | Página 154 |

Esta actividad evalúa la comprensión de los estudiantes de la auto-descripción de Rafael y los obliga a escribir con frases completas, manipulando la gramática para expresarse de manera correcta.

Respuesta

1   Sí, jugaba al balonmano como mínimo cuatro veces por semana y nadaba cada domingo.

2   No, comía muchas galletas.

3   Fue a la universidad.

4   No, su estilo de vida cambió.

5   Le gustaría hacer más ejercicio y formar parte de un equipo.

3 Escucha

Página 154

La comprensión oral de este ejercicio ayudará a preparar los estudiantes para el ejercicio productivo con el que termina esta página. Además les ayudará a desarrollar su capacidad para prestar atención a los detalles de una conversación.

🎧 Audio

Ana: Adrián, ¿cómo eras cuando tenías quince años?

Adrián: Hacía mucho deporte, jugaba para un equipo local de baloncesto y nos entrenábamos dos veces por semana. Estaba muy delgado y en forma. ¿Y tú, Ana, llevabas una vida sana?

Ana: No, no me gustaba para nada hacer ejercicio, estudiaba mucho y no pensaba en nada más.

Adrián: Entonces, ¿te gustaría hacer más deporte en el futuro?

Ana: Sí, me gustaría nadar más, para mí es muy relajante, ¿y tú?

Adrián: Si tuviera más tiempo me gustaría cocinar más y comer mejor. Como demasiada comida basura.

Respuesta

		Verdadera	Falsa	No se menciona
1	Adrián no hacía mucho deporte.		✔	
2	Adrián se entrenaba con su equipo de baloncesto tres veces por semana.		✔	
3	Adrián no estaba gordo, y estaba en forma.	✔		
4	A Ana le importaban más sus estudios que hacer ejercicio.	✔		
5	Ana cree que la natación es relajante.	✔		
6	A Adrián le gustaría comer menos comida basura.	✔		
7	Adrián no come mucho en casa, prefiere comer en restaurantes.			✔

4 Escribe

Página 154

Los estudiantes deben combinar una variedad de tiempos para escribir una descripción detallada. Después de veinte minutos los estudiantes deben leer el trabajo de un compañero y utilizar la puntuación del cuadro para calificarlo. Cada vez que incluyan un adjetivo, por ejemplo, recibirán un punto, cada vez que incluyan un verbo en el pretérito imperfecto recibirán 3 puntos, etc.

Ejemplo: Llevaba una vida sana y jugaba frecuentemente al fútbol. = 9 puntos

2 x pretérito imperfecto [llevaba, jugaba] (3 puntos por pretérito imperfecto) = 6 puntos

1 adjetivo [sana] (1 punto por adjetivo) = 1 punto

1 conector [y] (1 punto por conector) = 1 punto

1 adverbio [frecuentemente] (1 punto por adverbio) =1 punto

Después de recibir sus puntos deben intentar añadir como mínimo 30 puntos más durante los próximos quince minutos. Este proceso ayuda a los estudiantes a entender el objetivo principal de la tarea, y la técnica de la puntuación les ayuda a darse cuenta de qué constituye un texto más elaborado y de mayor calidad gramatical.

📄 *Actividad adicional*
Unidad 13, página 154

Esta actividad adicional proporciona más práctica escrita para las descripciones del estilo de vida, haciendo que los estudiantes reflejen sobre su propia vida y cómo han cambiado sus hábitos, de esta manera también practicarán el uso del pretérito imperfecto.

Los vicios y los hábitos sanos, ¿qué opinas?

1 Lee
Página 155

Esta actividad permite a los estudiantes deducir vocabulario clave de la unidad, que trata de la importancia de una vida sana. Además deben ampliar su gama de opiniones para poder explicar su perspectiva sobre los problemas con la salud.

Respuesta

1

1 **A**, 2 **C**, 3 **F**, 4 **E**, 5 **B**, 6 **D**

2

Problemas:

tomar drogas duras

llevar una vida malsana

comer comida basura

tomar drogas blandas

fumar

beber alcohol

3

Adjetivos:

malsana

basura

perjudicial

antisocial

grave

2 Lee
Página 155

Este ejercicio continúa presentando el vocabulario clave de problemas de salud para fortalecer el entendimiento de los estudiantes. Además muestra el uso del comparativo y del superlativo relativo que se utilizará en el ejercicio siguiente.

Respuesta

1 Cree que fumar es asqueroso.

2 Luisa piensa que fumar es una tontería que causa mucho daño a los pulmones, y es muy caro.

3 En su opinión tomar drogas es el peor de todos los vicios.

4 No, cree que puede ser muy peligroso, y no le gusta la idea de perder el control.

5 Sí, quiere entrenarse para el partido.

3 Escucha
Página 155

El objetivo de este ejercicio es continuar desarrollando la capacidad de los estudiantes para entender y utilizar el vocabulario y estructuras relativos a los hábitos que contribuyen positiva y negativamente a la salud. Los estudiantes deben intentar dar tantos detalles como sea posible.

🎧 Audio

1 Me llamo Óscar y juego demasiado con mis videojuegos, admito que tengo que hacer más ejercicio porque en este momento no estoy en forma y me siento horrible.

2 Me llamo Alba y en mi opinión tomar drogas duras es un problema enorme, es muy grave.

3 Soy Paula. No me parece que fumar es tan perjudicial, es algo muy social.

4 Me llamo Alejandro y mi vicio es que me encanta comer la comida basura, es deliciosa y te hace la vida muy fácil.

5 Soy Daniela y mis padres suelen beber demasiado alcohol. Me preocupo mucho porque soy muy consciente de que no se debe beber mucho. Creo que puede tener unos efectos nocivos a largo plazo.

6 Me llamo Javier y creo que tomar drogas blandas es malsano, y las drogas blandas pueden causar enfermedades mentales.

Respuesta

		Problemas de salud	Detalles adicionales
1	Óscar	hacer más ejercicio	juego demasiado con mis videojuegos no estoy en forma, me siento horrible
2	Alba	tomar drogas duras	es un problema enorme es muy grave
3	Paula	fumar	no es tan perjudicial es algo muy social
4	Alejandro	comer la comida basura	es deliciosa muy fácil
5	Daniela	beber alcohol	mis padres beben demasiado no se debe beber mucho efectos nocivos a largo plazo
6	Javier	tomar drogas blandas	es malsano pueden causar enfermedades mentales

4   Habla   `Página 155`

Los estudiantes deben expresar opiniones basándose en lo que han aprendido durante esta unidad y en unidades previas para mejorar la calidad de sus declaraciones. Además, anímeles a que conecten sus frases con *y, pero, también, sin embargo* y *además*.

Las adicciones

1   Habla   `Página 156`

Este ejercicio fortalece el conocimiento de los problemas de salud, y también el uso del comparativo y superlativo relativo. Los estudiantes deben reflexionar tras leer las frases, antes de hablar con su compañero para formar sus opiniones y para pensar en cómo justificarlas.

La segunda parte del ejercicio trata de que los estudiantes reescriban las frases con las que no están de acuerdo, para convertirlas en frases con las que puedan estar de acuerdo. Este proceso les ayudará a identificar los elementos que aportan más significado en cada frase.

2   Escribe   `Página 156`

Para continuar la práctica del vocabulario de salud y afianzar el comparativo y el superlativo relativo (que ya se trataron en la unidad 9) los estudiantes deben escribir unas frases para aclarar sus propias opiniones sobre una vida sana y la importancia de estos problemas.

3   Lee   `Página 156`

El objetivo de este ejercicio es proveer a los estudiantes con una serie de términos que les permitan hablar de manera más técnica de los problemas de salud. Deben buscar palabras claves para que les ayude a deducir el significado de las definiciones, y luego conectarlas con el sustantivo apropiado.

Respuesta

1	borracho	C	persona que ha consumido demasiado alcohol
2	obesidad	G	exceso extremo de peso
3	adicción	H	dependencia de alguna sustancia o droga
4	toxicómano	B	persona que consume drogas habitualmente y que tiene una adicción
5	enfermo	D	persona que sufre de algún problema médico
6	tratamiento	A	sistema o método para intentar curar una enfermedad
7	fumador	F	persona que tiene hábito de fumar una sustancia
8	alcoholismo	E	consumo excesivo y habitual de alcohol

4   Escucha   `Página 156`

Aunque las descripciones no mencionan directamente el problema, los estudiantes deben interpretar las llamadas y luego utilizar el vocabulario que han aprendido anteriormente.

Los estudiantes han utilizado todo el vocabulario que aparece en este ejercicio en unidades previas, pero puede que algunos estudiantes lo encuentre difícil. Para diferenciar el ejercicio puede dar una lista de detalles a los estudiantes que tendrán que decidir a quién se describe en la llamada y qué problema presenta.

🎧 Audio

1. Mi padre fuma cincuenta cigarrillos al día, tiene una tos horrible y me preocupo mucho por su salud.
2. Mi madre tiene un problema. Come mucho. Normalmente toma tres o cuatro hamburguesas al día. Y odia hacer el ejercicio.
3. Mi amiga Cristina sale cada noche a un bar o a una discoteca, y siempre vuelve a casa borracha.
4. Mi primo es adicto, creo que tiene un problema con las drogas porque tiene problemas de concentración y de ansiedad. Su carácter cambió completamente cuando fue a la universidad el año pasado.

Respuesta

	Persona descrita	Problema descrito	Detalles adicionales
1	padre	fumador	fuma cincuenta cigarrillos al día; tiene una tos horrible; se preocupa mucho por su salud
2	madre	obesidad	come mucho; normalmente toma tres o cuatro hamburguesas cada día; odia hacer ejercicio
3	amiga	alcoholismo	sale cada noche; siempre vuelve a casa borracha
4	primo	toxicómano	tiene problemas de concentración y de ansiedad; su carácter cambió completamente el año pasado

5 Lee
Página 157

Los sinónimos forman una parte importante de los exámenes. Es importante practicar cómo buscarlos. Así pues, este ejercicio practica esa destreza, además de introducir una manera escalonada de trabajar con un texto largo. Para realizar este ejercicio los estudiantes solo tienen que leer los dos primeros párrafos del artículo. Primero los estudiantes necesitarán reflexionar sobre el significado de la palabra y dónde aparecería lógicamente según el contexto del artículo. Los estudiantes deben pensar también en el papel gramatical de la palabra, por ejemplo, un verbo necesitará estar en el mismo tiempo gramatical que el sinónimo que se busca.

Respuesta

1 sencillo – fácil

2 malo – perjudicial

3 estudio – informe

4 peligro – riesgo

5 resultado – efecto

6 acepta – admite

6 Comprensión
Página 157

Anime a los estudiantes a que ahora lean el texto completo. Lo puede organizar como una tarea individual, en grupos o con toda la clase, pidiendo a estudiantes específicos que lean párrafos del texto.

Este ejercicio fortalece la comprensión del texto y además repite unos elementos claves del vocabulario de la unidad. Los estudiantes deben utilizar elementos específicos del texto para justificar sus respuestas.

Respuesta

1 B, 2 C, 3 A, 4 A, 5 B

7 Escribe
Página 157

Los estudiantes deben explicar las cifras que salen en el texto. Los estudiantes más capaces deben explicarlas utilizando sus propias palabras, mientras que los estudiantes con un nivel menor pueden utilizar más vocabulario y frases utilizadas en el texto.

Respuesta posible

A Seis millones de personas mueren cada año a causa del tabaco.

B En España el 26% de la población admite consumir tabaco diariamente.

C La tasa de fumadores se ha reducido un 25% en la última década.

D Los consumidores de alcohol suponen el 76,7% de la población.

E Los vascos son los españoles que más gastan en alcohol, 81 euros mensuales de media.

F 40 euros es el consumo medio mensual de alcohol de los ciudadanos de Extremadura, los más moderados de España.

8 Escribe
Página 157

Muchos estudiantes tienen problemas a la hora de tratar de resumir textos. Antes de escribir su resumen hable con los estudiantes sobre cómo preparar la información para el resumen, ya que puede ser que unos tengan más conocimientos y confianza en sus destrezas que los demás. Deben escribir una lista de los puntos más importantes del texto. Estos formarán la base de su resumen, y deben conectar o combinar estos elementos adecuadamente para crear una descripción fluida.

La legalización de las drogas, ¿qué opinas?

1 Lee
Página 158

Esta actividad intenta garantizar que los estudiantes entiendan el texto y se familiaricen con la información fundamental de por qué Uruguay legalizó la mariguana, antes de que pasen a explorar sus propias opiniones sobre el tema.

Además, el ejercicio provee una oportunidad de debatir con los estudiantes sobre la importancia de la gramática, ya que para completar la tarea deben pensar en la conexión entre los verbos y los sustantivos, en particular sobre las formas singulares y plurales.

Respuesta

1 B, 2 A, 3 D, 4 C

2 Escribe
Página 158

Las respuestas de los estudiantes podrán variar considerablemente. Lo importante es que los estudiantes incluyan los detalles necesarios y que escriban frases completas. Además recuérdeles que utilicen el pretérito imperfecto o el pretérito indefinido de acuerdo con el contexto y las preguntas.

Respuesta posible

1 Los esfuerzos internacionales contra las drogas y el narcotráfico.

2 Uruguay legalizó la venta controlada de la mariguana.

3 El Presidente pensaba que la guerra contra las drogas era la empresa *más desastrosa del mundo*.

4 Mujica pensaba que el narcotráfico era un negocio floreciente.

5 El gobierno uruguayo quería evitar la violencia y el sufrimiento de los habitantes de su país.

3   Escucha
Página 158

Este ejercicio provee más detalle sobre la legalización de la mariguana en Uruguay antes de debatir las razones y la justificación de la decisión.

🎧 Audio

En el año 2014 Uruguay se convirtió en uno de los primeros países del mundo en legalizar la venta y el uso de mariguana. El gobierno opinaba que la mariguana provocaba crimen, violencia y desesperación para la mayoría del continente americano, y que los esfuerzos internacionales no lograban nada con su *guerra contra las drogas*. De hecho, quizás estos esfuerzos empeoraron la situación, puesto que los gobiernos de México, Honduras, El Salvador, Nicaragua, Colombia y Brasil luchaban constantemente contra las fuerzas del narcotráfico.

Uruguay no quería sufrir el mismo destino. Por eso introdujo controles sobre el cultivo y la venta de la mariguana, impuso impuestos sobre la venta para generar fondos y utilizar el dinero para invertir en programas de rehabilitación para los adictos.

Respuesta

1 convirtió

2 opinaba

3 provocaba

4 lograban

5 empeoraron

6 luchaban

7 quería

8 introdujo

9 impuso

4   Lee
Página 158

Este ejercicio enfoca la atención de los estudiantes en el uso combinado del pretérito imperfecto y el pretérito indefinido, incluyendo unos irregulares.

Respuesta

El pretérito indefinido	El pretérito imperfecto
convirtió (convertir)	opinaba (opinar)
empeoraron (empeorar)	provocaba (provocar)
introdujo (introducir)	lograban (lograr)
impuso (imponer)	luchaban (luchar)
	quería (querer)

5   Lee y escribe
Página 159

Estas frases contienen mucho vocabulario desconocido, pero que en muchos casos los estudiantes deberían poder deducir utilizando las tácticas aprendidas durante las unidades anteriores, tal y como la identificación de cognados, aplicar los conocimientos existentes y deducir el significado por el contexto de la frase. Estas frases y este vocabulario proveerán la fundación para los ejercicios siguientes.

En primer lugar se recomienda que los estudiantes hagan esta tarea de manera individual, para permitirles a todos desarrollar sus capacidades personales a su ritmo.

Respuesta

A favor:

2   Nadie debe dictar lo que se puede hacer o no.

3   La guerra contra las drogas es represiva y causa mucha violencia, sin conseguir nada.

4   Si ya se pueden comprar las drogas blandas de manera legal también estaría bien poder comprar las drogas duras.

9   Es mejor para el consumidor comprar un producto puro y controlado, sin riesgos de contaminación.

10   La táctica de castigar y alienar a los consumidores no funciona, la tasa de uso sigue creciendo.

12   Al legalizar la mariguana también se puede educar más a la población, exactamente como se hace con el alcohol y el tabaco.

14   Al imponer impuestos sobre la venta de la mariguana se puede invertir en la rehabilitación de adictos.

15   La mariguana tiene un uso importante para aliviar el dolor, es legal para uso medicinal en muchas partes de los Estados Unidos.

En contra:

1   No se debe experimentar con las vidas de una población.

6   La legalización va a tener un impacto enorme sobre los vecinos de Uruguay. Es irresponsable.

8   Muchos médicos se preocupan porque entienden los peligros de fumar mariguana. Puede causar enfermedades mentales y contribuye al cáncer de los pulmones.

11   Al permitir a los jóvenes probar la mariguana se abre la puerta a otras drogas más duras.

Sin decidir:

5   Mis amigos fuman mucha mariguana, y siempre doy excusas para no fumar también. Tengo ganas, pero estoy nerviosa…

7   Si los "expertos" no saben qué recomendar, ¿cómo podemos decidir nosotros? Ayúdame, por favor…

13   Mucha gente dice que la debo probar, y que es muy relajante, pero por otra parte hay los que dicen que va a afectar a mi cerebro a largo plazo. No sé qué hacer.

6 Escribe

Página 159

Estas listas personales de cinco frases serán todas bastante diferentes, facilitando el debate que tendrá lugar durante el ejercicio siguiente.

Ya que los estudiantes acaban de clasificar las listas positivas, negativas e indecisas, deben declarar si están a favor, en contra o si se muestran indecisos en cuanto a la legalización de la mariguana. Debe animar a los estudiantes más capaces a pensar en cómo contestar a los argumentos con los cuáles no estén de acuerdo.

7 Habla

Página 159

Este debate seguramente que sea un reto para las opiniones existentes de los estudiantes, puesto que en muchos casos nunca habrían pensado sobre este tema de antemano, así que tardarán un poco en asimilar los diferentes puntos de vista. Puede ser útil asignar un papel fijo a cada estudiante en el grupo para preparar sus argumentos y luego defenderlos, por ejemplo: un médico, un estudiante universitario, un político, un policía, etc. Tendrán que decidir la posición del individuo y si estaría a favor o en contra de la legalización y por qué.

8 Escribe

Página 159

Antes de escribir sus respuestas los estudiantes deben investigar la situación actual en Uruguay para aprender más sobre la realidad de la legalización y las experiencias y noticias al respecto. También deben escribir un plan para aclarar sus ideas antes de escribirlas, incluyendo dos elementos por cada idea que vayan a escribir.

Soy adicto, ¡ayúdame!

1 Lee

Página 160

Este ejercicio ayuda a los estudiantes a comprender el texto mejor, y les obliga a pensar en la gramática para conectar las partes de las frases. Además les ayuda a leer el texto poco a poco, desgranando el significado. Este tipo de ejercicio sale a menudo en los exámenes, así que valdrá la pena hablar con los estudiantes sobre las estrategias que pueden utilizar para decodificar el texto y luego para eliminar las respuestas inapropiadas, y comenzando por conectar las frases más obvias.

Respuesta

1 **G**, 2 **A**, 3 **J**, 4 **H**, 5 **B**, 6 **D**, 7 **C**

2 Comprensión

Página 160

Este ejercicio también es muy similar a uno que sale a menudo en los exámenes. Ayuda a la comprensión del texto ya que los estudiantes tienen que desarrollar su capacidad de analizar el texto para obtener las palabras precisas. Puede que resulte eficaz pedir a los estudiantes que trabajen con un compañero para que puedan hablar de los procesos de deducción que están utilizando para hallar la respuesta correcta.

Respuesta

En el párrafo…	¿qué palabra significa…?	Respuesta
1	algo que hace daño a la salud	malsana
1	alguien que abusa el alcohol	alcohólico
2	persona que no bebe alcohol	abstemio
2	incidente involuntario que resulta en daño	accidente

3 Escribe

Página 160

El objetivo de este ejercicio es que los estudiantes manipulen la información del texto y contesten a las preguntas correctamente. Recuerde a los estudiantes que presten atención a la conjugación de las formas verbales, puesto que tendrán que variar las formas que en texto aparecen en su mayoría en primera persona del singular a la tercera persona del singular.

Respuesta

1 Tenía diecinueve años cuando tuvo el accidente.

2 Fumaba más o menos cuarenta cigarrillos cada día.

3 Dice que eran todos alcohólicos.

4 Sus ojos estaban siempre rojos y su piel amarilla.

5 Porque tuvo un accidente y se despertó en el hospital.

6 Dejó de beber alcohol y de fumar.

7 Va a ser difícil para el resto de su vida.

8 Va a hacer más ejercicio, va a comer mejor y va a dormir más.

4 Escribe

Página 160

El ejercicio tiene como objetivo ayudar a los estudiantes a repasar los tiempos verbales claves que ya han aprendido durante varias unidades.

Puede resultar útil dividir la clase en grupos pequeños para que los grupos luego preparen unas clases cortas para re-enseñar la formación y el significado de un tiempo verbal por cada grupo, para luego explicarlo al resto de la clase para mejorar su conocimiento.

Respuesta

1 el pretérito imperfecto: tenía, llevaba, fumaba, salía, éramos, era, bebía, podía

2 el pretérito indefinido: me desperté, tuve, di, dejé, fue

3 el condicional: sería, tendría, me gustaría

4 el futuro inmediato: voy a tener, va a ser, voy a hacer, voy a comer, voy a dormir

📖 Cuaderno de ejercicios 13/5   Página 37

Esta actividad practica cómo combinar el pretérito imperfecto y el pretérito indefinido. Discuta brevemente con los estudiantes cómo deducir el tiempo verbal correcto: el pretérito indefinido interrumpe la acción descrita por el pretérito imperfecto.

Respuesta

1 **Corría** en el parque con Javier cuando **vi** el accidente.

2 **Llevaba** una vida sana hasta que **conocí** a Mariló.

3 **Escuché** bien mientras el médico me **hablaba**.

4 Anoche **dormí** muy bien pero durante mis exámenes **estaba** muy estresada.

5 No **quería** fumar mariguana pero luego un amigo me **forzó** a probarla en una fiesta.

6 Durante mis estudios universitarios mi padre siempre me **aconsejaba** que las drogas duras son para imbéciles, y yo nunca las **probé**.

La adicción, ¿se debe castigar o curar?

1   Lee y escribe   Página 161

Para justificar sus respuestas los estudiantes tendrán que buscar la frase precisa que se usa en el texto para describir las diferentes opiniones. Recuerde a los estudiantes que piensen cómo van a conectar sus respuestas, por ejemplo: *porque dice, porque cree, porque explica*, etc.

Respuesta

1 Juan
2 Trinidad
3 Juan
4 Juan
5 Trinidad
6 Juan
7 Trinidad

2   Escribe   Página 161

Este ejercicio practica el uso del imperativo para repasar cómo dar consejos. Los estudiantes deben pensar en el significado del verbo pero además deben reflexionar sobre el contexto de estas frases, y cómo hacer que tengan sentido en el contexto de dar consejos sobre la adicción.

Respuesta posible

1 Castiga a los criminales verdaderos y no a los adictos.
2 Protege a la comunidad y a los adictos.
3 Ayuda a los adictos.
4 Respeta la ley.
5 Da tratamiento médico solo a los que se lo merecen.
6 Admite que tienes un problema.

3   Habla   Página 161

Puede dividir a la clase en grupos de tres o cuatro, ya que los estudiantes seguramente no estarán todos de acuerdo, facilitando así el debate sobre el tema. Si lo ve necesario puede dar a los estudiantes cinco minutos para que preparen sus respuestas, y también para que preparen cómo van a defender su punto de vista. Lo más importante es que todos los estudiantes entiendan que no hay una respuesta definitiva, y que todas sus opiniones tienen el mismo valor. Deben utilizar el lenguaje de las dos descripciones para desarrollar sus respuestas, pero los estudiantes más capaces deben incluir vocabulario y estructuras gramaticales adicionales, tal y como el condicional para describir lo que harían ellos y el imperfecto para describir situaciones del pasado.

4   Escribe   Página 161

Los estudiantes deben presentar sus ideas en esta tarea como resultado de los ejercicios que han llevado a cabo en esta página. Lo esencial es que desarrollen sus opiniones y las expresen correctamente utilizando las estructuras y formas verbales aprendidas. Puede sugerir a los estudiantes que necesiten ayuda que incluyan los siguientes elementos:

Opinión: Creo que / En mi opinión…

Justificación: porque…

Conclusión: En el futuro se debe… y… porque los adictos…

Repaso

¿Te gustaría llevar una vida más sana?

1   Habla

Página 162

Anime a los estudiantes más capaces a incluir unos condicionales irregulares en sus frases, y además anímelos a utilizar los subjuntivos imperfectos que ya aparecieron en la unidad. Puede resultar útil dejar que los estudiantes preparen sus ideas durante unos minutos antes de empezar a hablar con su compañero.

2   Escribe

Página 162

El sistema de puntos utilizado en este ejercicio anima al estudiante a considerar las estructuras que va a utilizar en su descripción. En muchos casos los estudiantes tendrán que volver a escribir sus composiciones para llegar a los 50 puntos, ya que para alcanzar esa puntuación deberán elaborar textos de un cierto nivel de complejidad.

Tras completar sus descripciones, las pueden intercambiar con sus compañeros para sugerir maneras en las que mejorar los textos. Cuando los estudiantes vuelvan a recibir sus descripciones con las sugerencias de su compañero deberán considerar los consejos y reescribir de nuevo sus descripciones, extendiéndolas e incorporando las sugerencias. Puede sugerir que traten de ganar otros 25 puntos con la extensión que añadan a sus descripciones.

Respuesta posible

En mi opinión no llevaba una vida sana porque me encantaba comer muchos caramelos. Pero ahora suelo hacer mucho más ejercicio, y odio comprar comida basura. Pero si tuviera más tiempo me gustaría jugar al fútbol porque sería muy relajante y estaría en una forma buenísima. Creo que llevar una vida sana es importante.

Puntos:

Elemento léxico	Valor	Puntos
Un conector (*y, o, también, pero*)	1 punto	3 puntos
Un verbo en el presente (*puedo, suelo, hago, me gusta*)	2 puntos	4 puntos
Un adjetivo (*importante, grande, basura, sano*)	3 puntos	15 puntos
Un verbo en el pretérito imperfecto (*llevaba, me gustaba, solía, me entrenaba, comía*)	3 puntos	6 puntos
Un verbo en el condicional (*me gustaría, comería, me entrenaría*)	5 puntos	15 puntos
Una frase *si + condicional*	8 puntos	8 puntos
Total		51 puntos

14 Las relaciones personales

Área temática	El Individuo y la sociedad
Tema	Relaciones Tecnología
Aspectos	Amigos Comunidad Familia Internet y redes sociales Relaciones entre internautas
Gramática	Formas impersonales (repaso) Expresar y contrastar opiniones Expresar acuerdo y desacuerdo
Tipos de textos	Correo electrónico Artículo Folleto Carta Sitio web de una red social Página web
Rincón IB	**Teoría del Conocimiento** • ¿Cómo afectan las nuevas tecnologías a las relaciones humanas? **Trabajo escrito** • Investiga los roles asociados tradicionalmente a cada sexo en diferentes sociedades y su cambio a través del tiempo. **Oral individual** • Describir fotos relacionadas con diferentes grupos de personas interactuando en diferentes contextos sociales: trabajo, amigos, familia, estudios. • Conversación general sobre tus amigos, lo que valoras en ellos, lo que sueles hacer con ellos. Habla también sobre cómo te comunicas con tus amigos. **Producción escrita** • Escribe el texto de una **presentación** para tu clase de español sobre el tema "Teléfonos móviles: ventajas y desventajas". (Escribe al menos 100 palabras.)

La última unidad del libro abarca el tema de las relaciones personales y cubre aspectos tales como los amigos, la familia, la comunidad y las relaciones mediadas por el uso de tecnología. Este tema tan amplio y vibrante brindará a los estudiantes la oportunidad de utilizar los conocimientos lingüísticos que han desarrollado durante todo el libro. Gramaticalmente la unidad se centra en expresar y contrastar opiniones, acuerdos y desacuerdos.

1 Introducción
Página 163

Puede que algunos estudiantes tengan dificultad en decidir sobre el orden de sus prioridades, pero el ejercicio está diseñado para ayudarles a reflexionar sobre la importancia de diferentes aspectos en su vida. Los estudiantes más capaces deben intentar escribir justificaciones de por qué han colocado cada elemento en una cierta posición de importancia.

2 Habla
Página 163

El ejercicio tiene como objetivo que los estudiantes practiquen el uso del comparativo relativo (*más... que / menos...que / tan...como*) para comparar sus prioridades en la vida, y para persuadir a sus compañeros de que reorganicen sus prioridades de acuerdo con las suyas. El ejercicio es más dinámico si los estudiantes tienen los factores escritos sobre tarjetas que puedan utilizar como fichas que puedan mover en la escala de prioridades durante su debate.

Anime a los estudiantes a que utilicen las estructuras aprendidas durante la unidad 9 para indicar si están de acuerdo o no con sus compañeros.

Los derechos de los jóvenes españoles

1 Comprensión Página 164

Este es un ejercicio de comprensión para asegurar que los estudiantes entienden las descripciones claves que estructuran los derechos de los jóvenes españoles de acuerdo con diferentes edades.

Respuesta

A Se puede comprar un billete de lotería (18 años)

B Se puede votar (18 años)

C Se puede casarse (16 años)

D Se puede disparar un arma (14 años)

E Se puede conducir un coche (18 años)

F Se puede inscribirse en el ejército (18 años)

G Se puede dejar la educación obligatoria (16 años)

H Se puede presentarse a las elecciones para el Congreso de los Diputados (18 años)

2 Habla Página 164

Para cumplir esta tarea los estudiantes deben expresar y debatir sus opiniones, justificando sus respuestas con *porque*. También deben considerar cómo expresar acuerdo, desacuerdo, y hacer preguntas a sus compañeros, adaptando la segunda persona singular y plural, preguntando ¿por qué? Anímeles a que comparen la información presentada con los derechos del país en el que viven, y también con otros países que conozcan.

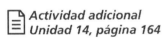

Actividad adicional
Unidad 14, página 164

Si lo cree oportuno puede utilizar este ejercicio para consolidar el vocabulario introducido y darles a los estudiantes una práctica adicional manipulando el vocabulario.

Respuesta

1 cumplen, 2 hacer, 3 contribuir, 4 votar, 5 salir, 6 comprar, 7 llevar, 8 más, 9 elegir, 10 dejar

Los derechos de los jóvenes latinoamericanos

1 Lee Página 165

Estas preguntas permiten a los estudiantes contestar con sus propias palabras. Lo importante es que incluyan los detalles necesarios y además que las respuestas tengan sentido y precisión gramatical.

Antes de que comiencen a escribir sus respuestas debata con los estudiantes sobre las estructuras y vocabulario que aparece en los textos para asegurarse de que puedan contestar adecuadamente.

Respuesta posible

1 Solían trabajar con sus padres.

2 Se puede fumar pero no se puede comprar tabaco.

3 Sus padres le dicen que todavía no tiene la madurez para casarse y que tampoco tiene el dinero.

4 Sofía no puede cuidar a su bebé porque solo tiene trece años y no entiende todo lo que necesita un bebé.

5 Se acaba de cambiar la ley en Bolivia para dejar a los niños trabajar desde los diez años para ayudar a su familia.

6 Emilio cree que el amor le protegerá.

7 Rubén no cree que la mayoría de los jóvenes es capaz de tomar decisiones maduras.

2 Habla Página 165

Después de decidir con su compañero la edad a la cual los estudiantes creen que se debe poder hacer cada acción, y de justificar su decisión, pueden intercambiar sus opiniones con otros grupos o con el resto de la clase para crear una lista con las diferentes opiniones. Esto creará muchas oportunidades para debatir los diferentes aspectos, donde se debe animar a los estudiantes a utilizar el lenguaje de debate aprendido durante las últimas unidades.

Además los estudiantes pueden votar, o crear una encuesta, para averiguar si hay un consenso entre la clase.

3 Escribe Página 165

Los estudiantes deben intentar incluir las ideas desarrolladas durante el debate anterior. Deben utilizar la forma *usted* ya que es un mensaje formal, y deben justificar sus opiniones para persuadir a la organización de que presten atención a sus opiniones.

Una vez que hayan compuesto sus correos, los estudiantes que hayan elegido al mismo personaje pueden colaborar comparando sus textos para luego crear un mensaje por parte de todo el grupo que incorpore todas sus ideas.

La discriminación en el mundo moderno

1 Escribe
Página 166

Este ejercicio repasa las descripciones personales aprendidas en la unidad 2. Los estudiantes deben reflexionar sobre cómo describen a los individuos, y qué aspectos atrajeron más su atención.

Después de hacer la tarea con el uso de sus libros y cuadernos se pueden repasar las descripciones personales y los colores.

Actividad adicional para llevar a cabo en clase
Juego de *Adivina Quién*: toda la clase se pone a pie, y los estudiantes se turnan mencionando características propias (ejemplo: *tengo la piel oscura*) y se sientan todos los que no compartan ese rasgo. Se repite la acción hasta que solo permanece en pie una persona.

Es una actividad dinámica y animada, que además fomenta la reflexión de los estudiantes sobre el hecho de que todos somos diferentes e identificables individualmente, y esa variedad enriquece a la sociedad y nos hace más interesantes.

2 Investiga
Página 166

Esta unidad intentará animar a los estudiantes a mejorar la calidad descriptiva de sus producciones al incluir más adjetivos. Por eso, el objetivo de este ejercicio es ayudarles a que amplíen su gama de vocabulario. Indíqueles que tienen que buscar adjetivos que no hayan utilizado hasta ahora en esta unidad.

3 Comprensión
Página 166

Los estudiantes deben reflexionar sobre las opiniones de las frases para luego conectarlas con las palabras y las fotos. Es posible que haya estudiantes que comenten que la discriminación étnica y el racismo son similares. Esto le brindará la oportunidad de debatir en mayor profundidad el concepto de discriminación e invitar a los estudiantes a considerar las sutiles diferencias que existen entre los diferentes tipos de discriminación.

Respuesta

Discriminación de identidad étnica → 4 **D**

Racismo → 2 **C**

Sexismo → 1 **A**

Discriminación de edad → 3 **B**

4 Habla
Página 166

Los estudiantes deben decidir cuáles de los factores que aparecen al comienzo de la página en sus libros (*nacionalidad*, *color de pelo*, etc.) son importantes a la hora de definirles como personas, y deben reflexionar sobre lo que verdaderamente les importa en sus rasgos individuales.

Se espera que en la mayoría de casos los estudiantes no se sientan víctimas de discriminación, pero la tarea trata de ayudar a los estudiantes a darse cuenta de que la discriminación puede resultar de muchos factores y no solo del sexismo y del racismo. El ejercicio repasa también la descripción de emociones.

5 Escucha
Página 166

Los estudiantes deben completar la primera columna con uno de los factores que aparecen al comienzo de la página en sus libros. Déjeles escuchar la grabación en primera instancia para que decidan de qué factor se trata, y luego permítales que la escuchen una segunda y tercera vez (si lo cree necesario) para que anoten los detalles adicionales. Anime a los estudiantes más capaces a intentar anotar todos los detalles relevantes en la segunda columna.

Recuerde a los estudiantes que deben escribir los detalles en la tercera persona del singular para informar sobre los detalles mencionados. Si lo ve conveniente puede practicar la formación de los verbos en la tercera persona del singular.

🎧 Audio

1 Creo que el sexismo es un problema enorme, ¡y yo soy un chico! Quiero un trabajo a tiempo parcial para el verano pero es más o menos imposible, ya que en muchos restaurantes solo se ofrece trabajo a las chicas guapas, me molesta mucho.

2 Mi familia siempre tiene muchos problemas porque mis padres son inmigrantes, los dos nacieron en Ecuador y se mudaron aquí, a España, hace veinte años. A veces puede ser difícil para ellos encontrar trabajo.

3 Soy pelirrojo, y a mí me encanta, creo que tengo mucha suerte. Pero mucha gente se burlaba de mí en el colegio porque soy diferente, pero me da completamente igual, y nunca me voy a teñir mi pelo para ser *normal*.

4 Mucha gente se ríe de mí porque mi pasión en la vida es el ajedrez. Pero me encanta este deporte porque me hace pensar y es algo muy social, pero muchos dicen que no es chulo. ¿Qué me importa la gente que no me entiende?

5 Vivo en una casa grande en un barrio próspero, y en mi opinión soy víctima de la discriminación y del acoso. En el colegio siempre me piden dinero, o me dicen que yo no entiendo el mundo real. Pero no es verdad, solo quiero ser como los demás.

6 Tengo un ojo azul y otro marrón, y cierta gente dice que soy un extraterrestre y que soy un poco *friki*, pero no lo soy. Me molesta a veces, pero no suelo escuchar a esta gente porque no merecen mi atención, de hecho me dan pena porque son ignorantes.

Respuesta

Factor	Detalles adicionales
Sexo	Es un chico
	Quiere un trabajo a tiempo parcial para el verano pero es más o menos imposible
	En muchos restaurantes solo se ofrece trabajo a las chicas guapas
	Le molesta mucho
Lugar de nacimiento / familia	Sus padres son inmigrantes
	Nacieron en Ecuador
	Se mudaron a España hace veinte años
	Puede ser difícil para ellos encontrar trabajo
Color de pelo	Es pelirrojo
	Cree que tiene mucha suerte
	Mucha gente se burla de él por ser diferente
	Le da completamente igual
	Nunca se va a teñir su pelo para ser *normal*
Intereses	Su pasión es el ajedrez
	Le hace pensar y es algo muy social
	Muchos dicen que no es chulo
	No le importa la gente que no le entiende
Antecedentes sociales	Vive en una casa grande en un barrio próspero
	Es víctima de la discriminación y del acoso
	Siempre le piden dinero
	Le dicen que no entiende el mundo real
	Solo quiere ser como los demás
Color de los ojos	Tiene un ojo azul y otro marrón
	Cierta gente dice que es extraterrestre o *friki*
	Le molesta, pero no suele escuchar a la gente porque no merecen su atención
	Le dan pena porque son ignorantes

📖 Cuaderno de ejercicios 14/1 [Página 38]

El objetivo principal de la actividad es que los estudiantes practiquen el uso de los verbos en contexto antes de usarlos durante el resto de la unidad.

Estas frases proveen ejemplos de una variedad de verbos en la primera persona del singular y en una variedad de tiempos verbales para ayudar a los estudiantes a repasarlos.

La segunda parte del ejercicio ayuda a los estudiantes a adaptar los verbos a la tercera persona del singular, y así poder describir personas y situaciones, para poder debatir los temas investigados durante la unidad.

Respuesta

1ª persona singular	3ª persona singular	Tiempo verbal
1 soy	es	presente
2 era	era	pretérito imperfecto
3 juego	juega	presente
4 tengo	tiene	presente
5 me mudé	se mudó	pretérito indefinido
6 me encanta	le encanta	presente
7 viajaría	viajaría	condicional
8 creo	cree	presente
9 me gustaba	le gustaba	pretérito imperfecto
10 entiendo	entiende	presente
11 me sentía	se sentía	pretérito imperfecto

📖 Cuaderno de ejercicios 14/2 [Página 39]

Este ejercicio fortalece la adaptación de los verbos entre la primera persona del singular y la tercera persona del singular, y sus correspondientes pronombres para ayudar a los estudiantes a describir los problemas tratados durante la unidad.

Respuesta

1   Es una chica bastante guapa y normalmente tiene mucha confianza, pero le parece difícil seguir buscando trabajo ya que cree que no va a encontrar nada digno.

2   Sus padres son del sureste de Asia y tiene la piel asiática. A veces sufre abuso racista, pero suele intentar ignorarlo.

3   Nació en México pero luego se mudó a San Diego, en los Estados Unidos, dos años más tarde. Aunque lleva quince años ya al norte de la frontera, mucha gente sigue sin aceptarle porque es inmigrante, pero también la gente que le conoce no piensa que es diferente.

4   Mucha gente se burla de él porque tiene siete hermanos y cinco hermanas. Es bastante tímido, probablemente porque es el hermano menor de todos, así que casi nunca habla en casa.

5   No lleva ropa de moda, y como resultado es un poco diferente. La mayoría de estudiantes en su colegio llevan la ropa más moderna, más de moda, pero no le interesa para nada, quiere expresar su propio estilo.

6   Su padre es agente de policía. Ella está muy orgullosa de él, pero en Tijuana es un trabajo peligroso y poco popular, así que algunos de sus compañeros de clase no le tratan bien. Le molesta mucho.

6   Lee   `Página 167`

Los estudiantes deben leer las descripciones de experiencias de discriminación y decidir de quién son estas opiniones. Los estudiantes deben reflexionar sobre los sinónimos y el significado exacto de las frases para averiguar las respuestas correctas.

Respuesta

1 Andrés, 2 Trinidad, 3 Dani, 4 Dani, 5 ninguno, 6 Trinidad, 7 Andrés, 8 ninguno, 9 ninguno, 10 Dani, 11 Trinidad, 12 Andrés

7   Habla   `Página 167`

Antes de acometer el ejercicio conviene repasar las palabras interrogativas claves que necesitarán utilizar: ¿Qué? ¿Dónde? ¿Quién? ¿Cómo? ¿Por qué? También indique a los estudiantes que no todas las preguntas necesitan una palabra interrogativa, por ejemplo ¿te gusta ir al colegio?

Formar preguntas es una capacidad importante, pero también es bastante complicado. Para hacer esta tarea los estudiantes deben utilizar su creatividad para proponer las preguntas posibles para la entrevista.

Los estudiantes deben trabajar en parejas para preparar sus preguntas. Las parejas más capaces pueden intentar formar preguntas para cada una de las respuestas (una respuesta por viñeta), mientras que los estudiantes que lo encuentren más difícil deben enfocar su atención en formar preguntas para una de las personas.

8   Escribe   `Página 167`

Se espera que la mayoría de los estudiantes no hayan sido víctimas de la discriminación o la intolerancia. No obstante, en muchos casos se habrán visto ejemplos del problema, así que deben intentar describir sus experiencias de manera honesta.

Después de escribir estas descripciones los estudiantes deben tener la oportunidad de comentar sobre las descripciones de sus compañeros. Deben leer la descripción de otro estudiante y alabar dos elementos positivos y recomendar una manera de mejorarla, por ejemplo agregando detalles adicionales o incluyendo más complejidad gramatical como el pretérito imperfecto para describir experiencias en el pasado. Una vez que reciban los consejos de sus compañeros los estudiantes deben hacer los cambios necesarios para aumentar la calidad de su escrito.

El acoso virtual – la amenaza de la tecnología

1   Lee   `Página 168`

Antes de categorizar el vocabulario puede resultar útil repasar cómo reconocer los infinitivos (-ar, -er, -ir), los sustantivos (especialmente los prefijos y sufijos comunes, en este caso -ión que aparece 8 veces), y los adjetivos.

Respuesta

Infinitivos	Sustantivos	Adjetivos
intimidar	tecnología	psicológico
proteger	acoso virtual	nervioso
amenazar	padres	tecnológico
avergonzar	responsabilidad	negativa
destruir	riesgos	importante
expresarse	medios sociales	horrible
comunicar	amigos	triste
educar	intimidación	
enviar	protección	
	vergüenza	
	imágenes	
	videos	
	fotos	
	dificultad	
	responsabilidad	
	discreción	
	mención	
	pánico	
	confianza	
	destrucción	
	libertad	
	expresión	
	comunicación	

2   Lee   `Página 168`

Los estudiantes deben leer las tres citas detenidamente para buscar la información clave. Tendrán que reflexionar sobre los sinónimos y el contexto, por ejemplo, la única característica de personalidad que se menciona es *la confianza*, por esto, es Daniela la que la menciona.

Respuesta

1 Daniela, 2 Nicolás, 3 Santi, 4 Daniela, 5 Santi, 6 Nicolás

3 Lee y escribe
Página 168

La mayoría de los estudiantes reconocerán la estructura *se* impersonal ya que han utilizado *se debe* y *se puede* varias veces durante las unidades.

También se debe enfatizar la diferencia entre el *se* impersonal (y subrayar que esta forma utiliza únicamente la tercera persona del singular) y el *se* reflexivo (el texto incluye *se convierten*).

Respuesta

se debe / la gente en general no debe

se usa / la gente en general usa

se sabe / la gente en general sabe

se puede / la gente en general puede

se dice / la gente en general dice

se escriben / la gente en general escribe

La revista Jóvenes modernos *acaba de publicar una edición especial sobre cómo comportarse en línea*

1 Comprensión
Página 169

Esta tarea es similar a una que se utiliza a menudo en los exámenes, por lo que conviene que los estudiantes se acostumbren a practicarla. Antes de empezar el ejercicio asegúrese de que todos los estudiantes entienden las instrucciones. Se pueden recomendar los pasos siguientes a los estudiantes para que puedan completar la actividad con éxito:

1 Primero lee detenidamente todas las partes de las frases para entenderlas.

2 Predice qué tipo de contenido seguirá a las primeras partes de las frases. Por ejemplo "Begoña perdió toda". *Perdió* parece ser la palabra clave. Hay que buscar en la segunda parte de la frase algo que se pueda *perder*: algo físico o algo mental.

3 Utiliza tus conocimientos gramaticales para decidir si la frase parece lógica o no. Por ejemplo, "Tras las revelaciones Begoña no" necesita un verbo en la tercera persona del singular.

4 Lee los textos. Busca los detalles apropiados para confirmar tus selecciones.

5 Repasa todo el proceso para confirmar que las respuestas son correctas.

Será importante dejar a los estudiantes hacer la tarea por su propia cuenta antes de analizarla. Pero después de completarla siempre merece la pena discutir en grupo sobre los pasos que los estudiantes siguieron, y en particular las estrategias que utilizaron.

Respuesta

1 **D**, 2 **H**, 3 **A**, 4 **F**, 5 **B**

2 Escribe
Página 169

Las respuestas siguientes son ejemplos utilizando los detalles necesarios. Los estudiantes más capaces deben utilizar sus propias palabras cuando sea posible, pero lo importante es que los estudiantes de todos los niveles contesten con frases completas.

Respuesta posible

2 Utilizaba sus cuentas para comunicarse con todo el mundo, para enviar mensajes y para compartir fotos y videos.

3 Se conocieron en un foro en línea.

4 Alejandro era divertido, inteligente e interesante.

5 Las tres chicas estaban en la misma clase que Begoña pero no se llevaban bien.

6 Ella se sintió horrible. No fue al colegio durante tres semanas. No podía contestar su teléfono y borró sus cuentas en Facebook y en Twitter. Se sintió sola y paranoica.

Cuaderno de ejercicios 14/3
Página 40

Este ejercicio tiene como objetivo que los estudiantes practiquen las técnicas de mejorar sus escritos y se den cuenta de que pueden seguir un proceso gradual para que les resulte más sencillo.

Respuesta posible

1 Mi colegio nuevo es increíblemente tedioso porque no hay instalaciones, y los profesores no me inspiran.

2 Hay muchos chicos constantemente repelentes en mi clase de matemáticas quienes son muy inmaduros y discriminatorios.

3 En mi opinión el acoso virtual escolar es perjudicial de forma inquietante ya que son los jóvenes de hoy los que serán el futuro de nuestra sociedad.

3 Lee y escribe

Página 169

Puede convenir permitir los estudiantes trabajar con un compañero o con un grupo pequeño para hacer este ejercicio. El proceso de compartir ideas ayudará a la mejora del texto, aunque deben escribir sus propias versiones.

Antes de hacer la tarea también puede resultar útil analizar una frase única o unas palabras con toda la clase para reflexionar sobre cómo mejorarla. Por ejemplo, la frase *tres chicas de su clase* puede convertirse en *tres chicas crueles de su clase de matemáticas*.

Respuesta posible

Tres chicas **crueles** de su clase **de matemáticas**, con las cuales no se llevaba muy bien Begoña **porque siempre eran muy horribles**, comenzaron a revelar **públicamente** muchos detalles personales de Begoña en Facebook. Pronto Begoña se dio cuenta de que Alejandro fue una ficción **total**, que fueron las tres chicas las que enviaron todos los mensajes **simpáticos** a Begoña. Las chicas publicaron **maliciosamente** muchas cosas crueles, **insoportables** e íntimas y todo el mundo se rió de **la pobre** Begoña.

4 Escribe

Página 169

Antes de hacer este ejercicio los estudiantes deben escribir un plan con viñetas para dar forma a sus ideas iniciales. Los estudiantes que tienen un nivel más bajo necesitarán utilizar y adaptar las frases utilizadas en estas dos páginas para acometer esta tarea.

Respuesta posible

En mi opinión el acoso escolar es salvaje y debemos hacer todo lo posible para proteger a los jóvenes de este tipo de violencia. Cuando tenía doce años sufrí mucho abuso en línea y no sabía qué hacer. Se debe educar mucho más a los jóvenes y a los padres para eliminar el problema.

📝 *Actividad adicional*
Unidad 14, página 169

Esta actividad adicional profundiza en la comprensión del parte del texto de la página 169 y desarrolla la capacidad de los estudiantes de identificar diferentes elementos lingüísticos.

Respuesta

1 los amigos de Begoña

2 a los amigos de Begoña

3 a Begoña

4 Begoña y Alejandro

5 Begoña y Alejandro

6 Alejandro

7 Begoña y Alejandro

El estrés y los problemas juveniles, ¿cómo te puedo ayudar?

1 Comprensión

Página 170

Los estudiantes deben leer el texto y decidir si las frases son verdaderas, falsas o si no se menciona para demostrar su comprensión del texto. Para agregar complejidad a la tarea conviene obligar a los estudiantes a corregir las frases falsas y además a sugerir una frase más apropiada para resumir la descripción de alguien que no tiene una frase acertada.

Respuesta

		Verdadera	Falsa	No se menciona
1	Fran está harto de las quejas de su madre	✔		
2	Fran tiene unos deseos muy claros para su futuro		✔	
3	María Dolores necesita escapar de su casa	✔		
4	Ángel bebe cerveza con sus amigos en el parque			✔
5	Jesús tiene miedo de no conseguir un trabajo bien pagado		✔	
6	Isabel lleva una vida muy sana	✔		

2 Comprensión `Página 170`

Este ejercicio tiene como objetivo asegurarse de que los estudiantes entienden la queja principal de cada joven, algo importante para luego analizar el texto más a fondo para deducir el significado de las expresiones con *tener* y *estar* en la próxima página.

Siempre vale la pena explicar a los estudiantes que no tienen que contestar a las preguntas en orden, que pueden eliminar las más obvias para luego revelar las respuestas más complicadas.

La segunda parte del ejercicio repasa como dar consejos, en este caso especialmente con *tienes que* y *debes*. Pero también se puede preguntar a los estudiantes cómo formar el imperativo para dar consejos. Explique a los estudiantes que estos consejos a los jóvenes incluyen un imperativo (*intenta*). Deben buscarlo y luego explicar su formación antes de intentar escribir estos consejos de otra manera utilizando un imperativo.

Respuesta

1

A Isabel, **B** María Dolores, **C** Ángel, **D** Fran, **E** Jesús

2

A María Dolores, **B** Ángel, **C** Isabel, **D** Fran, **F** Jesús

3 Escribe `Página 171`

Los estudiantes deben utilizar los consejos del ejercicio anterior como pauta para guiarles mientras que escriben sus propios consejos. Anime a los estudiantes más capaces a describir sus propias experiencias como parte de sus consejos.

4 Investiga `Página 171`

Este es el vocabulario clave para esta parte de la unidad. No obstante, antes de buscarlo en el diccionario los estudiantes deben trabajar en parejas para decodificar la lista utilizando los textos para proveer el contexto necesario, y tratar de adivinar el significado de las palabras. Después de adivinar, y de explicar sus conjeturas, pueden confirmar sus ideas utilizando un diccionario o un diccionario en línea.

5 Escribe `Página 171`

Para practicar estas expresiones nuevas, y así fortalecer su conocimiento, los estudiantes deben escribir 5 frases detalladas. Será útil animarles a reflexionar sobre los consejos que vieron con anterioridad sobre cómo mejorar sus descripciones.

Después de escribir sus frases conviene dejar a la clase que lean las frases de sus compañeros, tanto para aprender algo de sus ideas como para darles consejos sobre cómo mejorar sus esfuerzos.

Cuaderno de ejercicios 14/4 `Página 40`

En este ejercicio los estudiantes tendrán que expresarse con más detalle, utilizando los verbos *tener* y *estar*. Este ejercicio también crea una oportunidad de que los estudiantes se den cuenta de todo lo que han aprendido hasta ahora en la unidad.

Respuesta posible

1 Tenía miedo del efecto de la tecnología porque no sabía utilizarla con cuidado.

2 Mi hermano tendría suerte si pudiera conseguir un buen trabajo a pesar de ser tan joven.

3 Estoy harta de que mis padres no confíen en mí.

4 Tuve vergüenza al presentar mi proyecto en clase porque hay varios chicos que siempre se ríen de mí.

5 Siempre estoy de buen humor cuando paso el día con mis amigos.

6 Escucha y habla `Página 171`

Los estudiantes deberán anotar todos los detalles que puedan sobre los temas indicados. Este diálogo ayudará a los estudiantes a generar ideas antes de hablar en sus grupos. Para la segunda parte del ejercicio, los grupos de 4 estudiantes deben reflexionar sobre los problemas que les afectan, y si estos problemas son típicos para los jóvenes de otros países. Los estudiantes deben incluir tanta complejidad como puedan en sus expresiones.

Audio

Lucía: Estoy completamente harta de esta idea de que nosotros, los jóvenes, somos todos malos. No es justo.

Jorge: Tienes razón. Es que hay muchos problemas para los jóvenes. No hay mucho trabajo y por lo tanto no tenemos dinero, así que no tenemos libertad ni independencia. La vida es difícil.

Lucía: Estoy de acuerdo. Creo que el acoso escolar es un tema que afecta a la mayoría de los adolescentes.

Jorge: Tengo suerte, no hay mucho acoso escolar en mi colegio, pero muchos estudiantes sufren de estrés a causa de los exámenes, a causa de conflictos con su familia, o debido a muchas cosas más.

Lucía: Sí. También hay problemas de autoestima y de salud, que en muchos casos son el resultado del estrés. Yo estoy en forma, pero me preocupo mucho de dos de mis mejores amigas. Tienen que perder un poco de peso y cuidarse mejor, pero…

Jorge: Vale, entiendo cien por cien, es difícil ayudar a los que te importan más, pero la verdad es que no somos todos malos como se dice en la prensa.

Respuesta

La falta de trabajo: Jorge - como resultado los jóvenes no tienen dinero, libertad e independencia.

El acoso escolar: Lucía - afecta a la mayoría de los adolescentes.

El estrés: Jorge - a causa de los exámenes, conflictos con su familia y muchas cosas más.

Los problemas de salud: Lucía - problemas de autoestima, dos de sus mejores amigas deben perder un poco de peso pero ella no sabe cómo ayudarlas.

7   Escribe · Página 171

Este ejercicio permite al estudiante utilizar el vocabulario y las estructuras de estas dos páginas, pero además deben intentar tener en cuenta los consejos claves de la unidad sobre cómo maximizar la calidad de sus escritos.

Después de escribir su mensaje los estudiantes deben intercambiar sus mensajes con un compañero y luego darles un consejo (preferiblemente relacionado con la utilización del imperativo) según los detalles precisos de su queja.

¿Diferentes pero iguales? El sexismo en el mundo moderno

1   Comprensión · Página 173

Este ejercicio examina el nivel de comprensión de los estudiantes. Tienen que elegir la opción correcta para resumir el texto.

Después de hacer esta tarea los estudiantes podrían escribir 5 frases más con dos opciones para luego compartir con un compañero. La actividad de producir frases que resuman en texto de manera correcta e incorrecta requiere una comprensión detallada del texto, por lo que es una buena actividad para asegurarse de que los estudiantes han entendido los diferentes párrafos.

Respuesta

1 B, 2 A, 3 A, 4 A, 5 A, 6 A, 7 B, 8 A B, 9 B B

2   Escucha y escribe · Página 173

Este ejercicio ofrecerá otra descripción del sexismo en el mundo actual para ampliar las perspectivas de los estudiantes antes de hacer la última tarea escrita. Los estudiantes deben escribir frases completas.

Al igual que en el ejercicio anterior, después de realizar el ejercicio, los estudiantes podrían escribir frases que resuman el diálogo con dos opciones, para comprobar si sus compañeros han comprendido el diálogo.

🎧 Audio

- Sonia, ¿crees que el sexismo es un problema hoy en día?
- Pues, claro que sí, Manuel. Cada día veo a los chicos en mi colegio ligando con mis amigas, pero lo que ellos suponen que es ligar es, de verdad, acoso sexual.
- ¿Sí?
- Las palabras que utilizan son horribles. Nos hacen sentir muy inferiores. Y sus gestos son... muy discriminatorios. Es como si nosotras, las chicas, fuéramos inferiores.
- ¿Pero es como una broma, no? No es nada más que un juego.
- Puede ser una broma para ellos, pero nosotras tenemos miedo de los chicos que tienen más confianza. Son ellos los que gritan más, y luego miran a sus amigos, conscientes del dolor que causan sus palabras.
- Pero, ¿no todos los chicos son así, verdad?
- No, no, tienes razón. La mayoría de los chicos de mi clase se avergüenzan del comportamiento de los demás. A menudo los chicos más tímidos son también los más simpáticos, y me llevo muy bien con ellos. Pero no nos gusta la atención de los otros, no sé qué hacer.
- Probablemente no debes hacer nada, ignóralos. Son muy inmaduros.

Respuesta posible

1   Sufre el sexismo en el colegio, cuando los chicos creen que ligan con sus amigas. El problema es que no es ligar, es una forma de acoso sexual.

2   Las palabras de los chicos causan los problemas. Y además sus gestos son discriminatorios.

3   Las chicas se sienten inferiores y tienen miedo de los chicos.

4   En muchos casos sí, porque se miran después de gritar, aunque piensan que es una broma o un juego.

5   No, la mayoría de los chicos se avergüenzan del comportamiento de los demás. Y muchos de los chicos son simpáticos.

6   Manuel dice que son inmaduros, y aconseja a Sonia que los ignore.

3   Habla · Página 173

Este ejercicio no tiene respuesta correcta única. No obstante, los estudiantes deben examinar los estereotipos sobre los papeles tradicionales de los hombres y las mujeres. Deben hablar de manera detallada y considerada para intentar llegar a un acuerdo entre los miembros del grupo. Después de hablar en grupos de cuatro se pueden debatir sus conclusiones con toda la clase.

Puede asignar papeles a los estudiantes, por ejemplo *un machista*, *una víctima del sexismo*, *una mujer casada*, *un amo de casa*, etc. Los estudiantes deben pensar en actitudes apropiadas para cada papel y defenderlas.

4 Escribe [Página 173]

Los estudiantes deben expresar su perspectiva individual para esta tarea. No obstante además deben considerar el mundo que les rodea, y considerar los papeles y las expectativas de los hombres y las mujeres en su sociedad.

Convendrá recordar a los estudiantes que deben prestar atención a los consejos sobre cómo mejorar la calidad de sus escritos que ya vieron en esta unidad. La tabla guiará a los estudiantes para mejorar sus descripciones. Anímelos a incluir un mínimo de 50 puntos.

Tras escribir sus textos, los estudiantes deben leer las descripciones de sus compañeros. Para ayudarse mutuamente a mejorar deben primero resaltar los errores que encuentren con un rotulador fluorescente, pero sin corregir el error. Luego deben contar el número de puntos incluidos. Por ejemplo, si se incluyen 5 adjetivos el total sería 5 x 3 puntos = 15 puntos.

Cuando los estudiantes reciben de nuevo su escrito deben considerar por qué sus compañeros han indicado los errores, cómo corregirlos y luego escribir su redacción de nuevo con las correcciones. Ahora también deben añadir un párrafo más, para ganar como mínimo 25 puntos más, y deben subrayar las secciones que les va a otorgar esos puntos adicionales para demostrar que han reflexionado sobre el contenido de sus escritos.

Ejemplo

Creo que el sexismo es una parte negativa de nuestra sociedad que nos afecta todos. Mis padres son muy tradicionales, mi padre trabaja para ganar dinero y mi madre es ama de casa, limpia la casa y cuida de sus hijos. Pero no está muy contenta, es una lástima. En mi opinión todo el mundo debe tener la oportunidad de ser feliz. Para mí, el sexismo limita la vida de una persona, y por eso se debe erradicar.

Repaso

Enfrentarse al acoso

1 Habla [Página 174]

Este ejercicio tiene como objetivo principal guiar al estudiante a observar lo más posible las imágenes a través de las preguntas. Se han utilizado tres fotos en secuencia ya que ello refuerza la observación detallada de cada foto.

Respuesta posible

FOTO 1
1   Hay cuatro jóvenes, tres chicas y un chico. Una chica lleva un jersey rojo y tiene el pelo largo y negro. Está sonriendo, parece contenta. El chico lleva un jersey gris y también se está riendo.

2   Acaban de salir del colegio. Están en la calle.

3   Tienen sus teléfonos móviles.

FOTO 2
1   Están enviando mensajes con sus teléfonos móviles.

2   Acosar a su compañera con mensajes a su móvil.

3   Tiene preocupación, se siente incómoda.

FOTO 3
1   La chica recibió mensajes desagradables en su móvil.

2   La chica está triste, confusa y afectada. Parece que va a llorar.

3   Debe bloquear los números de teléfono de quienes tratan de acosarla, y debe pedir ayuda a su familia y a sus profesores.

2 Escribe [Página 174]

El objetivo de este ejercicio es que los estudiantes practiquen estructuras y vocabulario aprendidos en esta unidad, y que reflexionen sobre los temas tratados y cómo pueden afectar a jóvenes de su edad.

Respuesta posible

Marisa es una chica normal. Ella quería ser amiga de un grupo del colegio, pero no la aceptaron. Se burlaron de ella y le mandaron mensajes desagradables a su móvil. Ella tenía ganas de formar parte del grupo, pero ahora está muy triste. Va a pedir ayuda a sus profesores.

Agradecimientos

Agradecemos a las siguientes fuentes y autores por el permiso que nos han otorgado para reproducir sus creaciones:

Cubierta (cover): curtis/Shutterstock, auremar/Fotolia, Mariusz Prusaczyk/Fotoalia, Rob Marmion/Shutterstock, Mariusz Prusaczyk/Fotolia, modestlife/Fotolia, bikeriderlondon/Shutterstock, MasterLu/Fotolia, Olinchuk/Shutterstock

Terms and conditions of use for the CD-ROM

This End User License Agreement ('EULA') is a legal agreement between 'You' (which means the individual customer) and Cambridge University Press ('the Licensor') for *Panorama hispanohablante 1 Teacher's Book CD-ROM published by Cambridge University Press* ('the Product'). Please read this EULA carefully. By continuing to use the Product, You agree to the terms of this EULA. If You do not agree to this EULA, please do not use this Product and promptly return it to the place where you obtained it.

1   Licence

The Licensor grants You the right to use the Product under the terms of this EULA as follows:

a   You may only install one copy of this Product (i) on a single computer or secure network server for use by one or more people at different times, or (ii) on one or more computers for use by a single person (provided the Product is only used on one computer at one time and is only used by that single person).

b   You may only use the Product for non-profit, educational purposes.

c   You shall not and shall not permit anyone else to: (i) copy or authorise copying of the Product, (ii) translate the Product, (iii) reverse engineer, disassemble or decompile the Product, or (iv) transfer, sell, assign or otherwise convey any portion of the Product.

2   Copyright

a   All content provided as part of the Product (including text, images and ancillary material) and all software, code, and metadata related to the Product is the copyright of the Licensor or has been licensed to the Licensor, and is protected by copyright and all other applicable intellectual property laws and international treaties.

b   You may not copy the Product except for making one copy of the Product solely for backup or archival purposes. You may not alter, remove or destroy any copyright notice or other material placed on or with this Product.

c   You may edit and make changes to any material provided in the Product in editable format ('Editable Material') and store copies of the resulting files ('Edited Files') for your own non-commercial, educational use, but You may not distribute Editable Materials or Edited Files to any third-party, or remove, alter, or destroy any copyright notices on Editable Materials or Edited Files, or copy any part of any Editable Material or Edited Files into any other file for any purpose whatsoever.

3   Liability

a   The Product is supplied 'as-is' with no express guarantee as to its suitability. To the extent permitted by applicable law, the Licensor is not liable for costs of procurement of substitute products, damages or losses of any kind whatsoever resulting from the use of this Product, or errors or faults therein, and in every case the Licensor's liability shall be limited to the suggested list price or the amount actually paid by You for the Product, whichever is lower.

b   You accept that the Licensor is not responsible for the persistency, accuracy or availability of any URLs of external or third-party internet websites referred to on the Product and does not guarantee that any content on such websites is, or will remain, accurate, appropriate or available. The Licensor shall not be liable for any content made available from any websites and URLs outside the Product or for the data collection or business practices of any third-party internet website or URL referenced by the Product.

c   You agree to indemnify the Licensor and to keep indemnified the Licensor from and against any loss, cost, damage or expense (including without limitation damages paid to a third party and any reasonable legal costs) incurred by the Licensor as a result of your breach of any of the terms of this EULA.

4   Termination

Without prejudice to any other rights, the Licensor may terminate this EULA if You fail to comply with any of its terms and conditions. In such event, You must destroy all copies of the Product in your possession.

5   Governing law

This agreement is governed by the laws of England and Wales, without regard to its conflict of laws provision, and each party irrevocably submits to the exclusive jurisdiction of the English courts. The parties disclaim the application of the United Nations Convention on the International Sale of Goods.